Recht – Schnell erfasst

Ute Teschke-Bährle

Arbeitsrecht – Schnell erfasst

8. Auflage

 Springer

Reihenherausgeber
Dr. Detlef Kröger
Buch, Deutschland

Claas Hanken
Achim, Deutschland

Autorin
Ute Teschke-Bährle
Bährle & Partner
Nothweiler, Deutschland

ISSN 1431-7559
Recht – Schnell erfasst
ISBN 978-3-662-55311-4   ISBN 978-3-662-55312-1 (eBook)
https://doi.org/10.1007/978-3-662-55312-1

Die Deutsche Nationalbibliothek verzeichnet diese Publikation in der Deutschen National-
bibliografie; detaillierte bibliografische Daten sind im Internet über http://dnb.d-nb.de abrufbar.

Gedruckt auf säurefreiem und chlorfrei gebleichtem Papier

Springer ist Teil von Springer Nature
Die eingetragene Gesellschaft ist Springer-Verlag GmbH Deutschland
Die Anschrift der Gesellschaft ist: Heidelberger Platz 3, 14197 Berlin, Germany

Vorwort zur 8. Auflage

Der flächendeckende Mindestlohn ist nunmehr eingeführt, seine Auswirkungen auf den Arbeitsmarkt im Ganzen sind immer noch umstritten. Klein- und mittelständische Arbeitgeber stöhnen unter dem mit dem Mindestlohn verbundenen bürokratischen Aufwand. Und dann sind noch die Forderungen, das Mindestlohngesetz bei der Beschäftigung von „Flüchtlingen" nicht anzuwenden.

Zum 01.04.2017 ins BGB neu eingeführt wurde § 611 a BGB, der erstmals eine gesetzliche Definition des Arbeitsvertrags beinhaltet. Die gesetzliche Definition gibt im Wesentlichen die von der Rechtsprechung entwickelten Grundsätze bei der Abgrenzung Dienstvertrag (Selbstständiger) gegen Arbeitsvertrag (Arbeitnehmer). Geändert sind auch Vorschriften im Bereich der Zeitarbeit / Arbeitnehmerüberlassung, mit dem Ziel die Leiharbeitnehmer schneller beim Entgelt den Stammbeschäftigten gleichzustellen.

Die vorliegende Auflage bringt Sie auf den derzeit aktuellen Stand der Grundzüge des Arbeitsrechts, das seit der letzten Auflage jedoch keinen grundlegenden Neuerungen unterworfen war.

Ganz herzlich bedanken möchte ich mich bei den aufmerksamen und kritischen Lesern für ihre Anregungen, ihre Kritik, aber auch für ihr Lob. Mein Dank gilt ebenso allen an der Entstehung des Buches Beteiligten.

Ute Teschke-Bährle
Nothweiler, im Mai 2017

Vorwort zur 1. Auflage

Arbeitsrecht einfach und verständlich dazustellen – das ist die Idee, die am Anfang gestanden ist. Die Umsetzung erwies sich allerdings schwieriger als gedacht, insbesondere, wenn man während des Jurastudiums jahrelang dazu angehalten worden ist, auch noch die abwegigste Ausnahme mitzuberücksichtigen. So verging ein Jahr auf der Suche nach der goldenen Mitte zwischen Genauigkeit und Verständlichkeit.

Das Ergebnis dieses Ringens (nicht zuletzt mit dem Herausgeber) liegt nun vor. Das Buch ist als Einstieg in die Problematik des Arbeitsrechts gedacht. Ein besonderes Anliegen war es, Grundbegriffe zu erklären und die Systematik anschaulich darzustellen. Auf das Zitieren von Entscheidungen wurde bewußt verzichtet, da nicht Einzelprobleme diskutiert werden sollen, sondern das Verständnis dafür geweckt werden soll, an welcher Stelle im Arbeitsrecht welches Problem anzusiedeln ist. Mit diesem Buch als Grundlage ist das Arbeiten mit weiterführender Fachliteratur (fast) kein Problem mehr.

Für die Unterstützung möchte ich mich bei Frau Jutta Becker sowie den Herren Roland Leuschel und Marko Schmidt bedanken.

Ganz besonderer Dank gebührt allerdings Manfred Höfler, der nie die Nerven verloren hat.

Kathrin Kreutzer
München, Januar 1995

Inhaltsverzeichnis

Einführung

© Springer-Verlag GmbH Deutschland 2018
U. Teschke-Bährle, *Arbeitsrecht – Schnell erfasst,* Recht – Schnell erfasst,
https://doi.org/10.1007/978-3-662-55312-1_1

1

1.1   Arbeitsrecht – was ist das?

Mit den Vorschriften des Arbeitsrechts wird früher oder später jeder konfrontiert. Im Job, während der Schul- oder Semesterferien, in der Berufsausbildung oder im Beruf sind Grundkenntnisse im Arbeitsrecht sozusagen ein „Muss".

In vielen Studienfächern steht Arbeitsrecht auf dem Lehrplan. Dieses Buch ermöglicht es, sich schnell und unkompliziert in das Arbeitsrecht einzuarbeiten, sei es aus persönlichem Interesse, sei es als Vorbereitung auf eine Prüfung.

Das Arbeitsrecht wird kurz definiert als das Sonderrecht der Arbeitnehmer. Es regelt die rechtlichen Beziehungen zwischen Arbeitnehmer und Arbeitgeber und dient insbesondere dem Schutz des Arbeitnehmers.

Man unterscheidet:

Individualarbeitsrecht/Kollektivarbeitsrecht

Dabei wird das Arbeitsrecht in zwei große Komplexe geteilt: In das Individualarbeitsrecht, auch Arbeitsvertragsrecht genannt, das die Rechtsbeziehungen zwischen dem einzelnen Arbeitnehmer und dem einzelnen Arbeitgeber regelt, und in das Kollektivarbeitsrecht, das Recht der Arbeitsverbände, die da sind Gewerkschaften, Arbeitgeberverbände und Betriebsräte.

In der Rechtslandschaft ist das Arbeitsrecht dem Zivilrecht zuzuordnen, denn es stehen sich hier gleichgeordnete Subjekte des Privatrechts gegenüber. Grundsätzlich ist daher vom Bürgerlichen Gesetzbuch (BGB) auszugehen und anschließend erst sind die arbeitsrechtlichen Spezialvorschriften zu untersuchen, die das BGB ergänzen und modifizieren. Das gilt auch für Arbeitnehmer im öffentlichen Dienst (nicht aber bei Beamten), deren Arbeitgeber „der Staat" ist. Dieser handelt rein zivilrechtlich, wenn er Angestellte oder Arbeiter beschäftigt, wie jeder andere Arbeitgeber auch. Für Beamte gelten spezielle beamtenrechtliche Bundes- und Landesgesetze, nicht das Arbeitsrecht. Das Recht der Beamten gehört dem öffentlichen Recht an.

Schwerpunkt im Fach Arbeitsrecht bildet regelmäßig das Individualarbeitsrecht. Es regelt die Rechtsbeziehungen zwischen dem einzelnen Arbeitnehmer und seinem Arbeitgeber.

Beispiele

Wann ist ein Arbeitsvertrag wirksam abgeschlossen? Welche Ansprüche ergeben sich daraus für Arbeitgeber und Arbeitnehmer? Was sind die rechtlichen Folgen von Pflichtverletzungen? Wie wird das Arbeitsverhältnis beendet?

Rechtsquellen:
– Gesetze
– Rechtsverordnungen
– Gewohnheitsrecht
– Tarifverträge und
– Betriebsvereinbarungen
– Richterrecht

Zur Beantwortung dieser Fragen ist eine ganze Fülle von Gesetzen, Rechtsverordnungen, rechtlichen Grundsätzen und auch gerichtlichen Entscheidungen heranzuziehen. Denn anders als das Bürgerliche Recht, das im Bürgerlichen Gesetzbuch (BGB) einheitlich geregelt ist, sind die Vorschriften des Arbeitsrechts in vielen Einzelgesetzen verteilt.

Einen Überblick über die Rechtsquellen des Arbeitsrechts gibt die folgende Seite. Dabei versteht man unter „Rechtsquellen" alle Arten von Normen und Regelungen, die das Arbeitsrecht beherrschen: Gesetze, Rechtsverordnungen, Gewohnheitsrecht, „autonomes" Recht (= Tarifverträge und Betriebsvereinbarungen), Richterrecht. Richterrecht bedeutet, dass die obersten Gerichte (im Arbeitsrecht das Bundesarbeitsgericht) rechtsschöpferisch tätig wurden, weil keine ausdrückliche gesetzliche Regelung für den zu entscheidenden Fall bestand oder bestehende Regelungen durch technische oder gesellschaftliche Entwicklungen veraltet waren.

Mit Hilfe all dieser Rechtsquellen wird die so genannte Rechtslage beleuchtet. Immer wenn es um die Rechtslage geht, befindet man sich im materiellen Recht. Davon ist das formelle Recht zu unterscheiden. Dieses regelt die Möglichkeiten und Wege, sein Recht durchzusetzen. Zum formellen Recht gehört im Arbeitsrecht das Arbeitsgerichtsgesetz (ArbGG), das die Zuständigkeit der Arbeitsgerichte und den Gang des Gerichtsverfahrens regelt. Ergänzend finden einige Vorschriften der Zivilprozeßordnung (ZPO) Anwendung, wenn deren Anwendbarkeit im ArbGG ausdrücklich bestimmt ist.

> Weitere Unterscheidung:
>
> Materielles Recht: Klärung der Rechtslage oder Prüfung einzelner Ansprüche
>
> Formelles Recht: Möglichkeiten und Wege, Recht durchzusetzen

Beispiel
Arbeitnehmer Loose wird von seinem Chef fristlos gekündigt. Er hält jedoch die Kündigung für unwirksam und will weiterhin sein Arbeitsentgelt.

Mit Hilfe des materiellen Rechts ist zu klären, ob die Kündigung des Loose wirksam ist oder ob er weiterhin Anspruch auf sein Arbeitsentgelt hat, weil die Kündigung unwirksam ist. Allein die Klärung der Rechtslage führt jedoch nicht dazu, dass jemand sein Recht auch bekommt. Loose muss eine gerichtliche Entscheidung herbeiführen nach den Vorschriften des formellen Rechts, um seine Rechte durchzusetzen.

Individualarbeitsrecht	Kollektivarbeitsrecht
»Arbeitsvertragsrecht«; regelt das Rechtsverhältnis zwischen dem einzelnen Arbeitnehmer und Arbeitgeber	regelt die Beziehungen der im Arbeitsrecht relevanten Gruppen zueinander. »Grundsatz der sozialen Selbstverwaltung«
EG-Recht, insbesondere: - Art. 39, 141 EG-Vertrag	Grundgesetz, insbesondere - Art. 9 Abs. 3 GG Koalitionsfreiheit
Grundgesetz, insbesondere: -Art. 3, 12, 20 Abs. 1, 28 Abs. 1 GG	Grundgesetz i.V.m. »Richterrecht«
für alle Arbeitnehmer gültige Gesetze: - BGB (§§ 611-630) - KündigungsschutzG (KSchG) - BundesurlaubsG (BUrlG) - Entgeltfortzahlungsgesetz (EFZG) - Arbeitsförderungsrecht, geregelt im SGB III - §§ 105 bis 110 GewO	- Art. 9 Abs. 3 GG Arbeitskampfrecht und Tarifautonomie Tarifvertrag (TVG) Mitbestimmungsrecht
für best. Arbeitnehmer gültige Gesetze: - §§ 59 ff. HGB kaufmännische Angestellte	- BetriebsverfassungG (BetrVG) - MitbestimmungsG (MitbestG)
Arbeitnehmerschutzgesetze - BerufsausbildungsG für Auszubildende (BBiG) - MutterschutzG (MuSchG) - Bundeselterngeld- und ElternzeitG (BEEG) - SchwerbehindertenG (SGB IX) - ArbeitszeitG (ArbzG) - Ladenschluß G (LadenschlG) - JugendarbeitsschutzG (JArbSchG) - ArbeitssicherheitsG (ASiG) - ArbeitsplatzschutzG (ArbPlSchG) - ArbeitnehmerüberlassungsG (AÜG) - Gesetz zur Bekämpfung von Schwarzarbeit (SchwarzarbeitsG) - Teilzeit- und Befristungsgesetz (TzBfG)	- PersonalvertretungsG (PersVG)
Arbeitsvertrag i.V.m. - Tarifvertrag i.V.m. TVG - Betriebsvereinbarung - Gewohnheitsrecht einschl. Richterrecht - Allgemeine Arbeitsbedingungen - Gleichbehandlungsgrundsatz - Betriebliche Übung - Direktionsbefugnis	

☐ **Die wichtigsten Rechtsquellen des Arbeitsrechts**

1.2   Materielles Recht

Die Probleme im Arbeitsrecht sind vielfältig und die Fragen dazu oft unterschiedlich formuliert. Es kann einfach nach der Rechtslage gefragt werden, oder ob Ansprüche auf bestimmte Leistungen gegeben sind, oder ob überhaupt ein Arbeitsverhältnis besteht.

Die materiellen Vorschriften des Arbeitsrechts, die auf diese Fragen Antwort geben sollen, finden sich zum Teil im BGB, daneben jedoch in einer Fülle von Einzelgesetzen. Ausgangspunkt für die Klärung von Rechtsfragen sind regelmäßig Normen des BGB, die jedoch meist mit anderen Rechtsquellen verknüpft werden.

1.2.1 Rangfolge der „Rechtsquellen"

Bei der Fülle der bestehenden Rechtsquellen kommt es vor, dass mehrere Rechtsquellen Antwort auf eine Rechtsfrage bieten. Im Falle solcher Überschneidungen ist die Rangfolge der Rechtsquellen zu beachten. Danach geht höherrangiges Recht grundsätzlich rangniedrigerem Recht vor (= Rangprinzip). Das bedeutet, das Grundgesetz geht dem einfachen Gesetz vor, der Tarifvertrag geht dem Arbeitsvertrag vor usw., so dass grundsätzlich die höherrangige Rechtsquelle anzuwenden ist.

Das Verhältnis der Rechtsquellen zueinander orientiert sich an drei Prinzipien:
– Rangprinzip,
– Günstigkeitsprinzip,
– Spezialitätsprinzip.

Kein Grundsatz ohne Ausnahme: Ein anderes Prinzip des Arbeitsrechts ist das Günstigkeitsprinzip. Es sorgt dafür, dass rangniedrigere Regelungen ranghöheren vorgezogen werden können, wenn diese für den Arbeitnehmer günstiger sind. Dieses Prinzip ist für den Tarifvertrag ausdrücklich im Tarifvertragsgesetz (TVG) geregelt, gilt aber auch für die anderen Rechtsquellen.

> **§ 4 Abs. 3 TVG – Wirkung der Rechtsnormen**
> (3) Abweichende Abmachungen sind nur zulässig, soweit sie durch den Tarifvertrag gestattet sind oder eine Änderung der Regelungen zugunsten des Arbeitnehmers enthalten.

Treten auf der gleichen Rangstufe Konkurrenzen auf, wenn beispielsweise zwei gesetzliche Regelungen bestehen, gilt das Spezialitäts- oder Ordnungsprinzip, wonach die speziellere Regelung der allgemeineren vorgeht.

Das Günstigkeitsprinzip ermöglicht eine individuelle Ausgestaltung des Arbeitsvertrags. Nicht immer kommt jedoch das Günstigkeitsprinzip zur Anwendung.

Trotz günstigerer Regelung der rangniedrigeren Rechtsquelle für den Arbeitnehmer bleibt es beim Rangprinzip,
1. wenn es sich um zwingende Gesetze handelt, d. h. eine Ausnahme von der gesetzlichen Regelung nicht zulässig ist;
2. wenn die Normen von den Vertragsparteien abgeändert werden können und im Vertrag abgeändert worden sind; es gilt dann nur das Vereinbarte, für das Günstigkeitsprinzip ist kein Raum.

Beispiel
Loose stehen laut seinem Arbeitsvertrag 28 Urlaubstage zu. Nach dem für ihn geltenden Tarifvertrag stehen ihm 27 Tage zu, nach der Betriebsvereinbarung seines Betriebs 29 Tage. Auf wie viele Urlaubstage hat Loose Anspruch?

1

Zunächst muss man sich die Rangfolge der einzelnen Regelungen klarmachen. An erster Stelle kommt die gesetzliche Regelung § 3 Abs. 1 BUrlG, die mindestens 24 Werktage (= 4 Wochen) vorschreibt, dann folgen Tarifvertrag, Betriebsvereinbarung, Arbeitsvertrag.

Die gesetzliche Bestimmung im Bundesurlaubsgesetz ist zugunsten des Arbeitnehmers abdingbar („mindestens"), es ist daher Raum für das Günstigkeitsprinzip. Die günstigste Regelung wäre an sich die Betriebsvereinbarung mit 29 Tagen, doch ist die Betriebsvereinbarung ungültig, denn was im Tarifvertrag geregelt ist, darf nicht durch Betriebsvereinbarung geändert werden (§ 77 Abs. 3 BetrVG, so genannte Regelungssperre zum Schutz der Tarifautonomie. Ausnahmen davon sind nur zulässig, wenn der Tarifvertrag Betriebsvereinbarungen zu diesem Regelungspunkt ausdrücklich zulässt). Es gilt die arbeitsvertragliche Vereinbarung, die zwar dem Tarifvertrag im Rang nachgeht, aber für den Arbeitnehmer günstiger ist. Loose hat also Anspruch auf 28 Urlaubstage.

Wichtig ist, sich bei mehreren Regelungen zu einem Punkt zunächst die Rangfolge der Rechtsquellen klarzumachen, um sie dann auf ihre Wirksamkeit hin zu prüfen. Ob das Günstigkeitsprinzip angewendet werden kann, hängt vom Inhalt der zu klärenden Frage ab. Handelt es sich um eine Angelegenheit, bei der das Gesetz eine abweichende Regelung zugunsten des Arbeitnehmers zulässt, findet das Günstigkeitsprinzip Anwendung.

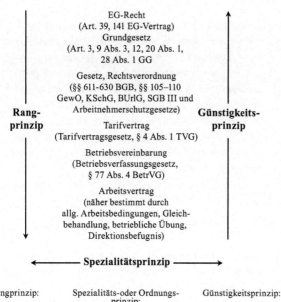

EG-Recht
(Art. 39, 141 EG-Vertrag)
Grundgesetz
(Art. 3, 9 Abs. 3, 12, 20 Abs. 1,
28 Abs. 1 GG

Gesetz, Rechtsverordnung
(§§ 611-630 BGB, §§ 105–110
GewO, KSchG, BUrlG, SGB III und
Arbeitnehmerschutzgesetze)

Rang-   **Günstigkeits-**
prinzip   **prinzip**

Tarifvertrag
(Tarifvertragsgesetz, § 4 Abs. 1 TVG)

Betriebsvereinbarung
(Betriebsverfassungsgesetz,
§ 77 Abs. 4 BetrVG)

Arbeitsvertrag
(näher bestimmt durch
allg. Arbeitsbedingungen, Gleichbehandlung, betriebliche Übung,
Direktionsbefugnis)

◄──────── **Spezialitätsprinzip** ────────►

Rangprinzip:	Spezialitäts- oder Ordnungs-prinzip:	Günstigkeitsprinzip:
Die höherrangige Regelung geht der rangniedrigeren Regelung vor.	Überschneiden sich zwei oder mehrere gleichrangige Rechtsquellen, kommt die speziellere Regelung zur Anwendung.	Die für den Arbeitnehmer günstigere Regelung kommt zur Anwendung.

◘ **Rangfolge der Rechtsquellen**

1.2.2 Der Arbeitnehmerbegriff

Das Arbeitsrecht ist das Sonderrecht der Arbeitnehmer. Deswegen ist die Frage, wer eigentlich Arbeitnehmer ist, von grundsätzlicher Bedeutung. Auch die Definition des Arbeitgebers hängt davon ab, denn als Arbeitgeber gilt, wer mindestens einen Arbeitnehmer beschäftigt. In der Übersicht auf der nebenstehenden Seite wird verdeutlicht, wo genau das Arbeitsverhältnis innerhalb der Rechtslandschaft anzusiedeln ist.

Arbeitnehmer ist, wer:
- aufgrund Arbeitsvertrags, § 611 a BGB
- unselbstständige Dienste in persönlicher Abhängigkeit erbringt.

> **§ 611 a BGB Arbeitsvertrag**
> (1) Durch den Arbeitsvertrag wird der Arbeitnehmer im Dienste eines anderen zur Leistung weisungsgebundener, fremdbestimmter Arbeit in persönlicher Abhängigkeit verpflichtet. Das Weisungsrecht kann Inhalt, Durchführung,

1

Zeit und Ort der Tätigkeit betreffen. Weisungsgebunden ist, wer nicht im Wesentlichen frei seine Tätigkeit gestalten und seine Arbeitszeit bestimmen kann. Der Grad der persönlichen Abhängigkeit hängt dabei auch von der Eigenart der jeweiligen Tätigkeit ab. Für die Feststellung, ob ein Arbeitsvertrag vorliegt, ist eine Gesamtbetrachtung aller Umstände vorzunehmen. Zeigt die tatsächliche Durchführung des Vertragsverhältnisses, dass es sich um ein Arbeitsverhältnis handelt, kommt es auf die Bezeichnung im Vertrag nicht an.

(2) Der Arbeitgeber ist zur Zahlung der vereinbarten Vergütung verpflichtet.

Arbeitnehmer ist, wer aufgrund Arbeitsvertrags unselbständige Dienste in persönlicher Abhängigkeit erbringt.

Ein Dienstvertrag liegt vor, wenn es sich um einen privatrechtlichen Vertrag über die Leistung von Diensten für einen anderen gegen Entgelt handelt. Wird dies bejaht, liegt noch nicht unbedingt ein Arbeitsvertrag vor, denn einen Dienstvertrag kann man auch als Selbständiger erfüllen. Hinzukommen muss, dass die Dienstleistung in persönlicher Abhängigkeit, durch Fremdbestimmtheit und Unselbständigkeit der Arbeit erbracht wird.

Weisungsgebundenheit hinsichtlich Zeit, Dauer, Ort und Inhalt der geschuldeten Leistung

Der Arbeitnehmer muss „weisungsgebunden" sein hinsichtlich Zeit, Dauer, Ort und Inhalt der geschuldeten Leistung (Umkehrschluss aus § 84 Abs. 1 S. 2 HGB). Wer sich in diesen Punkten nach den Anweisungen des Dienstherrn richten muss, ist Arbeitnehmer (vgl. auch § 106 GewO, der das Weisungsrechts des Arbeitgebers ausdrücklich regelt). Zusätzliche Beurteilungskriterien sind Eingliederung in einen fremden Betrieb und Einsetzung der ganzen Arbeitskraft innerhalb des einen Vertrages. Ist die Arbeitnehmereigenschaft dann immer noch fraglich, können folgende Indizien herangezogen werden: Art der Entlohnung, Bezeichnung des Vertragsverhältnisses, Abführen von Lohnsteuer und Sozialversicherung usw. Maßgeblich für die Einordnung als Arbeitnehmer oder Selbständiger sind immer Inhalt und Durchführung des Vertragsverhältnisses, nicht wie es die Parteien bezeichnen.

§ 611 a BGB ist zum 01.04.2017 in Kraft getreten. In ihm ist erstmals eine zivilrechtliche Definition des Arbeitsvertrags in das BGB aufgenommen worden. Die Definition gibt die bisherige Rechtsprechung des Bundesarbeitsgerichts und des Bundessozialgerichts wieder und ändert daher im Wesentlichen nichts an der bisherigen Rechtslage - nur statt § 611 BGB ist zukünftig als Rechtsgrundlage auf § 611 a BGB zurückzugreifen, wenn es um die Prüfung arbeitsvertraglicher Ansprüche geht.

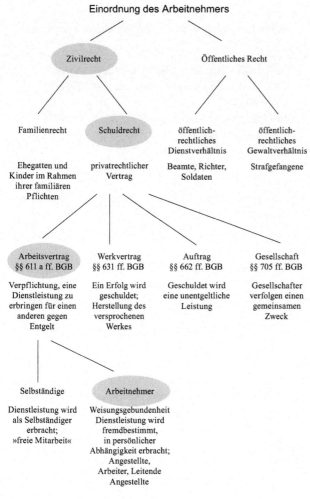

Einordnung des Arbeitnehmers

□ Einordnung des Arbeitnehmers

1.3 Formelles Recht

Kommt es zwischen Arbeitgeber und Arbeitnehmer zu Streitigkeiten und finden sie zu keiner Einigung, führt der Weg vor das Arbeitsgericht. Den Rechtsstreit in erster Instanz kann jeder selbst führen, d. h., man muss sich nicht von einem Rechtsanwalt vertreten lassen. Allerdings ist eine rechtliche Beratung vor Erhebung der Klage in der Regel sinnvoll.

Streiten die Parteien über Wirksamkeit oder Unwirksamkeit einer Kündigung, bleibt nur die Anrufung des Arbeitsgerichts. Kommt das Gericht zu der Auffassung, dass die Kündigung unwirksam war, das Arbeitsverhältnis also fortbesteht, kann das Gericht das Arbeitsverhältnis auf Antrag auflösen und eine Abfindungssumme für den Arbeitnehmer bestimmen.

> **§ 2 ArbGG – Zuständigkeit im Urteilsverfahren**
> (1) Die Gerichte für Arbeitssachen sind ausschließlich zuständig für …
> 3. bürgerliche Rechtsstreitigkeiten zwischen Arbeitnehmern und Arbeitgebern
> a) aus dem Arbeitsverhältnis;
> b) über das Bestehen oder Nichtbestehen eines Arbeitsverhältnisses;
> c) aus Verhandlungen über die Eingehung eines Arbeitsverhältnisses und aus dessen Nachwirkungen; …

Das gerichtliche Verfahren vor dem Arbeitsgericht ist geregelt im Arbeitsgerichtsgesetz (ArbGG) und in der Zivilprozessordnung (ZPO). § 2 ArbGG bestimmt die Zulässigkeit des Rechtswegs vor dem Arbeitsgericht.

Gütetermin

Das arbeitsgerichtliche Verfahren beginnt immer mit dem so genannten Gütetermin. Dieser erste Termin vor Gericht dient dazu, zwischen den Klageparteien eine gütliche Einigung unter Anleitung des Richters herbeizuführen. Dieser Einigungsversuch soll eine lange Verfahrensdauer mit ungewissem Ausgang verhindern helfen und das Kostenrisiko einschränken. Kommt es zu keiner Einigung, wird ein neuer Termin anberaumt werden, in dem dann streitig zur Sache verhandelt wird. Legen die Beteiligten ihren Streit auch dann nicht durch Vergleich bei, ergeht ein Urteil.

> **Verfahren vor dem Arbeitsgericht**
> 1. Klageerhebung beim …
> 2. Arbeitsgericht: stellt die Klage der Gegenpartei zu und lädt die Parteien zum …
> 3. Gütetermin
>   Einigen sich Arbeitnehmer und Arbeitgeber nicht, setzt das Gericht einen weiteren Termin fest zur …
> 4. Streitigen Verhandlung
>   Kommt es auch hier nicht zu einer Einigung, so ergeht das …
> 5. Urteil

Will ein Arbeitnehmer eine ausstehende Lohnforderung einklagen, hat er Leistungsklage zu erheben mit dem Antrag: Der

Beklagte wird verurteilt, Euro … (Bruttolohn) nebst 5 % Zinsen über dem gesetzlichen Basiszinssatz an den Kläger zu bezahlen.

Wurde dem Arbeitnehmer gekündigt, dann kann er entweder Kündigungsschutzklage erheben mit dem Antrag: Es wird festgestellt, dass das Arbeitsverhältnis nicht durch die Kündigung vom … aufgelöst wurde. Möglich ist auch eine Feststellungsklage: Es wird festgestellt, dass das Arbeitsverhältnis nicht durch Kündigung vom … aufgelöst wurde, sondern fortbesteht.

Bei beiden Klageanträgen überprüft das Gericht die Rechtmäßigkeit der Kündigung, bei einer Kündigungsschutzklage jedoch nur die eine bestimmte, die im Klageantrag genannt wurde. Bei einer Feststellungsklage dagegen wird untersucht, ob das Arbeitsverhältnis fortbesteht; d. h. nicht nur eine bestimmte Kündigung wird untersucht, sondern auch jede nachfolgende, die der Arbeitgeber gegenüber dem Arbeitnehmer bis zum Urteil ausspricht.

Soll das Gericht den Kündigungsgrund nachprüfen, dann ist dafür Voraussetzung, dass der Arbeitnehmer drei Wochen nach Zugang der Kündigung Klage erhoben hat, §§ 4, 5 KSchG. Die rechtzeitige Klageerhebung ist jedoch keine formelle, sondern eine materielle Voraussetzung dafür, dass das Gericht den Kündigungsgrund nach dem KSchG prüft. In einer später erhobenen Klage wird die Rechtmäßigkeit der Kündigung überprüft, jedoch ohne Einbeziehung des KSchG.

Näheres zum Kündigungsschutz ▶ Kap. 4

1.4   Schritte der Falllösung

Von der Vorgehensweise bei der juristischen Fallbearbeitung hängt es im Wesentlichen ab, ob man zu einem richtigen Ergebnis kommt. Es wird absichtlich von „einem" und nicht von „dem" richtigen Ergebnis gesprochen, denn im Vordergrund steht immer die argumentative Begründung des gefundenen Ergebnisses und der logisch richtige Weg dorthin.

Weil das juristische Arbeiten zu einem großen Teil auch „Handwerk" ist, werden im Folgenden die fünf wesentlichen Schritte einer Falllösung aufgezählt. In fast allen juristischen Problemstellungen wird von einem Beteiligten ein Anspruch geltend gemacht, dessen Erfüllung der andere verweigert (oder dessen Bestehen der andere bestreitet).

Die im Arbeitsrecht auch oft verlangte Prüfung der Wirksamkeit einer Kündigung kann sowohl in eine Anspruchsprüfung eingebaut oder isoliert (Kündigungsschutzklage!) zu untersuchen sein. Im zweiten Fall ergeben sich keine besonderen Aufbauschwierigkeiten, die Suche nach einer Anspruchsgrundlage fällt dann selbstverständlich weg.

1

1. Ausgangspunkt einer Falllösung ist es, den Sachverhalt zu erfassen und die Fragestellung herauszuarbeiten oder sich den Bearbeitervermerk klar zu machen.

2. Im Hinblick auf die Fragestellung des Falles sind dann geeignete Antwortnormen aus den einschlägigen Gesetzen herauszusuchen, also solche, die die gewünschte Rechtsfolge beinhalten (= Anspruchsgrundlage).

3. Dann sind solche Normen zu suchen, die den Rechtsfolgen der Anspruchsgrundlagen entgegenstehen könnten, die also der Anspruchsgegner dem Anspruchsteller entgegenhalten kann. Liegen solche Einreden und Einwendungen vor, ist im Arbeitsrecht anhand der anspruchserhaltenden Normen zu prüfen, ob der Anspruch nicht trotzdem besteht und durchsetzbar ist.

4. Hat man möglicherweise passende Anspruchsgrundlagen, Einreden/Einwendungen und anspruchserhaltende Normen gefunden, ist zu prüfen, ob die im Sachverhalt angegebenen Tatsachen die Tatbestandsvoraussetzungen der Gesetze erfüllen (= Subsumtion).

5. Am Ende wird das Ergebnis formuliert.

Die Schritte der Falllösung:
- Sachverhalt erfassen
- Anspruchsgrundlage suchen
- Einwendungen, Einreden und ggfs. anspruchserhaltende Normen suchen
- Rechtliche Prüfung (Subsumtion)
- Formulieren des Lösungsweges

1.4.1   Arbeiten am Sachverhalt

Man beginnt mit der vollständigen Erfassung des Sachverhalts. Das erfordert wesentlich mehr als ungefähr zu wissen, worum es geht. Oft gibt der Sachverhalt auch Lösungshinweise oder Anhaltspunkte, eine Lösung zu finden.

Erfassen des Sachverhalts und Herausarbeiten der Fragestellung

Am besten beginnt man die Arbeit damit, sich den Bearbeitervermerk am Ende des Sachverhalts anzusehen. Sind konkrete Fragen gestellt und welche? Welche Personen stehen im Vordergrund? Und vor allem: Was soll nicht geprüft werden? Die Beurteilung einer Arbeit hängt davon ab, ob man die Aufgabenstellung beachtet hat und den Fall unter dem Aspekt prüft, der verlangt wird.

Dann wird der Sachverhalt in Ruhe gelesen, am besten zwei- oder dreimal; das ist keine Zeitverschwendung. Hilfreich ist es auch, Wichtiges im Sachverhalt anzustreichen oder sich schon beim Durchlesen Anmerkungen an den Rand zu schreiben. Sind mehrere Personen beteiligt, sollte man sich eine Skizze machen; werden viele verschiedene Daten genannt, empfiehlt es sich, eine Zeittabelle zu erstellen.

Beispiel
Loose ist seit dem 1.2. in der Papierfabrik des Weber als Lagerarbeiter beschäftigt. Beim Einstellungsgespräch hatte Loose auf die Frage hin, ob er vorbestraft sei, wahrheitswidrig mit „nein" geant-

wortet. In Wirklichkeit ist er wegen Fahrerflucht und Trunkenheit am Steuer vorbestraft.

Am 15.3. wird Loose dabei erwischt, wie er im Papierlager raucht, obwohl das Rauchen dort wegen Brandgefahr strengstens verboten ist. Loose erhält dafür eine Abmahnung. Am 10.4. erscheint Loose nicht zur Arbeit und erklärt am nächsten Tag, er sei krank gewesen. Weber, der zwischenzeitlich von der Vorstrafe des Loose erfahren hat, möchte ihn loswerden, erklärt die Anfechtung des Arbeitsvertrags und, sollte diese unwirksam sein, die fristlose Kündigung. Er erteilt Loose Hausverbot und verweigert ab dem 10.4. die Lohnzahlung.

Loose will seinen Lohn für den 10.4. und für die Zeit danach.

Es ist zu klären, erstens, ob Loose Anspruch hat auf Arbeitsentgelt am 10.4., und zweitens, ob Loose Anspruch auf Arbeitsentgelt für die Zeit ab dem 11.4. hat. Innerhalb dieser Anspruchsprüfungen werden die Anfechtung und die Kündigung geprüft.

1.4.2 Anspruchsgrundlage auswählen

Hat man den Sachverhalt erfasst, sind die geeigneten Anspruchsgrundlagen auszuwählen. Zuvor sollte genau geklärt sein: Wer will was, von wem, woraus?

In der Übersicht der Anspruchsgrundlagen auf der gegenüberliegenden Seite wurden die wichtigsten Anspruchsgrundlagen im Arbeitsrecht dargestellt. Häufigste Anspruchsgrundlage im Arbeitsrecht ist der Arbeitsvertrag: § 611 a BGB.

Diese Anspruchsgrundlage wird oft mit bestimmten Sonderregelungen oder Ergänzungen kombiniert, da in vielen Fällen die anspruchsbegründende Regelung nicht im Arbeitsvertrag selbst enthalten ist (z. B. im Falle einer betrieblichen Übung genügt der Arbeitsvertrag nicht als Anspruchsgrundlage, vielmehr müssen die Zusatzvoraussetzungen der betrieblichen Übung auch vorliegen, um einen Anspruch zu begründen).

Gliederung der Anspruchsgrundlagen nach Themenbereichen:

- Ansprüche auf Erfüllung von Vertragspflichten
- Ansprüche auf Schadensersatz
- Ansprüche im vorvertraglichen Bereich

Wichtig ist, bei der Auswahl der Anspruchsgrundlage zu prüfen, ob die darin vorgesehene Rechtsfolge mit dem Begehren des Anspruchstellers übereinstimmt. In manchen Fällen sind mehrere Anspruchsgrundlagen denkbar, insbesondere dann, wenn es sich nicht um vertragliche Erfüllungsansprüche han-

Wer will was, von wem, woraus?
- *Anspruchsteller*
- *Anspruchsgegner*
- *Anspruchsgrundlage*

Die ausgesuchten Anspruchsgrundlagen müssen die gewünschte Rechtsfolge enthalten.

delt. Wie im BGB sollte die Hierarchie der Anspruchsgrundlagen beachtet und in der vorgegebenen Reihenfolge geprüft werden.

Hierarchie der Anspruchsgrundlagen:

- vertragliche Primäransprüche
- vertragliche Sekundäransprüche
- vertragsähnliche Ansprüche
- Ansprüche aus ungerechtfertigter Bereicherung
- Ansprüche aus unerlaubter Handlung

Beispiel

Im Beispielsfall ist für beide Ansprüche § 611 a BGB (Arbeitsvertrag) die Anspruchsgrundlage. Danach wäre der Arbeitgeber zur Arbeitsentgeltzahlung verpflichtet.

Ansprüche des Arbeitnehmers

auf Entgelt für geleistete Arbeit
- (Grundlohn, Zulagen, Prämien, 13. Monatsgehalt) aus § 611 a BGB (Arbeitsvertrag), Tarifvertrag oder Betriebsvereinbarung i.V.m. § 612 BGB

auf Zahlung von Gratifikationen
- aus § 611 a BGB (Arbeitsvertrag), i.V.m. betrieblicher Übung, i.V.m. § 612 Absatz 3 BGB

auf Entgelt ohne Arbeit
§ 611 a BGB (Arbeitsvertrag) i.V.m.:
- Krankheit, § 3 EFZG
- Verhinderung aus persönlichen Gründen, § 616 Abs. 1 BGB
- Urlaub, §§ 1, 11 BUrlG
- Feiertage, § 2 EFZG
- Annahmeverzug, § 615 BGB
- Arbeitsausfall aus betrieblichen Gründen, »Betriebsrisikolehre«

auf Einhaltung der Fürsorgepflicht
- Gewährung von Urlaub, § 1 BUrlG
- Gleichbehandlung
- Schaffung eines sicheren Arbeitsplatzes, § 618 Abs. 1 BGB
- Schutz des Eigentums

auf Schadensersatz
- aus Verletzung des Arbeitsvertrages (§§ 280 ff. BGB) i.V.m. § 611 a BGB oder aus § 823 BGB
- für außergewöhnliche Schäden an Sachen des Arbeitnehmers, die bei der Arbeit entstanden sind, § 611 a BGB (Arbeitsvertrag), § 670 BGB analog
- bei außerordentl. Kündigung durch vertragswidriges Verhalten des Arbeitgebers, § 628 Abs. 2 BGB

aus vorvertraglichem Bereich
- Ersatz der Vorstellungskosten, §§ 670, 662 BGB
- Ersatz für geschlechtsspezifische Benachteiligung, § 611 a BGB Abs. 2 BGB
- Vorvertragliche Pflichten, § 280 Abs. 1 BGB

Ansprüche des Arbeitgebers

auf Leistung der Arbeit
- § 611 a BGB (Arbeitsvertrag) und Direktionsrecht (zugewiesene Arbeit im Rahmen des Arbeitsvertrags; § 106 GewO)

auf Rückzahlung
- einer Sonderleistung: § 611 a BGB (Arbeitsvertrag), Rückzahlungsvereinbarung
- von irrtümlich gezahltem Lohn, §§ 812 Abs. 1 S. 1, 818 Abs. 3 BGB

auf Einhaltung der Treuepflichten
§ 611 a BGB (Arbeitsvertrag), § 242 BGB:
- Leistung von Überstunden in echten Notfällen
- Anzeige drohender Schäden
- Unterlassung von Wettbewerb, §§ 60, 61 HGB
- keine Verleitung anderer Arbeitnehmer zum Vertragsbruch
- Verschwiegenheit, § 17 UWG
- keine Annahme von Schmiergeldern, § 299 StGB

auf Schadensersatz
- aus Verletzung des Arbeitsvertrags (§§ 280 ff. BGB) oder § 823 BGB (Haftungsbeschränkung! Beweislast beim Arbeitgeber für Schuldfrage, § 619a BGB)
- bei Fehlbeträgen oder Fehlbeständen (Manko)
- bei besonderer Vereinbarung: § 611 a BGB (Arbeitsvertrag), Mankoabrede
- ansonsten: §§ 280 ff. BGB , § 611 a BGB (Arbeitsvertrag) oder § 823 BGB;
- bei selbständiger Verwahrung §§ 280, 688, 675 BGB mit den Einschränkungen des § 619a BGB
- bei außerordentlicher Kündigung durch vertragswidriges Verhalten des Arbeitnehmers, § 628 Abs. 2 BGB

aus vorvertraglichem Bereich
- auf Einhaltung vorvertraglicher Treuepflichten, § 280 Abs. 1 BGB

☐ **Ansprüche des Arbeitnehmers und des Arbeitgebers**

1.4.3 Einwendungen, Einreden

Von Einwendungen und Einreden spricht man, wenn einem möglichen Anspruch eine Norm gegenübersteht, die ihn verhindert oder vernichtet. Einwendungen und Einreden sind immer dann zu prüfen, wenn der Sachverhalt auf Gründe eingeht, die einen möglichen Anspruch verhindern oder vernichten können.

Man unterscheidet zwischen:
- rechtsverhindernden Einwendungen
- rechtsvernichtenden Einwendungen
- rechtshemmenden Einreden

Rechtsverhindernde Einwendungen sind Normen, die das Entstehen eines Anspruchs von vornherein verhindern, z. B. wenn der Arbeitsvertrag nicht wirksam zustande kommt.

Rechtsvernichtende Einwendungen sind Rechtsnormen, deren Eingreifen einen entstandenen Anspruch wieder zum Erlöschen bringen, z. B. ein wirksam geschlossener Arbeitsvertrag wird durch Anfechtung einer Vertragspartei wieder beseitigt.

Rechtshemmende Einreden haben zwar keinen Einfluss auf das Bestehen des Anspruchs, sie geben dem Anspruchsgegner aber die Möglichkeit, die Durchsetzung zu verhindern, z. B. kann der Arbeitgeber die Zahlung des Arbeitsentgelts so lange verweigern, bis der Arbeitnehmer seine Arbeitsleistung erbracht hat.

Im Arbeitsrecht gelten jedoch gegenüber dem Bürgerlichen Recht aufgrund der besonderen Interessenlage des Arbeitnehmerschutzes einige Sonderregeln. Wurde vom Arbeitnehmer bereits gearbeitet und stellt sich der Arbeitsvertrag erst später als unwirksam heraus oder wurde der Arbeitsvertrag erst nach Arbeitsantritt angefochten, käme es zu unerträglichen Ungerechtigkeiten. Der Arbeitnehmer kann seine Arbeitsleistung ja nicht zurückfordern. Oftmals besteht nicht einmal Anspruch auf Wertersatz, und die arbeitsrechtlichen Sonderregeln (Urlaubsanspruch, Entgeltfortzahlung im Krankheitsfall) gingen dem Arbeitnehmer auch verloren. Ist der Arbeitsvertrag wirksam, so gibt es im Arbeitsrecht besondere Fälle, in denen der Arbeitnehmer seinen Anspruch auf Entgeltzahlung behält, obwohl er nicht gearbeitet und seine Leistung also nicht erbracht hat. Rein nach den Regeln des BGB könnte der Arbeitgeber einwenden, er brauche das Entgelt nicht zu zahlen, da er auch keine Gegenleistung erhalten habe. Die arbeitsrechtlichen Sonderbestimmungen aber erhalten dem Arbeitnehmer seinen Anspruch dann, wenn er nicht zu arbeiten brauchte (Krankheit, Urlaub, Feiertag). Das bedeutet, dass aus Gründen des Arbeitnehmerschutzes die allgemeinen Regeln des BGB

Einwendungen und Einreden sind immer zu prüfen, wenn der Sachverhalt auf Gründe eingeht, die einen möglichen Anspruch verhindern oder vernichten können.

„Anspruchserhaltende" Norm; der Anspruch auf Arbeitsentgelt bleibt bestehen, obwohl Einwendungen oder Einreden bestehen.

1

modifiziert werden. Dies geschieht mit Hilfe von Normen, die dem Arbeitnehmer seinen Anspruch trotz an sich entgegenstehender Einreden oder Einwendungen erhalten. Diese anspruchserhaltenden Normen sind bei Ansprüchen aus dem Arbeitsvertrag gem. § 611 a BGB (Arbeitsvertrag) bei der Anspruchsgrundlage gleich mitzuzitieren.

rechtshindernde Einwendungen

rechtsvernichtende Einwendungen

rechtshemmende Einreden

> **Einreden, Einwendungen**
> ━ Beschränkte Geschäftsfähigkeit, §§ 106 ff. BGB: Arbeitsvertrag ist unwirksam. Ansprüche aus dem Arbeitsverhältnis für die Zeit, die gearbeitet wurde, bleiben bestehen.
> ━ Nichtigkeit, §§ 125, 134, 138 BGB: Arbeitsvertrag ist zwar nichtig, aufgrund des sog. faktischen Arbeitsverhältnisses behält der Arbeitnehmer seine Ansprüche.
> ━ Anfechtung, § 119 Abs. 2 BGB, § 123 BGB: Anfechtung wirkt nur für die Zukunft (ex nunc), Ansprüche aus dem Vertrag bleiben für die Vergangenheit bestehen.
> ━ Nachträgliche nicht zu vertretende Unmöglichkeit, §§ 275, 326 BGB: Arbeitnehmer verliert nicht den Lohnzahlungsanspruch nach den Grundsätzen „Lohn ohne Arbeit".
> ━ Leistungsverweigerungsrecht bei gegenseitigen Verträgen, § 320 BGB: Arbeitnehmer ist vorleistungspflichtig, § 614 BGB.

Genauere Ausführungen hierzu ▶ Kap. 3

Beispiel
Im Beispielsfall kann Weber einwenden, Loose habe am 10.4. nicht gearbeitet, deswegen brauche er auch keinen Lohn zu bezahlen. Hier könnte Loose seinen Anspruch auf Arbeitsentgelt jedoch behalten haben, weil er krank war, § 3 EFZG. Für die Zeit ab dem 11.4. kann Weber ebenfalls einwenden, Loose habe nicht gearbeitet. Das ist allerdings nur notwendig, wenn der Arbeitsvertrag nicht wirksam beendet wurde (ansonsten hätte Loose gar keine Anspruchsgrundlage).

1.4.4 Rechtliche Prüfung

Sind die denkbaren Anspruchsgrundlagen und Einreden oder Einwendungen gefunden, folgt die eigentliche rechtliche Prüfung. Dabei geht es darum festzustellen:
1. Welche gesetzlichen Voraussetzungen müssen erfüllt sein?
2. Liegen diese Voraussetzungen im Sachverhalt tatsächlich vor?

Diesen Vorgang nennt man Subsumtion. Es wird dabei ein Lebenssachverhalt mit den Tatbestandsmerkmalen einer gesetzlichen Vorschrift verglichen. Bei der Prüfung der Tatbestandsmerkmale ist ausgehend von der Anspruchsgrundlage oft auf eine Reihe weiterer Vorschriften oder Regelungen zurückzugreifen, um zu einem Ergebnis zu kommen. Nur wenn alle Voraussetzungen eines Anspruchs bejaht worden sind, ist der Anspruch auch entstanden.

Dieser Rückgriff auf weitere Normen oder Regelungen ist notwendig, weil diese wiederum Voraussetzungen eines Anspruchs näher beschreiben und geprüft werden müssen. Dadurch entsteht eine Ineinanderschachtelung von Paragraphen und rechtlichen Grundsätzen. Um dabei nicht den Faden zu verlieren, empfiehlt es sich, bei jedem Anspruch nach folgendem Grundgerüst vorzugehen:

Anspruch entstanden, erloschen, gehemmt:

- entstanden durch Rechtsgeschäft oder aufgrund Gesetz
- erloschen wegen Einwendungen
- gehemmt wegen Einreden

Anspruch entstanden, erloschen, gehemmt

Dieses Grundgerüst gilt für Anspruchsprüfungen im Bürgerlichen Recht, aber auch im Arbeitsrecht. Die Sonderregelungen des Arbeitsrechts verändern nicht diese Prüfungsreihenfolge. Vielmehr sind sie an ihrem systematisch richtigen Punkt zu prüfen und können dann bei Vorliegen ihrer Voraussetzungen dazu führen, dass es zu anderen Ergebnissen kommt als bei reiner Anwendung des Bürgerlichen Rechts. Diese Modifizierung von Vorschriften und Grundsätzen des Bürgerlichen Rechts durch das Arbeitsrecht hat seinen Sinn und Zweck im Arbeitnehmerschutz.

Beispiel
Die rechtliche Prüfung (Subsumtion) wird an dem Einleitungsbeispiel kurz dargestellt:

1. Anspruch des Loose auf Arbeitslohn für den 10.4.
Anspruchsgrundlage könnte § 611 a BGB (Arbeitsvertrag) i. V. m. § 3 EFZG sein.
Anspruch entstanden? Zwischen Loose und Weber ist ein Arbeitsvertrag wirksam zustande gekommen und war am 10.4. nicht beendet. Dieser Vertrag könnte durch eine Anfechtung rückwirkend vernichtet worden sein, mit der Folge, dass kein Anspruch mehr aus dem Vertrag besteht. Grundsätzlich wirkt die Anfechtung ex tunc (von Anfang an), § 142 BGB, im Arbeitsrecht jedoch wirkt sie grundsätzlich ex nunc (für die Zukunft), wenn bereits Arbeit geleistet wurde. Dies ist hier der Fall. Der Anspruch ist entstanden. Anspruch erloschen? Loose hat am 10.4. nicht gearbeitet. Der Anspruch könnte durch § 326 BGB erloschen sein. Loose war jedoch

an diesem Tag krank, er hat Anspruch auf Lohnfortzahlung gemäß § 3 EFZG.

Anspruch einredebehaftet? Dass Loose sich am 10.4. nicht entschuldigt hat, ermöglicht es dem Weber nicht, die Lohnzahlung zu verweigern.

2. Anspruch des Loose auf Arbeitslohn ab dem 11.4.

Als Anspruchsgrundlage kommt § 611 a BGB (Arbeitsvertrag) i. V. m. § 615 BGB in Betracht.

Anspruch entstanden? Der Arbeitsvertrag müsste noch bestehen, er dürfte nicht durch Anfechtung oder Kündigung am 11.4. beendet worden sein. Für eine wirksame Anfechtung fehlt es an einem Anfechtungsgrund. Zwar hat Loose bei der Einstellung falsche Angaben gemacht, doch seine Vorstrafe steht nicht im Zusammenhang mit seinem Arbeitsplatz. Die fristlose Kündigung war unverhältnismäßig, es fehlt an einer Abmahnung. Die Loose am 15.3. erteilte Abmahnung betraf einen anderen Verstoß gegen den Arbeitsvertrag und hat nichts mit dem Arbeitsvertragsverstoß vom 10.4. zu tun.

Anspruch erloschen? Loose hat nicht gearbeitet ab dem 11.4. Allerdings konnte er gar nicht arbeiten, da Weber ihm Hausverbot erteilt hatte. Der Anspruch auf Lohnzahlung ist nicht nach § 326 BGB erloschen, sondern Weber bleibt zur Lohnzahlung verpflichtet, da er sich in Annahmeverzug befand, § 615 BGB.

Ergebnis: Loose hat Anspruch auf Arbeitsentgelt für den 10.4. und auch darüber hinaus.

1.5   Zusammenfassung

Das Arbeitsrecht ist das Sonderrecht der Arbeitnehmer.

Zu unterscheiden sind das Individualarbeitsrecht, das die Rechtsbeziehungen zwischen dem einzelnen Arbeitnehmer und Arbeitgeber regelt, und das Kollektivarbeitsrecht, das Recht der Arbeitsverbände.

Das Arbeitsrecht ist nicht in einem einheitlichen Gesetz geregelt, sondern in einer Vielzahl von Einzelgesetzen, Bestimmungen und Vereinbarungen (= Rechtsquellen).

Die Anwendung dieser Rechtsquellen wird durch drei Prinzipien bestimmt:
1. Rangprinzip,
2. Günstigkeitsprinzip,
3. Spezialitäts- oder Ordnungsprinzip.

Arbeitnehmer ist, wer aufgrund eines Arbeitsvertrags (§ 611 a BGB) gegen Entgelt unselbständige Dienste in persönlicher Abhängigkeit erbringt.

Zuständiges Gericht für Streitigkeiten zwischen dem Arbeitnehmer und Arbeitgeber aus dem Arbeitsverhältnis oder darüber, ob ein Arbeitsverhältnis (noch) besteht, ist das Arbeitsgericht.

Die Schritte der Falllösung sind:

- Sachverhalt erfassen
- Anspruchsgrundlagen suchen
- Einwendungen, Einreden und ggf. anspruchserhaltende Normen suchen
- Subsumtion (rechtliche Prüfung)
- Formulieren der Lösung.

Der Arbeitsvertrag

© Springer-Verlag GmbH Deutschland 2018

U. Teschke-Bährle, *Arbeitsrecht – Schnell erfasst*, Recht – Schnell erfasst,

https://doi.org/10.1007/978-3-662-55312-1_2

2

2.1 Beginn des Arbeitsverhältnisses

❏ Bewerbung (Stefan Dinter)

Bereits im Vorfeld des Arbeitsvertrags bestehen Rechte und Pflichten.

Bereits im Vorfeld eines Arbeitsvertrags, noch bevor überhaupt feststeht, ob sich Arbeitnehmer und Arbeitgeber einig werden, haben die Beteiligten eine Reihe von Rechten und Pflichten zu beachten. Diese vorvertragliche Rechtsbeziehung beginnt schon mit der Bewerbung. Sie betrifft insbesondere das Einstellungsgespräch und endet entweder mit dem Abschluss des Arbeitsvertrags oder mit der endgültigen Absage des Arbeitgebers oder des Bewerbers. Für Arbeitgeber und Arbeitnehmer ist gleichermaßen wichtig, sich in diesem Bereich richtig zu verhalten und ihre Rechte zu kennen. Wird ein Arbeitsvertrag geschlossen, können Fehler bei der Anbahnung zu einer Auflösung des Vertrags führen. Kommt es andererseits nicht zu einem Vertragsschluss, kann der Bewerber möglicherweise trotzdem Ansprüche gegen den Arbeitgeber geltend machen.

Zur Klarstellung sei vorab noch festgehalten, dass es sich bei der Bewerbung nicht um ein Vertragsangebot nach § 145 BGB handelt. Dies hätte nämlich zur Folge, dass der Bewerber rechtlich an das Angebot gebunden wäre und sich nicht gleichzeitig auf mehrere Stellen bewerben könnte. Die Bewerbung ist als Aufforderung an den Arbeitgeber zu verstehen, dem Bewerber ein konkretes Vertragsangebot zu machen.

2.1.1 Die Einstellung

Bevor ein Arbeitsvertrag geschlossen wird, findet in aller Regel erst einmal ein persönliches Vorstellungs- oder Einstellungsgespräch statt. Hier ist insbesondere interessant, in welchen Fällen ein Bewerber die Kosten anlässlich der Vorstellung ersetzt verlangen kann, was man unter dem Benachteiligungsverbot bei der Einstellung versteht sowie der wichtige Problembereich von zulässigen und unzulässigen Fragen des Arbeitgebers.

> **§ 670 BGB – Aufwendungsersatz**
> Macht der Beauftragte zum Zwecke der Ausführung des Auftrags Aufwendungen, die er den Umständen nach für erforderlich halten darf, so ist der Auftraggeber zum Ersatze verpflichtet.

> **§ 662 BGB – Der Auftrag**
> Durch die Annahme eines Auftrags verpflichtet sich der Beauftragte, ein ihm von dem Auftraggeber übertragenes Geschäft für diesen unentgeltlich zu besorgen.

Anspruch auf Aufwendungsersatz aus §§ 670, 662 (Kosten des Bewerbers anlässlich der Vorstellung):

Anspruch

- Aufforderung des Arbeitgebers, sich persönlich vorzustellen
- kein ausdrücklicher Ausschluss einer Zahlung durch den Arbeitgeber
- ⇨ Erstattung der Kosten, soweit erstattungsfähig

Wird der Bewerber vom Arbeitgeber aufgefordert, sich persönlich vorzustellen, und erklärt sich der Bewerber damit einverstanden, ist dies rechtlich als ein Auftragsverhältnis zu qualifizieren. Der Bewerber als Auftragnehmer verpflichtet sich, sich beim Arbeitgeber vorzustellen, ohne hierfür ein Entgelt zu erhalten. Macht der Bewerber Aufwendungen, um sich beim Arbeitgeber vorzustellen, kann er diese ersetzt verlangen, wenn der Arbeitgeber vorher nicht ausdrücklich einen Ersatz der Kosten ausgeschlossen hat. Zu den Aufwendungen zählen Anreise-, Verpflegungs- und teilweise auch Übernachtungskosten.

Der Bewerber kann unter bestimmten Voraussetzungen die Kosten für die persönliche Vorstellung ersetzt verlangen.

Erstattungsfähig sind jedoch nur solche Kosten, die der Bewerber den Umständen nach für erforderlich halten durfte.

2

In welcher Höhe Vorstellungs-
kostenangemessen sind,
richtet sich nach:
– Art der zu besetzenden
  Stelle
– Entfernung zum Wohnort
– Zeitpunkt des Gespräches

Die „Umstände" richten sich nach der Entfernung des Arbeitgebers vom Wohnort des Bewerbers, dem vereinbarten
Vorstellungstermin und seiner Dauer sowie der Art der angebotenen Arbeitsstelle. Im Hinblick auf diese Punkte dürfen die
Kosten nicht unangemessen hoch sein.

Beispiel

Die Bewerberin für eine Stelle als Assistentin der Geschäftsleitung
reist auf Aufforderung des Arbeitgebers zu einem unverbindli-
chen Vorstellungsgespräch nach München. Sie fährt mit der Bahn,
1. Klasse, und benutzt in München ein Taxi.

Die Bewerberin wurde aufgefordert, sich vorzustellen, es bestand zwischen ihr und dem Arbeitgeber ein Auftragsverhältnis. Der Hinweis auf die Unverbindlichkeit des Gesprächs ist
kein Ausschluss der Übernahme von Kosten, sondern bezieht
sich auf die in Aussicht gestellte Arbeitsstelle. Ein Vorstellungsgespräch ist immer unverbindlich. Die Bewerberin kann
sowohl die Bahnkosten wie auch die Taxikosten ersetzt verlangen. In Anbetracht der gehobenen Position, für die sie sich
beworben hat, durfte sie die 1. Klasse und die Benutzung eines
Taxis für angemessen halten.

2.1.2 Benachteiligung bei der Einstellung

Art. 3 GG – Gleichheitsgrundsatz
(1) Alle Menschen sind vor dem Gesetz gleich.
(2) Männer und Frauen sind gleichberechtigt. Der Staat för-
dert die tatsächliche Durchsetzung der Gleichberechtigung
von Frauen und Männern und wirkt auf die Beseitigung
bestehender Nachteile hin.
(3) Niemand darf wegen seines Geschlechtes, seiner
Abstammung, seiner Rasse, seiner Sprache, seiner Heimat
und Herkunft, seines Glaubens, seiner religiösen oder
politischen Anschauungen benachteiligt oder bevorzugt
werden. Niemand darf wegen seiner Behinderung benachteiligt werden.

Niemand darf aufgrund seines
Geschlechts benachteiligt oder
bevorzugt werden.

Jeder Arbeitnehmer hat das Recht, nach sachgemäßen Maß-
stäben beurteilt zu werden. Stellt der Arbeitgeber bei der
Stellenausschreibung oder der Auswahl eines Bewerbers zu
Unrecht auf das Geschlecht ab, beeinträchtigt er die Entfal-
tungsmöglichkeiten des Bewerbers, der nicht dem gesuchten
Geschlecht angehört. Damit werden dessen berufliche Fä-

higkeiten herabgewürdigt. Da das Grundgesetz in der Regel nur zwischen Bürger und Staat wirkt, nicht zwischen Bürger und Bürger („unmittelbare Drittwirkung von Grundrechten") gab es bis zum 17.08.2006 die § 611a und § 611b BGB um das Gleichbehandlungsrecht der Geschlechter zu unmittelbar zwingendem Recht im Arbeitsrecht zu machen.

Diese beiden Regelungen wurden ab dem 18.08.2006 ersetzt durch die Vorschriften des Allgemeinen Gleichbehandlungsgesetzes, (AGG). Das AGG gilt allerdings nicht nur im Arbeitsrecht, sondern auch für andere zivilrechtliche Rechtsbeziehungen, z. B. auch für Mietverhältnisse.

Mit dem AGG wurden vier EU-Richtlinien, die sich Gleichbehandlung und Antidiskriminierung befassen, in nationales Recht umgesetzt. Das AGG findet Anwendung auf alle individualrechtlichen Vereinbarungen, z. B. Arbeitsverträge, aber auch auf kollektivrechtliche Vereinbarungen, z. B. Betriebsvereinbarungen. Es betrifft alle Maßnahmen bei der Begründung, Durchführung und Beendigung eines Beschäftigungsverhältnisses sowie die berufliche Bildung. Das AGG verbietet nicht nur die unmittelbare und mittelbare Benachteiligung aus den vorgenannten Gründen, sondern auch deren Belästigung.

Das Benachteiligungsverbot richtet sich in erster Linie an den Arbeitgeber, aber auch an Arbeitskollegen oder Dritte, z. B. Kunden, Lieferanten. Ist eine Benachteiligung eingetreten, stellt diese eine Verletzung vertraglicher Pflichten dar. Regelungen in Vereinbarungen, die gegen das Benachteiligungsverbot verstoßen, sind unwirksam.

Benachteiligte Mitarbeiter haben ein Beschwerderecht zur „zuständigen Stelle" im Betrieb. Dies kann die Personalabteilung oder der Betriebsrat sein. Der Arbeitgeber muss die vorgebrachte Beschwerde prüfen und das Ergebnis seiner Prüfung dem Beschwerdeführer mitteilen.

Verstößt ein Mitarbeiter gegen die Vorschriften des AGG, muss der Arbeitgeber einschreiten und die Belästigung unterbinden. Mit welchen Maßnahmen er die Belästigung beseitigt, hängt von den Umständen des Einzelfalles ab. Von der Abmahnung über eine Umsetzung/Versetzung bis zur Kündigung ist alles denkbar.

---

§ 1 AGG – Ziel des Gesetzes

Ziel des Gesetzes ist, Benachteiligungen aus Gründen der Rasse oder wegen der ethnischen Herkunft, des Geschlechts, der Religion oder Weltanschauung, einer Behinderung, des Alters oder der sexuellen Identität zu verhindern oder zu beseitigen.

§ 2 AGG – Anwendungsbereich

(1) Benachteiligungen aus einem in § 1 genannten Grund sind nach Maßgabe dieses Gesetzes unzulässig in Bezug auf:

1. die Bedingungen, einschließlich Auswahlkriterien und Einstellungsbedingungen, für den Zugang zu unselbstständiger und selbstständiger Erwerbstätigkeit, unabhängig von Tätigkeitsfeld und beruflicher Position, sowie für den beruflichen Aufstieg,
2. die Beschäftigungs- und Arbeitsbedingungen einschließlich Arbeitsentgelt und Entlassungsbedingungen, insbesondere in individual- und kollektivrechtlichen Vereinbarungen und Maßnahmen bei der Durchführung und Beendigung eines Beschäftigungsverhältnisses sowie beim beruflichen Aufstieg,
3. den Zugang zu allen Formen und allen Ebenen der Berufsberatung, der Berufsbildung einschließlich der Berufsausbildung, der beruflichen Weiterbildung und der Umschulung sowie der praktischen Berufserfahrung,
4. die Mitgliedschaft und Mitwirkung in einer Beschäftigten- oder Arbeitgebervereinigung oder einer Vereinigung, deren Mitglieder einer bestimmten Berufsgruppe angehören, einschließlich der Inanspruchnahme der Leistungen solcher Vereinigungen,
5. den Sozialschutz, einschließlich der sozialen Sicherheit und der Gesundheitsdienste,
6. die sozialen Vergünstigungen,
7. die Bildung,
8. den Zugang zu und die Versorgung mit Gütern und Dienstleistungen, die der Öffentlichkeit zur Verfügung stehen, einschließlich von Wohnraum.

(2) Für Leistungen nach dem Sozialgesetzbuch gelten § 33c des Ersten Buches Sozialgesetzbuch und § 19a des Vierten Buches Sozialgesetzbuch. Für die betriebliche Altersvorsorge gilt das Betriebsrentengesetz.

(3) Die Geltung sonstiger Benachteiligungsverbote oder Gebote der Gleichbehandlung wird durch dieses Gesetz nicht berührt. Dies gilt auch für öffentlich-rechtliche Vorschriften, die dem Schutz bestimmter Personengruppen dienen.

(4) Für Kündigungen gelten ausschließlich die Bestimmungen zum allgemeinen und besonderen Kündigungsschutz.

Ein benachteiligter Mitarbeiter hat grundsätzlich Anspruch auf eine Entschädigung und Schadenersatz. Die Entschädigung soll den immateriellen Schaden ausgleichen, den der Mitarbeiter durch die Benachteiligung erlitten hat. Wurde der Mitarbeiter bei der Einstellung benachteiligt, hat er Anspruch auf eine Entschädigung bis zu drei Monatsgehältern. Er hat jedoch keinen Anspruch auf Beschäftigung.

Anspruch wegen Nichteinstellung aus § 15 AGG (z. B., aufgrund geschlechtsbezogener Benachteiligung)

Anspruch

- Arbeitsverhältnis ist nicht zustande gekommen
- aufgrund des Geschlechts des Bewerbers
- Geschlecht keine unverzichtbare Voraussetzung für auszuübende Tätigkeit
- Verstoß des Arbeitgebers gegen Benachteiligungsverbot
- ⇨ angemessene Entschädigung/höchstens drei Monatsverdienste

Der Arbeitgeber darf den Bewerber nicht wegen seines Geschlechts benachteiligen, d. h. ihn nicht ablehnen, nur weil er ein Mann oder weil sie eine Frau ist. Trotz Nichteinstellung wegen des Geschlechts liegt dann keine Benachteiligung vor, wenn für die zu leistende Arbeit „ein bestimmtes Geschlecht unverzichtbare Voraussetzung" ist. Geprüft werden muss bei diesem Punkt, ob sachliche Gründe im Hinblick auf die Arbeitsstelle eine Ungleichbehandlung rechtfertigen.

Verstößt der Arbeitgeber gegen das Benachteiligungsverbot, kann der Bewerber eine angemessene Entschädigung in Geld verlangen, höchstens jedoch drei Monatsverdienste. Dabei gilt als Monatsverdienst das, was dem Bewerber bei regelmäßiger Arbeitszeit in dem Monat, in dem das Arbeitsverhältnis hätte begründet werden sollen, an Geld- und Sachbezügen zugestanden hätte. Es besteht jedoch kein Anspruch auf Abschluss eines Arbeitsvertrags.

Den Anspruch auf Entschädigung muss der Bewerber innerhalb von zwei Monaten nach Zugang der Ablehnung der Bewerbung schriftlich geltend machen, § 15 Absatz 4 AGG.

Erhält der abgelehnte Bewerber/die abgelehnte Bewerberin die geforderte Entschädigung nicht, so kann er/sie Klage zum Arbeitsgericht erheben. Besondere Vorschriften im Hinblick auf diese Klage enthält § 61b ArbGG: die Klage ist innerhalb von drei Monaten, nachdem der Anspruch schriftlich geltend gemacht worden ist, zu erheben.

Beispiel

Ein Tierheim inseriert in zwei aufeinander folgenden Ausgaben einer Zeitung: „Gesucht wird ein zuverlässiger Tierpfleger …". Dabei geht der Arbeitgeber davon aus, nur ein Mann komme für die

2

Stelle in Betracht. Eine Bewerberin, die für die Stelle fachlich gut geeignet wäre, wird ohne Angabe von Gründen nicht genommen.

Vorliegend kam ein Arbeitsverhältnis nicht zustande. Die Bewerberin erhielt die Stelle nicht, weil sie eine Frau ist. Sachliche Gründe für diese Benachteiligung, z. B. weil die Arbeit nur von einem Mann geleistet werden könnte, sind aus dem Sachverhalt nicht erkennbar. Die abgelehnte Bewerberin kann eine angemessene Entschädigung verlangen.

Das im Beispiel genannte Inserat war nicht geschlechtsneutral formuliert. Dies verstößt gegen das gesetzliche Gebot in §§ 11 AGG.

> **§ 11 AGG – Ausschreibung**
> Ein Arbeitsplatz darf nicht unter Verstoß gegen § 7 Abs. 1 ausgeschrieben werden.

> **§ 7 AGG – Benachteiligungsverbot**
> (1) Beschäftigte dürfen nicht wegen eines in § 1 genannten Grundes benachteiligt werden; dies gilt auch, wenn die Person, die die Benachteiligung begeht, das Vorliegen eines in § 1 genannten Grundes bei der Benachteiligung nur annimmt.
> (2) Bestimmungen in Vereinbarungen, die gegen das Benachteiligungsverbot des Absatzes 1 verstoßen, sind unwirksam.
> (3) Eine Benachteiligung nach Absatz 1 durch Arbeitgeber oder Beschäftigte ist eine Verletzung vertraglicher Pflichten.

2.1.3 Das Einstellungsgespräch

Fragen beim Einstellungsgespräch:
- Welche Fragen dürfen vom Arbeitgeber gestellt werden?
- Welche Fragen müssen wahrheitsgemäß beantwortet werden?
- Welche Auskünfte muss der Bewerber von sich aus geben?

Interessenkonflikt beim Einstellungsgespräch

Diese Fragen haben für Arbeitgeber und Arbeitnehmer gleichermaßen Bedeutung. Erstens für das Verhalten beim Einstellungsgespräch und zweitens für eine später mögliche Anfechtung des Arbeitsvertrags aufgrund von Fehlern in diesem

Bereich. Bei einer Beendigung des Arbeitsverhältnisses durch Anfechtung geht dem Arbeitnehmer jeglicher Kündigungsschutz verloren. Für die Beantwortung der oben gestellten Fragen ist von folgender Interessenlage auszugehen:

- Der Arbeitgeber hat ein berechtigtes Interesse, sich ein möglichst umfassendes Bild von dem Bewerber machen zu können, wozu auch die persönlichen Verhältnisse des Bewerbers gehören.
- Der Arbeitnehmer hat ein berechtigtes Interesse, nicht völlig vom Arbeitgeber „durchleuchtet" zu werden, d. h. seine Intimsphäre nicht preisgeben zu müssen (Persönlichkeitsrecht, Art. 1 Abs. 1, 2 Abs. 1 GG).

Dieser Interessenkonflikt kann nur über einen Kompromiss gelöst werden. Grundsätzlich gilt:

1. Der Arbeitgeber muss alles erfragen; von sich aus muss der Arbeitnehmer keine Angaben machen. Ausnahme: Der Arbeitnehmer muss von sich aus Angaben machen, ohne danach gefragt zu werden, wenn er eine Offenbarungspflicht hat. Eine solche besteht, wenn dem Arbeitnehmer aus bestimmten Gründen die Erfüllung der arbeitsvertraglichen Leistungspflicht unmöglich ist oder sonst Umstände vorliegen, die für den in Betracht kommenden Arbeitsplatz von ausschlaggebender Bedeutung sind.

> Grundsätzlich muss der Arbeitgeber alle Informationen selbst erfragen, außer es besteht eine Offenbarungspflicht des Bewerbers.

2. Der Arbeitnehmer muss die ihm gestellten Fragen wahrheitsgemäß beantworten, er darf nicht lügen. Ausnahme: Ist die dem Arbeitnehmer gestellte Frage unzulässig, darf er lügen. Allerdings ist dabei zu beachten, dass dem Arbeitnehmer eine bloße Weigerung, solche Fragen zu beantworten, nicht weiterhilft, denn der Arbeitgeber kann (und wird) dieses Verhalten nachteilig interpretieren. Die falsche Antwort auf eine unzulässige Frage berechtigt den Arbeitgeber nicht zur Anfechtung wegen arglistiger Täuschung § 123 BGB (die falsche Antwort auf eine zulässige Frage dagegen schon). Die Prüfung der Zulässigkeit einer Frage orientiert sich wiederum an der Interessenlage.

> Auf zulässige Fragen muss der Bewerber wahrheitsgemäß antworten.

Prüfung der Zulässigkeit einer Frage:

- Das Interesse des Arbeitgebers, die Antwort auf seine Frage zu kennen, überwiegt gegenüber dem Interesse des Arbeitnehmers, möglichst wenig preisgeben zu müssen, und
- die Frage steht mit dem Arbeitsplatz in Zusammenhang

Intimbefragungen des Bewerbers sind danach immer unzulässig, denn hier überwiegt das Interesse des Arbeitgebers nie. Werden die Fragen mittels eines Einstellungsfragebo-

> Intimfragen sind unzulässig.

gens gestellt, gilt selbstverständlich das gleiche wie für das Gespräch.

Psychologische Tests und graphologische Gutachten bedürfen der Zustimmung des Bewerbers.

Der Arbeitgeber darf psychologische Tests und graphologische Gutachten nur vornehmen, wenn der Bewerber zustimmt. Beachtet der Arbeitgeber diesen Vorbehalt nicht, kann dies u. U. wegen Verletzung des Persönlichkeitsrechts des Bewerbers zu einem Schmerzensgeldanspruch aus § 823 BGB führen.

Beispiel

Der Arbeitgeber ist beim Einstellungsgespräch sehr zufrieden mit dem Bewerber. Bevor er ihm einen Arbeitsvertrag als Fernfahrer anbietet, fragt er noch, ob dieser Gewerkschaftsmitglied sei, denn seiner Meinung nach stiften die Gewerkschaften nur Unfrieden zwischen Arbeitnehmern und Arbeitgebern. Obwohl der Bewerber Gewerkschaftsmitglied ist, verneint er die Frage und wird eingestellt. Kann der Arbeitgeber den Arbeitsvertrag anfechten?

Vgl. Ausführungen zur Anfechtung ▶ Abschn. 2.2.2

Der Bewerber hat hier bewusst eine falsche Antwort gegeben, obwohl es für ihn offensichtlich war, dass seine Gewerkschaftszugehörigkeit für den Arbeitgeber ein wichtiger Punkt bei der Einstellung war. Aber es ist zu klären, ob es sich überhaupt um eine zulässige Frage handelte, denn war sie unzulässig, durfte der Bewerber lügen. Selbst wenn das Interesse des Arbeitgebers, die Gewerkschaftszugehörigkeit zu kennen, mehr wiegt als das Interesse des Arbeitnehmers, möglichst wenig von sich preiszugeben, so steht doch eine Mitgliedschaft bei einer Gewerkschaft in keinem Zusammenhang mit dem Arbeitsplatz als Fernfahrer. Die Frage des Arbeitgebers war unzulässig, der Bewerber durfte die Unwahrheit sagen. Eine Anfechtung ist nicht möglich.

Auf bestimmte Fragen besteht Offenbarungs-pflicht	**Offenbarungspflicht:**
	- gesundheitliche Beschwerden, die die Leistungs-erbringung erheblich gefährden oder ausschließen
	- rechtskräftige Verurteilung, wenn die Strafverbüßung noch bevorsteht
	- bestehende Wettbewerbsverbote

Auf zulässige Fragen ist nach bestem Wissen und Gewissen zu antworten	**Zulässige Fragen:**
	- beruflicher Werdegang (Zeugnisse, Prüfungen)
	- bisherige Vergütungshöhe (wenn bestimmte Vergütung verlangt wird)
	- Vermögensverhältnisse (nur bei leitenden Angestellten)
	- Vorstrafen, soweit sie mit dem Arbeitsplatz in Zusammenhang stehen
	- Stasi-Vergangenheit, wenn relevant für das Arbeits-verhältnis
	- Krankheiten, wenn und soweit dafür ein Interesse besteht, hinsichtlich des konkreten Arbeitsplatzes und des Betriebes (Aids-Erkrankung zulässig, Aids-Infektion strittig)

Bei unzulässigen Fragen darf auch »gelogen« werden	**Unzulässige Fragen:**
	- Gewerkschaftszugehörigkeit*
	- Wehrdienstzeit / Zivildienst
	- Religionszugehörigkeit
*Ausnahme: Diese Fragen müssen jedoch richtig beantwortet werden, wenn sich der Arbeitnehmer bei einem »Tendenzbetrieb« bewirbt, z.B. Kirche, Partei	- Vorstrafen, wenn sie mit dem Arbeitsplatz nichts zu tun haben
	- Parteizugehörigkeit*
	- bevorstehende Heirat
	- Kinderwünsche (Verhütungsmittel?)
	- Schwangerschaft
	- Schwerbehinderteneigenschaft

◘ **Fragen im Bewerbungsgespräch**

2.2 Der Arbeitsvertrag

War die Bewerbung erfolgreich, schließen Arbeitgeber und Ar-beitnehmer einen Arbeitsvertrag. Da der Arbeitsvertrag ein spezieller Dienstvertrag ist, der durch die arbeitsrechtlichen Sonderregeln mitbestimmt wird, muss er zunächst vom „nor-malen" Dienstvertrag abgegrenzt werden.

Diese Abgrenzung ist seit 01.04.2017 durch Einfügen eines neuen § 611 a BGB erfolgt. Der neue § 611 a BGB definiert den Arbeitsvertrag in Anlehnung an die von der Rechtsprechung entwickelten Abgrenzungskriterien zwischen Dienst- und Ar-beitsvertrag.

> Der Arbeitsvertrag ist ein Dienstvertrag, der durch arbeitsvertragliche Sonderre-gelungen mitbestimmt wird.

☐ Arbeitsvertrag (Stefan Dinter)

§ 611 a BGB Arbeitsvertrag
(1) Durch den Dienstvertrag wird derjenige, welcher Dienste zusagt, zur Leistung der versprochenen Dienste, der andere Teil zur Gewährung der vereinbarten Vergütung verpflichtet.
(2) Gegenstand des Dienstvertrags können Dienste jeder Art sein.

Der § 611 BGB ist Anspruchsgrundlage für:
▬ Leistung von Diensten durch Nichtarbeitnehmer
▬ Vergütung

Der § 611 a BGB ist die spezielle Anspruchsgrundlage für
▬ Leistung von Diensten durch Arbeitnehmer
▬ Vergütung.

§ 611a Arbeitsvertrag
(1) 1Durch den Arbeitsvertrag wird der Arbeitnehmer im Dienste eines anderen zur Leistung weisungsgebundener, fremdbestimmter Arbeit in persönlicher Abhängigkeit verpflichtet. 2Das Weisungsrecht kann Inhalt, Durchführung, Zeit und Ort der Tätigkeit betreffen. 3Weisungsgebunden ist,

wer nicht im Wesentlichen frei seine Tätigkeit gestalten und seine Arbeitszeit bestimmen kann. 4Der Grad der persönlichen Abhängigkeit hängt dabei auch von der Eigenart der jeweiligen Tätigkeit ab. 5Für die Feststellung, ob ein Arbeitsvertrag vorliegt, ist eine Gesamtbetrachtung aller Umstände vorzunehmen. 6Zeigt die tatsächliche Durchführung des Vertragsverhältnisses, dass es sich um ein Arbeitsverhältnis handelt, kommt es auf die Bezeichnung im Vertrag nicht an. (2) Der Arbeitgeber ist zur Zahlung der vereinbarten Vergütung verpflichtet.

Unabhängige »Selbständige«	Wirtschaftlich Abhängige: »arbeitnehmer-ähnliche Person«	Persönlich Abhängige: »Arbeitnehmer«
Freie Wahl der Auftraggeber	Nicht weisungs-gebunden, aber wirtschaftlich abhängig	Weisungsgebunden hinsichtlich Dauer, Ort und Inhalt der geschuldeten Leistung
§ 611 BGB ohne die arbeitsrechtlichen Sonderregelungen	§ 611 BGB, z.T. gelten arbeits-rechtliche Sonder-regelungen § 5 ArbGG, § 2 BUrlG, § 12a TVG	§ 611 a BGB (Arbeitsvertrag); es gelten sämtliche arbeitsrechtlichen Sonderregelungen

◻ Dienstvertrag, § 611 BGB / Arbeitsvertrag, § 611 a BGB

Die Leistung aufgrund § 611 BGB kann erbracht werden als:
1. Selbständiger, d. h. unabhängig von einer anderen Person. Hier handelt es sich um einen „normalen" Dienstvertrag; die arbeitsrechtlichen Sonderregeln gelten nicht.
2. Arbeitnehmerähnliche Person, d. h. in wirtschaftlicher Abhängigkeit. Der Dienstleistende ist an sich selbständig, arbeitet jedoch überwiegend für einen Dienstherrn und ist von ihm bezüglich der Höhe seiner Vergütung und be-

Selbständige

arbeitsnehmerähnliche Person

züglich der Art und Dauer der Tätigkeit abhängig (z. B. ein Journalist, der sich als freier Mitarbeiter vertraglich verpflichtet hat, seine Berichte nur in einer bestimmten Zeitung zu publizieren).

Auch hier handelt es sich um einen „normalen" Dienstvertrag. Die arbeitsrechtlichen Sonderregeln gelten grundsätzlich nicht. Soweit jedoch eine dem Arbeitnehmer vergleichbare Schutzwürdigkeit besteht (aufgrund dieses arbeitnehmerähnlichen Abhängigkeitsverhältnisses in wirtschaftlicher Hinsicht), ordnet das Gesetz die Geltung bestimmter Vorschriften ausdrücklich an, § 2 BUrlG, § 5 ArbGG, § 12a TVG.

Arbeitnehmer

3. Als Arbeitnehmer in persönlicher Abhängigkeit. In diesem Fall wird der Dienstvertrag als Arbeitsvertrag geschlossen. Es gelten alle arbeitsvertraglichen Sonderregeln (§ 611 a BGB (Arbeitsvertrag)).

Da aus dem Bestehen eines Dienstvertrages allein noch nicht erkennbar ist, ob es sich um ein Arbeitsverhältnis handelt, ist als genaue Anspruchsgrundlage im Arbeitsrecht zu zitieren: § 611 BGB i. V. m. Arbeitsvertrag.

Jeder Arbeitnehmer ist entweder Angestellter oder Arbeiter, allerdings spielt diese Unterscheidung arbeitsrechtlich keine Rolle mehr. Eine Sonderstellung nehmen jedoch Auszubildende ein.

Der Angestellte leistet überwiegend büromäßige oder „geistige" Arbeit.

Der Angestellte leistet überwiegend kaufmännische, büromäßige oder sonst überwiegend geistige Arbeit. Die leitenden Angestellten bilden eine Untergruppe der Angestellten. Sie unterscheiden sich von den „normalen" Angestellten, da sie teilweise Arbeitgeberfunktionen ausüben. Dadurch stehen sie zwischen den „normalen" Angestellten und dem Arbeitgeber. Wegen dieser besonderen Stellung gelten für die leitenden Angestellten teilweise Sonderregeln (statt des BetrVG gilt das SprAuG – nur eingeschränkter Kündigungsschutz nach dem KSchG – keine Anwendung des ArbZG).

Der Arbeiter leistet überwiegend körperlich-manuelle Arbeit.

Arbeiter ist, wer überwiegend körperlich-manuelle Arbeit leistet und meist im Wertschöpfungsprozess tätig ist.

Der Auszubildende ist nicht dem Begriff des Arbeitnehmers zuzuordnen, er nimmt eine Sonderstellung ein.

Eine Unterscheidung zwischen Arbeiter und Angestelltem ist unter dem Blickwinkel des Gleichheitsgrundsatzes, Art. 3 GG, nicht notwendig, wurde aber bis 31.12.2004 immer noch in der Rentenversicherung vorgenommen. Mit Wirkung vom 01.01.2005 gibt es aber keine Trennung mehr in Arbeiter- und Angestelltenrentenversicherung. Der Träger der gesetzlichen Rentenversicherung für Arbeitnehmer heißt jetzt einheitlich „Deutsche Rentenversicherung" (§ 125 SGB VI) mit einem Zusatz für ihre jeweilige regionale Zuständigkeit.

Die Unterscheidung zwischen Arbeitern und Angestellten hat
- noch Bedeutung für den Umfang des Direktionsrechts des Arbeitgebers
- keine Bedeutung mehr im Sozialversicherungsrecht
- keine Bedeutung mehr für gesetzliche Kündigungsfristen, Entgeltfortzahlung im Krankheitsfall; Mitbestimmungsrecht nach BetrVG, MitbestG.

Die gesetzlichen Kündigungsfristen für Arbeiter und Angestellte wurden 1993 aufgrund der Verfassungswidrigkeit der bisherigen Regelungen durch die Änderung des § 622 BGB und die Aufhebung des Angestelltenkündigungsschutzgesetzes angeglichen. Auch die Vorschriften über die Entgeltfortzahlung im Krankheitsfall wurden zwischenzeitlich im EntgeltfortzahlungsG einheitlich geregelt. Durch das Betriebsverfassungs-Reformgesetz wurde 2001 auch im Mitbestimmungsrecht die Unterscheidung zwischen Arbeitern und Angestellten aufgehoben. Gemäß dem arbeitsrechtlichen Gleichbehandlungsgrundsatz und Art. 3 GG ist bei jeder Ungleichbehandlung jeweils zu prüfen, ob für die Ungleichbehandlung ein sachlicher Rechtfertigungsgrund vorliegt. Liegt ein solcher sachlicher Grund vor, dann ist eine ungleiche Behandlung nicht zu beanstanden. Fehlt jedoch der sachliche Grund, ist die Ungleichbehandlung willkürlich, so hat das die Unwirksamkeit der Regelung zur Folge.

> Die unterschiedlichen Regelungen dürfen nicht zur Benachteiligung führen.

2.2.1 Abschluss des Arbeitsvertrags

Im Individualarbeitsrecht gilt, wie im übrigen Zivilrecht auch, der Grundsatz der Vertragsfreiheit. D. h., die Vertragsparteien können frei darüber entscheiden, ob und mit wem (Abschlussfreiheit) und mit welchem Inhalt (Inhaltsfreiheit) sie den Arbeitsvertrag abschließen. Das Recht zur freien Ausgestaltung des Arbeitsvertrags ist seit 01.01.2003 in § 105 GewO ausdrücklich normiert.

> Grundsatz der Vertragsfreiheit

> **§ 105 GewO – Freie Gestaltung des Arbeitsvertrags**
> Arbeitgeber und Arbeitnehmer können Abschluss, Inhalt und Form des Arbeitsvertrages frei vereinbaren, soweit nicht zwingende gesetzliche Vorschriften, Bestimmungen eines anwendbaren Tarifvertrages oder einer Betriebsvereinbarung entgegenstehen. Soweit die Vertragsbedingungen wesentlich sind, richtet sich ihr Nachweis nach den Bestimmungen des Nachweisgesetzes.

2

Einschränkungen durch
Arbeitnehmerschutzvor-
schriften

Da der Arbeitnehmer in aller Regel die schwächere Vertragspartei ist (er ist auf den Arbeitsplatz zur Sicherung seiner Existenz
angewiesen), wird die Inhaltsfreiheit durch zahlreiche Arbeitnehmerschutzvorschriften eingeschränkt. Die Abschlussfreiheit
unterliegt hingegen nur teilweise rechtlichen Beschränkungen
(z. B. Benachteiligungsverbot nach AGG). Für formularmäßige
Arbeitsverträge (= Verträge, die wortgleich für viele Arbeitnehmer verwendet werden und bei denen keine Anpassung an den
Einzelfall stattfindet) gelten seit dem Schuldrechtsmodernisie-
rungsgesetz grundsätzlich auch die §§ 305 bis 310 BGB (Gestaltung rechtsgeschäftlicher Schuldverhältnisse durch Allgemeine
Geschäftsbedingungen), d. h. Formulararbeitsverträge unterliegen grundsätzlich auch einer Inhaltskontrolle. Allerdings sind
nach § 310 Absatz 4 Satz 2 BGB bei einer Inhaltskontrolle die
„im Arbeitsrecht geltenden Besonderheiten zu berücksichtigen".

übereinstimmende Willenserklärungen

Ein Vertrag kommt zustande durch zwei übereinstimmende Willenserklärungen: Angebot, § 145 BGB, und Annahme, § 147 BGB.

Zustandekommen des Arbeitsvertrags:
- Einigung der Vertragsparteien durch Angebot und An-
  nahme
- über den wesentlichen Inhalt des Arbeitsvertrags
- Wirksamkeit der Willenserklärungen
⇨ Begründung des Arbeitsverhältnisses

---

§ 145 BGB – Bindung an den Antrag
Wer einem anderen die Schließung eines Vertrags anträgt,
ist an den Antrag gebunden, es sei denn, dass er die Ge-
bundenheit ausgeschlossen hat.

---

§ 147 BGB – Annahmefrist
(1) Der einem Anwesenden gemachte Antrag kann nur
sofort angenommen werden. Dies gilt auch von einem
mittels Fernsprechers oder sonstigen technischen Einrichtungen von Person zu Person gemachten Antrag.
(2) Der einem Abwesenden gemachte Antrag kann nur bis
zu dem Zeitpunkt angenommen werden, in welchem der
Antragende den Eingang der Antwort unter regelmäßigen
Umständen erwarten darf.

Wesentlicher Inhalt des
Arbeitsvertrages:
- bestimmte weisungsgebundene Dienste
- Entgeltlichkeit

Der wesentliche (Mindest-) Inhalt des Arbeitsvertrags:
- bestimmte weisungsgebundene Dienste (= Art der Tätigkeit)
- Entgeltlichkeit

Diese beiden Punkte sind der Mindestinhalt des Arbeitsvertrags, auf den sich die Einigung erstrecken muss. Darüber hinaus müssen die Willenserklärungen wirksam sein, damit der Vertrag zustande kommt.

Problempunkte können sein:

- Geschäftsfähigkeit, §§ 106 ff. BGB
- Vertretungsmacht, §§ 164 ff. BGB
- Formerfordernis, §§ 125 ff. BGB

Wirksamkeit der Willenserklärungen

> **§ 108 BGB – Vertragsschluss durch einen Minderjährigen**
> (1) Schließt der Minderjährige einen Vertrag ohne die erforderliche Einwilligung des gesetzlichen Vertreters, so hängt die Wirksamkeit des Vertrags von der Genehmigung des Vertreters ab. ...

Ist der Arbeitnehmer minderjährig, so bedarf er gem. § 107 BGB zu einer Willenserklärung, durch die er nicht lediglich einen rechtlichen Vorteil erlangt, der Einwilligung seines gesetzlichen Vertreters, dies sind in der Regel seine Eltern. Ohne ihre Einwilligung kann der Minderjährige keinen wirksamen Arbeitsvertrag abschließen, § 108 BGB.

Minderjährige von 7–18 Jahren sind beschränkt geschäftsfähig.

> **§ 177 BGB – Vertragsschluss durch Vertreter ohne Vertretungsmacht**
> (1) Schließt jemand ohne Vertretungsmacht im Namen eines anderen einen Vertrag, so hängt die Wirksamkeit des Vertrags für und gegen den Vertretenen von dessen Genehmigung ab. ...

Auf Arbeitgeberseite wird oft nicht der Arbeitgeber selbst tätig, sondern ein Angestellter, durch den der Arbeitgeber vertreten wird. Für den Abschluss eines Vertrags muss die handelnde Person mit einer wirksamen Vollmacht ausgestattet sein.

Die Wirkung der Vertretungsmacht ist in den §§ 164 ff. BGB geregelt.

> **§ 125 BGB – Nichtigkeit wegen Formmangels**
> Ein Rechtsgeschäft, welches der durch Gesetz vorgeschriebenen Form ermangelt, ist nichtig. Der Mangel der durch Rechtsgeschäft bestimmten Form hat im Zweifel gleichfalls Nichtigkeit zur Folge.

2

Gesetzlich ist keine Form für den Arbeitsvertrag vorgeschrieben. Allerdings kann ein Tarifvertrag oder auch eine Individualvereinbarung Schriftform vorsehen. Dann ist zunächst nach dem Zweck der Formvereinbarung zu fragen, Soll die Wirksamkeitsvoraussetzung („konstitutiv") sein oder nur zu Beweiszwecken dienen („deklaratorisch")? In aller Regel führt der Verstoß gegen Formvorschriften nicht zur Nichtigkeit des Arbeitsvertrags.

Zustandekommen
- Stellenausschreibung, Vorstellung
- Abschluss des Arbeitsvertrags durch Angebot und Annahme (schuldrechtlicher Austauschvertrag)
- Beginn des Arbeitsverhältnisses = rechtlicher Beginn
- Entstehen des Dauerschuldverhältnisses (schon vor tatsächlicher Arbeitsaufnahme):
  - bereits vor Arbeitsaufnahme ist Kündigung möglich
  - eine Anfechtung wirkt von Anfang an (ex tunc)
- Zeitpunkt der „Aktualisierung" = tatsächliche Arbeitsaufnahme = tatsächlicher Beginn. Zu unterscheiden ist die Zeit vor Arbeitsantritt, die Zeit der „Aktualisierung" und die Zeit danach (Durchführung des Arbeitsverhältnisses auf unbestimmte Zeit oder für die vereinbarte Dauer): rechtlicher und tatsächlicher Beginn können auseinander fallen, z. B. wenn der Arbeitnehmer zum Zeitpunkt des rechtlichen Beginns arbeitsunfähig erkrankt ist.
- Ab Aufnahme der Arbeitstätigkeit:
  - erst jetzt entstehen Ansprüche auf Vergütung, Urlaub, …
  - die Rechtsfolgen der Anfechtung und der Nichtigkeit sind grundsätzlich auf die Zukunft beschränkt (ex nunc)
  - zusätzliche Treue- und Fürsorgepflichten entstehen

Wird kein schriftlicher Arbeitsvertrag geschlossen, muss der Arbeitgeber die wichtigsten, mündlich vereinbarten Regelungen schriftlich zusammenfassen und dem Arbeitnehmer innerhalb eines Monats nach Beginn des Arbeitsverhältnisses aushändigen (Niederschrift; § 2 Absatz 1 NachweisG).

---

§ 2 NachweisG – Nachweispflicht
(1) Der Arbeitgeber hat spätestens einen Monat nach dem vereinbarten Beginn des Arbeitsverhältnisses die wesentlichen Vertragsbedingungen schriftlich niederzulegen, die Niederschrift zu unterzeichnen und dem Arbeitnehmer

auszuhändigen. In die Niederschrift sind mindestens aufzunehmen:

1. der Name und die Anschrift der Vertragsparteien,
2. der Zeitpunkt des Beginns des Arbeitsverhältnisses,
3. bei befristeten Arbeitsverhältnissen: die vorhersehbare Dauer des Arbeitsverhältnisses,
4. der Arbeitsort oder, falls der Arbeitnehmer nicht nur an einem bestimmten Arbeitsort tätig sein soll, ein Hinweis darauf, daß der Arbeitnehmer an verschiedenen Orten beschäftigt werden kann,
5. eine kurze Charakterisierung oder Beschreibung der vom Arbeitnehmer zu leistenden Tätigkeit,
6. die Zusammensetzung und die Höhe des Arbeitsentgelts einschließlich der Zuschläge, der Zulagen, Prämien und Sonderzahlungen sowie anderer Bestandteile des Arbeitsentgelts und deren Fälligkeit,
7. die vereinbarte Arbeitszeit,
8. die Dauer des jährlichen Erholungsurlaubs,
9. die Fristen für die Kündigung des Arbeitsverhältnisses,
10. ein in allgemeiner Form gehaltener Hinweis auf die Tarifverträge, Betriebs- oder Dienstvereinbarungen, die auf das Arbeitsverhältnis anzuwenden sind.

Der Nachweis der wesentlichen Vertragsbedingungen in elektronischer Form ist ausgeschlossen. …

Der zustande gekommene Arbeitsvertrag begründet das Arbeitsverhältnis. Nach herrschender Meinung beginnt das Arbeitsverhältnis mit Vertragsabschluss, auch wenn die Arbeit erst zu einem späteren Termin aufgenommen wird. Allerdings gelten für die Zeit vor Arbeitsantritt teilweise andere Regeln als nach Arbeitsantritt; mit dem tatsächlichen Arbeitsantritt wird das Arbeitsverhältnis „aktualisiert". Welche unterschiedlichen Regeln für die Zeit vor und nach Antritt des Arbeitsverhältnisses gelten, zeigt die nachfolgende Übersicht.

> Der Arbeitsvertrag begründet das Arbeitsverhältnis.

Das Arbeitsverhältnis ist ein Dauerschuldverhältnis, bei dem nicht nur eine einmalige Leistung geschuldet wird, sondern während der Laufzeit ständig neue Leistungs-, Neben- und Schutzpflichten entstehen.

> Dauerschuldverhältnis bedeutet, dass in dem Zeitraum, in dem es besteht, ständig neue Rechte und Pflichten entstehen.

2.2.2 Wirksamkeit des Arbeitsvertrags

Der Wirksamkeit des Arbeitsvertrags können, wie bereits im vorhergehenden Abschnitt angedeutet, verschiedene Mängel entgegenstehen.

Mängel des Arbeitsvertrags:

- Nichtigkeit des Vertrags
- Teilnichtigkeit
- Anfechtung
- beschränkte Geschäftsfähigkeit
- fehlerhafte Vollmacht

Mangel	Rechtsfolge	Anwendungsfälle
Nichtigkeit §§ 105, 134, 138 BGB	• vor Arbeitsantritt: Arbeitsvertrag von Anfang an unwirksam • nach Arbeitsantritt: Arbeitsvertrag von Anfang an zwar unwirksam, aber Annahme eines faktischen Arbeitsverhältnissen	Nichtigkeit wegen Geschäftsunfähigkeit, gesetzlicher Verbote, Sittenwidrigkeit
Teilnichtigkeit § 139 BGB	• Der Grundsatz gemäß § 139 ist im Arbeitsverhältnis i.d.R. nicht anwendbar, da dies dem Zweck des Arbeitnehmerschutzes zuwiderlaufen würde. • Nichtige Klauseln im Arbeitsvertrag werden durch gesetzliche Regelungen ergänzt	Klauseln des Arbeitsvertrags, die zwingende Arbeitnehmerschutzvorschriften ausschließen, z.B. Mutterschutz
Anfechtung wegen arglistiger Täuschung § 123 BGB	• vor Arbeitsantritt: Wirkung von Anfang an (ex tunc) • nach Arbeitsantritt: Beendet das Arbeitsverhältnis nur mit Wirkung für die Zukunft (ex nunc) • Anfechtungsfrist ist ein Jahr nach Kenntnis, § 124 BGB	falsche Beantwortung zulässiger Fragen beim Einstellungsgespräch
Anfechtung wegen Irrtums § 119 Abs. 2 BGB	• vor Arbeitsantritt: Wirkung von Anfang an (ex tunc) • nach Arbeitsantritt: Beendet das Arbeitsverhältnis nur mit Wirkung für die Zukunft (ex nunc) • Anfechtungsfrist 2 Wochen nach Kenntnis (= unverzüglich), §§ 121, 626 Abs. 2 analog BGB	Irrtum des Arbeitgebers über eine verkehrswesentliche Eigenschaft des Bewerbers
Beschränkte Geschäftsfähigkeit des Arbeitnehmers §§ 106 ff. BGB	• Genehmigung des gesetzlichen Vertreters: Arbeitsvertrag ist wirksam • Ohne Genehmigung ist der Arbeitsvertrag nicht wirksam zustande gekommen. Kein faktisches Arbeitsverhältnis bei Minderjährigen; dennoch besteht ein Anspruch auf Lohn, Urlaub etc. für die Zeit des Arbeitsvollzugs. • Der Arbeitgeber kann sich nicht auf Unwirksamkeit berufen	Beschränkt Geschäftsfähiger schließt Arbeitsvertrag ohne Genehmigung der Eltern
Mangelhafte Vollmacht auf Arbeitgeberseite §§ 164 ff. BGB	• Genehmigung des Arbeitgebers: Wirksamkeit des Arbeitsvertrags • ohne Genehmigung: Unwirksamkeit des Arbeitsvertrags von Anfang an; bei Arbeitsaufnahme jedoch Annahme eines faktischen Arbeitsverhältnisses	Angestellter ohne Vollmacht zur Einstellung von Arbeitnehmern stellt einen Bewerber ein

◘ **Mängel des Arbeitsvertrags**

Die Wirksamkeit des Arbeitsvertrags richtet sich nach den Vorschriften des BGB. Die Rechtsfolgen werden jedoch teilweise modifiziert.

Zunächst sind diese Probleme nach den allgemeinen Vorschriften des BGB zu lösen. Dann jedoch muss die Frage gestellt werden, ob diese Lösung im Bereich des Arbeitsrechts auch interessengerecht ist und nicht den Arbeitnehmerschutz aushöhlt. Aus dieser Interessenlage heraus erfolgte durch die Rechtsprechung teilweise eine Korrektur der allgemein geltenden Rechtsfolgen, denn durch die Nichtigkeit des Arbeitsvertrags geht dem Arbeitnehmer jeglicher Kündigungsschutz verloren. Darüber hinaus hat die Nichtigkeit des Arbeitsvertrags zur Folge, dass der Arbeitnehmer bereits erbrachte Arbeit ohne Rechtsgrund geleistet hat. Eine Rückabwicklung der Leistungen nach den allgemeinen Regeln, dem Bereicherungsrecht, §§ 812 ff. BGB, würde den arbeitsrechtlichen Besonderheiten jedoch nicht gerecht.

> **§ 138 BGB – Sittenwidrigkeit eines Rechtsgeschäfts**
> (1) Ein Rechtsgeschäft, das gegen die guten Sitten verstößt, ist nichtig.
> (2) Nichtig ist insbesondere ein Rechtsgeschäft, durch das jemand unter Ausbeutung der Zwangslage, der Unerfahrenheit, des Mangels an Urteilsvermögen oder der erheblichen Willensschwäche eines anderen sich oder einem Dritten für eine Leistung Vermögensvorteile versprechen oder gewähren lässt, die in einem auffälligen Missverhältnis zu der Leistung stehen.

Ein Arbeitsvertrag ist nichtig, wenn er gegen die guten Sitten verstößt. Dies ist der Fall bei grob anstößigen Verträgen oder wenn der Arbeitnehmer in krasser Weise benachteiligt wird.

Beispiele für Sittenwidrigkeit
Arbeitsvertrag über öffentliche Vorführung von Geschlechtsverkehr; schuldunabhängige Mankohaftung des Verkäufers ohne jegliche Gegenleistung.

> **§ 134 BGB – Gesetzliches Verbot**
> Ein Rechtsgeschäft, das gegen ein gesetzliches Verbot verstößt, ist nichtig, wenn sich nicht aus dem Gesetz ein anderes ergibt.

Ein Arbeitsvertrag oder eine arbeitsvertragliche Regelung ist teilweise oder vollständig nichtig, wenn damit gegen eine Verbotsnorm verstoßen wird.

Beispiele für Verbotsnormen
Vorschriften des Arbeitszeitgesetzes oder Jugendschutzgesetzes.

> **§ 139 BGB – Teilnichtigkeit**
> Ist ein Teil des Rechtsgeschäfts nichtig, so ist das ganze Rechtsgeschäft nichtig, wenn nicht anzunehmen ist, dass es auch ohne den nichtigen Teil vorgenommen sein würde.

Die Unwirksamkeit einer Klausel im Arbeitsvertrag berührt die Wirksamkeit des ganzen Vertrags regelmäßig nicht.

Der fehlerhafte Arbeitsvertrag

Das faktische Arbeitsverhältnis ist eine rechtliche Konstruktion des Arbeitsrechts, da die allgemeinen Regelungen der §§ 812 ff. BGB nicht zu einem interessengerechten Ergebnis führen würden.

Ein faktisches Arbeitsverhältnis darf nur angenommen werden, wenn Arbeitgeber und/oder Arbeitnehmer von einem wirksamen Vertragsabschluss ausgehen.

Arbeitgeber und Arbeitnehmer schließen einen Arbeitsvertrag, der das absolute Kündigungsverbot nach dem MuSchG ausschließt.

Wäre der (gesamte) Arbeitsvertrag hier nach § 139 BGB nichtig, liefe diese Rechtsfolge gerade dem Schutzzweck der verletzten Norm, dem Kündigungsschutz für werdende Mütter, zuwider. Daher ist § 139 BGB hier nicht anwendbar, der Arbeitsvertrag bleibt wirksam, die nichtige Klausel wird durch eine gesetzliche oder tarifliche Regelung ersetzt.

Ist der Arbeitsvertrag aufgrund von Mängeln nichtig oder unwirksam, entstehen daraus keine besonderen Probleme, solange die Arbeit noch nicht aufgenommen wurde. Ab Arbeitsantritt jedoch, wenn aufgrund des Arbeitsvertrags Leistungen erbracht worden sind, wird die Rechtslage schwieriger. Die jeweiligen Leistungen wurden ohne Rechtsgrund erbracht, da der Arbeitsvertrag ja in Wirklichkeit nichtig war. Leistungen, die ohne Rechtsgrund erbracht wurden, sind nach allgemeinen Regeln, gemäß §§ 812 Abs. 1, 818 Abs. 2, Abs. 3 BGB, zurückzugewähren.

Da die „Leistung von Arbeit" nicht herausgegeben werden kann, ist ihr Wert zu ersetzen, jedoch nur, wenn der Arbeitgeber noch bereichert ist. Weiter könnte der Arbeitnehmer keine Ansprüche aus § 611 BGB i. V. m. Arbeitsvertrag (auf Urlaub, Entgeltfortzahlung im Krankheitsfall usw.) geltend machen, denn der Arbeitsvertrag ist nichtig, und nach § 812 BGB kann nur Geleistetes herausverlangt werden. Aufgrund dieser Probleme wurde von der Rechtsprechung das „faktische Arbeitsverhältnis" entwickelt.

Faktisches Arbeitsverhältnis:
- Arbeitgeber und Arbeitnehmer – mindestens aber einer – gehen von einem wirksamen Abschluss des Arbeitsvertrags aus
- Arbeitsvertrag stellt sich nach Vollzug, d. h. nach Arbeitsantritt, als nichtig/unwirksam heraus
⇨ jederzeit durch einseitige Erklärung beendbar
⇨ Der Arbeitnehmer behält für die Zeit, in der er gearbeitet hat, die gleichen Ansprüche, die er bei einem wirksamen Arbeitsvertrag hätte.

Trotz Unwirksamkeit des Arbeitsvertrags behält der Arbeitnehmer seinen Anspruch auf Lohn, Entgeltfortzahlung, Urlaub, Fürsorge, Zeugnis usw. Allerdings können sowohl der Arbeitnehmer wie der Arbeitgeber das Arbeitsverhältnis jederzeit durch einseitige Erklärung beenden. Ein Kündigungsschutz besteht nicht, da es an einem wirksamen Arbeitsvertrag fehlt.

Nicht anwendbar ist das faktische Arbeitsverhältnis:
- wenn der Arbeitsvertrag an einem besonders schweren Mangel leidet, z. B. Sittenwidrigkeit, § 138 BGB
- bei Minderjährigen, § 106 BGB

Bei Minderjährigen steht der gesetzliche Minderjährigen-schutz der Anwendung des faktischen Arbeitsverhältnisses entgegen, da ein faktisches Arbeitsverhältnis auch Ansprüche des Arbeitgebers gegen den Minderjährigen begründet (vertragliche Leistungs- und Schadensersatzansprüche). Der Minderjährige würde dadurch auf Ansprüche aus §§ 812 ff. BGB beschränkt und schlechter gestellt als volljährige Arbeitnehmer. Um zu verhindern, dass der Minderjährigenschutz sich zum Nachteil des Minderjährigen auswirkt, wird dieses Problem folgendermaßen gelöst:

Der Arbeitsvertrag ist zwar unwirksam, aber der Arbeitgeber darf sich nach Treu und Glauben, § 242 BGB, nicht auf die Unwirksamkeit berufen, d. h., er kann dem Minderjährigen die Leistungen aus dem Arbeitsvertrag nicht verweigern. Der Arbeitgeber kann sich nicht auf die Unwirksamkeit berufen für die Zeit, in der der Minderjährige für ihn gearbeitet hat und beide von der Wirksamkeit des Vertrages ausgegangen sind. Dadurch behält der Minderjährige seine Ansprüche aus dem Arbeitsvertrag, obwohl dieser unwirksam ist.

◩ Anfechtung des Arbeitsvertrags (Stefan Dinter)

§ 142 BGB – Wirkung der Anfechtung
(1) Wird ein anfechtbares Rechtsgeschäft angefochten, so ist es als von Anfang an nichtig anzusehen. ...

2

Die Anfechtung wirkt grundsätzlich „ex tunc".

Wird ein Rechtsgeschäft wirksam angefochten, ist es als von Anfang an („ex tunc") nichtig anzusehen. Dieser Grundsatz gilt im Arbeitsrecht nur so lange, als die Arbeit noch nicht angetreten, d. h. noch keine Arbeitsleistung erbracht wurde. Aufgrund der besonderen Interessenlage im Arbeitsrecht (vergleichbar mit der Begründung für das faktische Arbeitsverhältnis) wirkt eine Anfechtung des Arbeitsvertrags ab und nach dem Arbeitsantritt nur „ex nunc", also für die Zukunft.

Anders im Arbeitsrecht: Hier wirkt sie grundsätzlich „ex nunc", wenn bereits Arbeit geleistet wurde.

Fristen, §§ 121, 124 BGB

> **§ 143 BGB – Anfechtungserklärung**
> (1) Die Anfechtung erfolgt durch Erklärung gegenüber dem Anfechtungsgegner. ...

Der Arbeitsvertrag ist ein anfechtbares Rechtsgeschäft. Es muss sich um einen wirksamen Arbeitsvertrag handeln. Die Anfechtungserklärung erfolgt gegenüber dem Vertragspartner. Für eine wirksame Anfechtung bedarf es eines Grundes; maßgebende Gründe im Arbeitsrecht können die arglistige Täuschung sein oder der Irrtum über die Eigenschaft einer Person.

Einwendung

Prüfung einer Anfechtung §§ 142, 119, 123 BGB:
- anfechtbares Rechtsgeschäft, § 142
- Anfechtungserklärung, § 143
- Anfechtungsgrund:
  - arglistige Täuschung, § 123, oder
  - Irrtum über Eigenschaft, § 119 Abs. 2
- Anfechtungsfrist §§ 121, 124
- ⇨ Unwirksamkeit des Arbeitsvertrags „ex nunc", für die Zukunft, wenn bereits gearbeitet wurde

Bei Anfechtung besteht kein Raum für die Kündigungsschutzvorschriften.

Die wirksame Anfechtung beendet das Arbeitsverhältnis. Es besteht keinerlei Kündigungsschutz, auch absolute Kündigungsverbote stehen einer Anfechtung des Arbeitsvertrags nicht entgegen, weil es sich dabei nicht um einen Kündigungstatbestand handelt.

> **§ 123 BGB – Anfechtungsgrund Täuschung oder Drohung**
> (1) Wer zur Abgabe einer Willenserklärung durch arglistige Täuschung oder widerrechtlich durch Drohung bestimmt worden ist, kann die Erklärung anfechten. ...

Arglistige Täuschung:
- Täuschung
- Rechtswidrigkeit
- Arglist

Unter einer Täuschung versteht man das Erregen eines Irrtums beim Erklärungsempfänger durch Vorspiegeln oder Entstellen von Tatsachen. Aufgrund des Irrtums wird die Willenserklärung von dem Getäuschten abgegeben, der ohne diese Täuschung eine solche Erklärung nicht abgegeben hätte.

Arglistige Täuschung, § 123 BGB, ist möglich:
- durch ausdrückliche oder schlüssige Handlung oder
- ein Unterlassen, wenn eine Offenbarungspflicht besteht

> Eine Täuschung kann durch Tun oder Unterlassen begangen werden.

Eine Täuschung ist grundsätzlich rechtswidrig. Die Rechtswidrigkeit entfällt jedoch, wenn ein Rechtfertigungsgrund vorliegt. Das ist z. B. der Fall, wenn die beim Einstellungsgespräch gestellte Frage unzulässig war.

Arglistig handelt, wer den anderen vorsätzlich täuschen will; aber auch der, der einfach so „ins Blaue" hinein lügt.

> Grundsätzlich ist eine Täuschung rechtswidrig.

Beispiel:
Auf eine unzulässige Frage des Arbeitgebers hin lügt der Arbeitnehmer beim Einstellungsgespräch.

Der Arbeitnehmer hat den Arbeitgeber getäuscht, indem er eine falsche Antwort gab. Grundsätzlich ist eine Täuschung rechtswidrig, hier entfällt die Rechtswidrigkeit, denn der Arbeitnehmer hat einen Rechtfertigungsgrund. Er durfte auf die unzulässige Frage lügen. Ein Anfechtungsgrund für den Arbeitgeber nach § 123 BGB besteht nicht.

> Eine Täuschung ist ausnahmsweise nicht rechtswidrig, wenn eine gestellte Frage unzulässig war.

Beispiel:
Um die Stelle zu bekommen, sagt der Arbeitnehmer dem Arbeitgeber beim Einstellungsgespräch nicht, dass er zu dem vorgesehenen Arbeitsantrittstermin eine bereits rechtskräftige Freiheitsstrafe antreten muss.

Der Arbeitnehmer täuscht hier durch Unterlassen. Obwohl er die Pflicht hätte, dem Arbeitgeber von sich aus über seine anzutretende Haftstrafe Mitteilung zu machen, unterlässt er es. Die Täuschung ist rechtswidrig. Ein Rechtfertigungsgrund besteht nicht. Der Arbeitnehmer handelt arglistig. Der Arbeitgeber hat hier einen Anfechtungsgrund aus § 123 BGB. Dabei ist die einjährige Anfechtungsfrist gemäß § 124 BGB einzuhalten.

> Täuschung durch Unterlassen liegt nur dann vor, wenn eine Offenbarungspflicht bestand.

---

§ 119 BGB – Anfechtungsgrund Irrtum

(1) Wer bei der Abgabe einer Willenserklärung über deren Inhalt im Irrtum war oder eine Erklärung dieses Inhalts überhaupt nicht abgeben wollte, kann die Erklärung anfechten, wenn anzunehmen ist, dass er sie bei Kenntnis der Sachlage und bei verständiger Würdigung des Falles nicht abgegeben haben würde.

2

> (2) Als Irrtum über den Inhalt der Erklärung gilt auch der
> Irrtum über solche Eigenschaften der Person oder der
> Sache, die im Verkehr als wesentlich angesehen werden.

Irrtum: unbewusstes Auseinanderfallen von Wille und Erklärung

Irrtum bedeutet das „unbewusste Auseinanderfallen von Wille und Erklärung". Man erklärt also etwas, was man in Wirklichkeit nicht will. Verkehrswesentlich ist eine Eigenschaft, wenn sie für den Arbeitsvertrag von Bedeutung ist.

Irrtum nach § 119 Abs. 2 BGB über eine verkehrswesentliche Eigenschaft der Person:

- Irrtum über
- verkehrswesentliche Eigenschaft,
- die der Person auf gewisse Dauer anhaftet

Beispiel:
Der Arbeitgeber stellt eine schwangere Arbeitnehmerin ein. Auf seine Frage, ob sie schwanger sei, antwortete sie mit nein.

Ein Anfechtungsgrund wegen arglistiger Täuschung, § 123 BGB, liegt nicht vor. Die Frau hatte weder eine Offenbarungspflicht noch handelte sie rechtswidrig, denn die Frage nach der Schwangerschaft war unzulässig.

Auch eine Anfechtung nach § 119 Abs. 2 BGB ist zu verneinen. Zwar hat sich der Arbeitgeber geirrt, er hat die Frau eingestellt, weil er dachte, sie sei nicht schwanger; aber bei einer Schwangerschaft handelt es sich nicht um eine Eigenschaft, da sie einer Person auf „gewisse Dauer" (d. h. eine längere Zeit) anhaftet.

§ 121 BGB – Anfechtungsfrist
(1) Die Anfechtung muss in den Fällen der §§ 119, 120 ohne
schuldhaftes Zögern (unverzüglich) erfolgen, nachdem
der Anfechtungsberechtigte von dem Anfechtungsgrund
Kenntnis erlangt hat. …

Die Anfechtung wegen Irrtums muss im Gegensatz zur arglistigen Täuschung unverzüglich erfolgen.

Eine Anfechtung wegen Irrtums muss gemäß § 121 BGB unverzüglich nach Kenntnis des Anfechtungsgrundes erfolgen. Unverzüglich („ohne schuldhaftes Zögern") bedeutet zwei Wochen ab Kenntnis. Diese Zeitdauer von zwei Wochen wird hergeleitet aus § 626 Abs. 2 S. 1 BGB analog.

Diese Vorschrift gilt an sich für die außerordentliche (fristlose) Kündigung. Die fristlose Kündigung muss spätestens zwei Wochen nach Kenntnis der für die Kündigung maßgebenden Tatsachen erklärt werden. Danach ist eine Kündigung aufgrund dieser Tatsachen nicht mehr möglich. Für die Anfechtung wegen Irrtums über eine verkehrswesentliche Eigenschaft der Person gilt das gleiche. Weil die Vorschrift an sich die fristlose Kündigung regelt, ist sie auf den Fall der Anfechtung analog (entsprechend) anzuwenden.

2.2.3 Muster eines Arbeitsvertrags

Arbeitsvertrag

Zwischen Herrn/Frau .... und der Firma ....
         (Arbeitnehmer)   (Arbeitgeber)

wird nachstehender Arbeitsvertrag geschlossen:

1. Beginn des Arbeitsverhältnisses

Der Arbeitnehmer tritt am .... als Mitarbeiter in die Dienste der Firma ein.
Die ersten sechs Monate gelten als Probezeit. Während dieser Zeit kann das Arbeitsverhältnis beiderseitig mit einer Frist von .... (z. B. zwei Wochen) gekündigt werden.
Vor Arbeitsantritt ist eine Kündigung ausgeschlossen.

2. Tätigkeitsbereich

Der Arbeitnehmer wird eingestellt als .... für den
Betrieb in ....
Das Aufgabengebiet beinhaltet auch ....
Der Arbeitgeber behält sich vor, dem Arbeitnehmer auch andere seiner Vorbildung und seinen Fähigkeiten entsprechende gleichwertige Aufgaben zu übertragen. In dringlichen Fällen können dem Arbeitnehmer auch sonstige Aufgaben übertragen werden.
Der Arbeitnehmer ist verpflichtet, seine ganze Arbeitskraft in den Dienst der Firma zu stellen und die ihm übertragenen Aufgaben gewissenhaft zu erfüllen.

3. Arbeitszeit

Die wöchentliche Arbeitszeit beträgt .... Stunden.
Die tägliche Arbeitszeit beginnt um .... Uhr und endet um .... Uhr.
Der Arbeitnehmer ist verpflichtet, im Bedarfsfall auch über die regelmäßige Arbeitszeit hinaus zu arbeiten, soweit dies vom Arbeitgeber angeordnet wird und gesetzlich zulässig ist.

4. Vergütung

Der Arbeitnehmer erhält monatlich eine Vergütung in Höhe von .... Euro brutto.
Die Vergütung wird jeweils nachträglich am Ende eines Kalendermonats auf ein vom Arbeitnehmer zu benennendes Bankkonto überwiesen.

5. Sonderzahlungen

Der Arbeitgeber gewährt als freiwillige Sonderzahlung im Dezember eine Zahlung in Höhe einer Monatsvergütung. Es handelt sich dabei um eine freiwillige Leistung, die keinen Rechtsanspruch weder dem Grunde noch der Höhe nach begründet, auch wenn die Leistung mehrmals erfolgt ist. Die Gratifikation erhält nicht, wer im Zeitpunkt der Auszahlung am 15.12. nicht mehr in der Firma ist oder in gekündigtem Arbeitsverhältnis steht.

Die Gratifikation ist zurückzuzahlen, wenn der Arbeitnehmer bis zum 31.3. des auf die Auszahlung folgenden Kalenderjahres aufgrund eigener oder einer von ihm zu vertretenden Kündigung durch den Arbeitgeber aus der Firma ausscheidet.

Weitere Sonderzahlungen werden nicht gewährt.

◘ **Muster eines Arbeitsvertrags**

2

Muster eines Arbeitsvertrages (Forts.)

6. Urlaub

Der Arbeitnehmer erhält pro Kalenderjahr einen Erholungsurlaub von .... Arbeitstagen.

7. Arbeitsverhinderung

Der Arbeitnehmer ist verpflichtet, jede Arbeitsverhinderung und ihre voraussichtliche Dauer unverzüglich dem Arbeitgeber mitzuteilen. Im Falle krankheitsbedingter Arbeitsunfähigkeit von mehr als drei Tagen hat der Arbeitnehmer vor Ablauf des vierten Kalendertages nach Beginn der Arbeitsunfähigkeit eine ärztliche Arbeitsunfähigkeitsbescheinigung (Erstbescheinigung) vorzulegen. Dauert die krankheitsbedingte Arbeitsunfähigkeit länger als in der vorgelegten Bescheinigung angegeben, ist der Arbeitnehmer verpflichtet, unverzüglich eine weitere Arbeitsunfähigkeitsbescheinigung (Folgebescheinigung). Die Folgebescheinigung muss innerhalb von zwei Kalendertagen nach Ablauf der vorausgehenden Arbeitsbescheinigung vorliegen. Die Entgeltfortzahlung bei krankheitsbedingter Arbeitsunfähigkeit richtet sich nach den Vorschriften des Entgeltfortzahlungsgesetzes.

8. Nebenbeschäftigung

Jede Nebenbeschäftigung bedarf der Zustimmung des Arbeitgebers. Die Zustimmung wird nur versagt werden, wenn Firmeninteressen gefährdet sind oder die Arbeitsleistung beeinträchtigt wird.

9. Verschwiegenheitspflicht

Der Arbeitnehmer verpflichtet sich, während der Dauer des Arbeitsverhältnisses und nach dessen Beendigung über die ihm anvertrauten, zugänglich gemachten oder sonstwie bekanntgewordenen Geschäfts- und Betriebsgeheimnisse Stillschweigen zu bewahren.

10. Beendigung des Arbeitsverhältnisses

Das Arbeitsverhältnis kann nach Ablauf der Probezeit von beiden Seiten mit den gesetzlichen Kündigungsfristen gekündigt werden. Die Kündigung bedarf der Schriftform.

Das Recht zur außerordentlichen Kündigung bleibt unberührt. Die außerordentliche Kündigung bedarf der Schriftform.

11. Sonstige Bestimmungen

Angaben, die der Arbeitnehmer im Personalfragebogen gemacht hat, sind wesentlicher Bestandteil des Vertrags. Unwahre Angaben oder das Verschweigen wesentlicher Tatsachen können den Arbeitgeber zur Anfechtung des Arbeitsvertrags berechtigen.
Nebenabreden zu diesem Vertrag bestehen nicht. Nebenabreden und Änderungen dieses Vertrags bedürfen zu ihrer Wirksamkeit der Schriftform. Die Unwirksamkeit einer Bestimmung dieses Vertrags berührt die Wirksamkeit des Vertrags insgesamt nicht.
Auf das Arbeitsverhältnis finden die Regelungen dieses Arbeitsvertrags und ergänzend die gesetzlichen Bestimmungen Anwendung.

Hiermit einverstanden haben beide Teile diesen doppelt ausgefertigten Vertrag gegenseitig unterschrieben und ausgetauscht.

........................, den ...., den ....

....
     (Arbeitnehmer)   (Arbeitgeber)

◘ **Muster eines Arbeitsvertrags (Forts.)**

Erläuterungen und Anmerkungen zu dem Muster eines Arbeitsvertrags auf den vorgehenden Seiten. Dieser Mustervertrag ist „neutral": Er übervorteilt weder Arbeitgeber noch Arbeitnehmer. Er hat einen über § 2 Absatz 1 NachwG hinausgehenden Inhalt.

zu 1.

▪ **Beginn des Arbeitsverhältnisses**

▬ Zweck der Probezeit ist die gegenseitige Erprobung. Eine Probezeit muss ausdrücklich vereinbart werden.

▬ Die Probezeit darf max. 6 Monate dauern, § 622 Abs. 3 BGB.

▬ Folge der Probezeit: erleichterte Kündigungsmöglichkeit für Arbeitgeber und Arbeitnehmer.

- **Tätigkeitsbereich**
- Art, Umfang und Ort der geschuldeten Tätigkeit ergeben sich aus dem Arbeitsvertrag. Möglich ist die Nennung einer bestimmten Tätigkeit oder eine fachliche Umschreibung.
- Wichtig für das Direktionsrecht des Arbeitgebers, der eine Tätigkeit im Rahmen des Arbeitsvertrags zuweisen kann.

zu 2.

- **Arbeitszeit**
- Ohne diese Bestimmung im Arbeitsvertrag muss der Arbeitnehmer nur in echten betrieblichen Notfällen Überstunden machen.
- Grenzen der Verpflichtung, Überstunden zu machen: Arbeitszeitgesetz und Zumutbarkeit.

zu 3.

- **Vergütung**
- Der Arbeitgeber hat erst nach Erbringung der Arbeitsleistung das Arbeitsentgelt zu entrichten, § 614 BGB.

zu 4.

- **Weihnachtsgratifikation/freiwillige Sonderzahlungen**
- Für den Arbeitnehmer vorteilhafter ist ein 13. Monatsgehalt; dann besteht ein Rechtsanspruch, auch auf eine anteilige Auszahlung bei Ausscheiden vor dem Zahlungszeitpunkt.
- Gratifikation ist eine freiwillige Sonderleistung; ein Rechtsanspruch darauf besteht nicht, wenn sie ausdrücklich unter einem Freiwilligkeitsvorbehalt gezahlt wird, auch dann nicht, wenn der Arbeitgeber diese wiederholt gewährt. Nur wenn der Freiwilligkeitsvorbehalt nicht erklärt wird, kann nach mehrmaliger – in der Regel dreimaliger – aufeinanderfolgender Zahlung ein Rechtsanspruch entstehen.
- Eine Stichtagsregelung und/oder Rückzahlungsklausel soll den Arbeitnehmer an den Betrieb binden, die Gratifikation kommt entweder ganz oder gar nicht zur Auszahlung.

zu 5.

- **Urlaub**
- Freistellung von der Arbeit zum Zweck der Erholung unter Fortbezahlung des Arbeitsentgelts.
- Als Sonderleistung des Arbeitgebers kommt ein zusätzliches Urlaubsgeld in Betracht.

zu 6.

2

zu 7.
- ■ **Arbeitsverhinderung**
- ▬ Melde und Nachweispflicht bei Arbeitsverhinderung, gilt auch bei nicht krankheitsbedingter Arbeitsunfähigkeit.
- ▬ Im Falle der Arbeitsunfähigkeit wegen Krankheit ergibt sich diese Pflicht aus § 5 EFZG.

zu 8.
- ■ **Nebenbeschäftigung**
- ▬ Grundsätzlich steht es dem Arbeitnehmer frei, eine Nebenbeschäftigung auszuüben.
- ▬ Ausnahmen: Die Arbeitsleistung wird dadurch beeinträchtigt, oder es bestehen Verstöße gegen das Wettbewerbsverbot.
- ▬ Durch diese Klausel sichert der Arbeitgeber, dass er über eine Nebentätigkeit Bescheid weiß.

zu 9.
- ■ **Verschwiegenheitspflicht**
- ▬ Sie dient der Klarstellung, da sich die Verpflichtung hierzu bereits aus der Treuepflicht des Arbeitnehmers ergibt.
- ▬ Soweit sich die Verschwiegenheitspflicht auf die Zeit nach Beendigung des Arbeitsverhältnisses bezieht, darf sie nicht zu weit gefasst sein.

zu 10.
- ■ **Beendigung des Arbeitsverhältnisses**
- ▬ Die arbeitsvertraglich vereinbarte Kündigungsfrist darf die gesetzlich zulässigen Kündigungsfristen des § 622 BGB nicht unterschreiten; Ausnahme: Kleinbetriebe § 622 Abs. 5 Nr. 2 BGB.
- ▬ Möglich und für den Arbeitnehmer vorteilhaft ist es auch, eine schriftliche Begründung als Wirksamkeitsvoraussetzung für die Kündigung zu vereinbaren.

zu 11.
- ■ **Sonstige Bestimmungen**
- ▬ Hinweis für den Arbeitnehmer, dass seine Angaben für die Einstellung von ausschlaggebender Bedeutung sind.
- ▬ Keine Berufung auf mündliche Nebenabreden durch Vereinbarung der Schriftform; mündliche Zusagen über den Arbeitsvertrag hinaus sind rechtlich in der Regel nicht durchsetzbar.

2.3   Sonderformen des Arbeitsvertrags

Ein Arbeitsvertrag kann sehr unterschiedlich ausgestaltet werden. Es gilt das Prinzip der Vertragsfreiheit, allerdings nur soweit, als nicht durch die getroffenen Vereinbarungen Arbeitnehmerschutzvorschriften umgangen werden sollen.

Deswegen sind die im Arbeitsvertrag vereinbarten besonderen Regelungen immer auch unter dem Aspekt zu betrachten, ob dem Arbeitnehmer dadurch ein Nachteil erwächst, vor dem er eigentlich durch gesetzliche Regelung geschützt sein sollte. Der Arbeitnehmer mit besonderen Vereinbarungen im Arbeitsvertrag soll von seinen Arbeitsbedingungen her nicht schlechter stehen als Arbeitnehmer mit einem „normalen" Arbeitsvertrag.

2.3.1 Befristete Arbeitsverhältnisse

Der Abschluss eines befristeten Arbeitsvertrags ist grundsätzlich zulässig. Bei dem Arbeitsverhältnis handelt es sich um ein Dauerschuldverhältnis, das bei einer Befristung von Anfang an nur auf bestimmte Zeit geschlossen wird. Mit Zeitablauf endet es, eine ordentliche Kündigung kommt vorher nicht in Betracht. Möglich ist allerdings eine außerordentliche Kündigung.

Durch Vertragsbestimmungen dürfen nicht Arbeitnehmerschutzvorschriften umgangen werden.

> **§ 620 BGB – Ende des Dienstverhältnisses**
> (1) Das Dienstverhältnis endigt mit dem Ablauf der Zeit, für die es eingegangen ist.
> (2) Ist die Dauer des Dienstverhältnisses weder bestimmt noch aus der Beschaffenheit oder dem Zwecke der Dienste zu entnehmen, so kann jeder Teil das Dienstverhältnis nach Maßgabe der §§ 621 bis 623 kündigen.
> (3) Für Arbeitsverträge, die auf bestimmte Zeit abgeschlossen werden, gilt das Teilzeit- und Befristungsgesetz.

Bei befristeten Arbeitsverträgen besteht immer die Gefahr, dass durch die Befristung der Kündigungsschutz umgangen werden soll, weil durch das automatische Ende des Arbeitsverhältnisses durch Zeitablauf eine Kündigung gar nicht nötig ist.

- **Prüfung eines befristeten Arbeitsvertrags**
- ▬ wirksamer Arbeitsvertrag
- ▬ Befristung schriftlich vereinbart
- ▬ Befristung zulässig nach dem TzBfG
- ⇨ Arbeitsverhältnis endet mit Zeitablauf

Immer zu prüfen: Ist die Befristung zulässig oder soll der Kündigungsschutz umgangen werden?

Das „Gesetz über Teilzeitarbeit und befristete Arbeitsverträge" (TzBfG) bildet die alleinige Rechtsgrundlage zum Abschluss befristeter Arbeitsverträge (§ 620 Abs. 3 BGB).

Nach § 14 Abs. 1 TzBfG ist die Befristung eines Arbeitsverhältnisses nur erlaubt, wenn sie durch einen sachlichen

TzBfG als eigenständige gesetzliche Regelung

2

Zulässigkeitsvoraussetzungen

Befristungsgründe in § 14 Absatz 1 TzBfG sind keine abschließende Aufzählung, d. h. es kann auch aus einem anderen sachlichen Grund zulässig befristet werden.

Grund gerechtfertigt ist. Danach gelten als sachliche Gründe insbesondere:

- vorübergehend erhöhter betrieblicher Bedarf an Arbeitsleistung
- Befristung im Anschluss an eine Ausbildung oder ein Studium, um den Übergang des Arbeitnehmers in eine Anschlussbeschäftigung zu erleichtern
- Vertretung eines anderen Arbeitnehmers
- Eigenart der Arbeitsleitung
- Erprobung
- Gründe in der Person des Arbeitnehmers
- Vergütung erfolgt aus Mitteln, die haushaltsrechtlich für eine befristete Beschäftigung bestimmt sind, und der Arbeitnehmer wird entsprechend beschäftigt.
- Gerichtlicher Vergleich über die Befristung.

Außerhalb dieser Zulässigkeitsvoraussetzungen – also ohne sachlichen Grund – ist der Abschluss eines befristeten Arbeitsvertrags zurzeit nur zulässig, wenn:

kein sachlicher Grund bei Neueinstellung bis zu zwei Jahren Dauer

- es sich um eine Neueinstellung handelt: Nach § 14 Abs. 2 TzBfG darf ein kalendermäßig befristeter Arbeitsvertrag ohne sachlichen Grund abgeschlossen werden, wenn vorher zu demselben Arbeitgeber kein befristetes oder unbefristetes Arbeitsverhältnis bestanden hat und die Befristung oder ihre höchstens dreimalige Verlängerung die Gesamtdauer von zwei Jahren nicht überschreitet.
- es sich um ein neu gegründetes Unternehmen handelt (§ 14 Absatz 2a TzBfG): In neu gegründeten Unternehmen dürfen Arbeitnehmer ohne sachlichen Grund für eine Dauer bis zu vier Jahren befristet eingestellt werden. Bis zur Gesamtdauer von vier Jahren ist auch die mehrfache Verlängerung eines kalendermäßig befristeten Arbeitsvertrags zulässig.

Regelungen für Arbeitnehmer ab 52 Jahren bis 31.12.2006 befristet

- es sich um einen Arbeitnehmer handelt, der bei Beginn des befristeten Arbeitsverhältnisses das 52. Lebensjahr vollendet hat (§ 14 Absatz 3 TzBfG): In diesem Fall darf die Dauer der Befristung bis zu fünf Jahre betragen. Weitere Voraussetzung ist aber, dass der Arbeitnehmer unmittelbar vor Beginn des befristeten Arbeitsverhältnisses mindestens vier Monate beschäftigungslos im Sinne des § 138 Absatz 1 Nr. 1 SGB III gewesen ist, Transferkurzarbeitergeld bezogen oder an einer öffentlich geförderten Bildungsmaßnahme teilgenommen hat. Bis zur Gesamtdauer von fünf Jahren ist auch eine mehrfache Verlängerung des Arbeitsvertrags erlaubt.

Das Gesetz erlaubt

- kalendermäßig befristete oder zweckbefristete Arbeitsverträge bei Verträgen mit sachlichem Grund
- nur kalendermäßig befristete Arbeitsverträge bei Verträgen ohne sachlichen Grund bei Arbeitnehmern unter 52 Jahren oder bei Unternehmensneugründungen
- kalendermäßig befristete oder zweckbefristete Arbeitsverträge bei Verträgen ohne sachlichen Grund bei Arbeitnehmern über 52 Jahren.

Das Gesetz unterscheidet nicht nur bei den Zulässigkeitsvoraussetzungen, sondern auch bei den Vorschriften über die Beendigung befristeter Arbeitsverträge zwischen kalendermäßig befristeten und zweckbefristeten Arbeitsverträgen. Die gesetzliche Definition findet sich in § 3 TzBfG. Daneben gibt es noch die auflösend bedingten Arbeitsverträge.

Befristungsarten

Ein kalendermäßig befristeter Arbeitsvertrag liegt vor, wenn seine Dauer kalendermäßig bestimmt ist, Anfang und Ende des Arbeitsverhältnisses im Arbeitsvertrag durch ein Kalenderdatum eindeutig bestimmt sind.

kalendermäßig befristet: genaues Anfangs- und Enddatum

Beispiel:
Der Arbeitsvertrag beginnt am 01.03. und endet am 30.09.

Ein zweckbefristeter Arbeitsvertrag liegt vor, wenn sich die Dauer der Befristung aus Art, Zweck oder Beschaffenheit der Arbeitsleistung ergibt. In diesen Fällen ist zwar der Beginn des Arbeitsverhältnisses kalendermäßig bestimmt, dessen Ende hängt jedoch von dem Erreichen des arbeitsvertraglich vereinbarten Zwecks ab. Das Enddatum des Arbeitsverhältnisses ist bei Vertragsschluss also offen, weil Arbeitgeber und/oder Arbeitnehmer nicht wissen, zu welchem Zeitpunkt der Zweck erreicht ist.

zweckbefristet: genaues Enddatum offen, ergibt sich erst aus Arbeitstätigkeit

Ein auflösend bedingter Arbeitsvertrag liegt vor, wenn bei Eintritt eines bestimmten von den Vertragsparteien festgelegten Ereignisses der bis dahin voll wirksame Arbeitsvertrag enden soll.

Die Befristung bei Neueinstellungen ist in § 14 Abs. 2 TzBfG geregelt. Folgende Voraussetzungen müssen beachtet werden:

Neueinstellungen

1. Die Befristung muss kalendermäßig bestimmt sein. Anfangs- und Enddatum müssen also genau angegeben werden. Ein zweckbefristeter Arbeitsvertrag ist in diesen Fällen nicht zulässig.

Die Befristung muss kalendermäßig bestimmt sein.

2. Die Befristung darf nicht länger als zwei Jahre dauern. Innerhalb dieser Zeit darf die ursprünglich vereinbarte Befristung dreimal verlängert werden.

Die Befristung darf nicht länger als zwei Jahre dauern.

2

Beispiel:
a) Reich wird für 24 Monate als Assistenzarzt in einer Klinik angestellt.
b) Klein wurde als Neueinstellung befristet für 12 Monate eingestellt. Kurz vor Ablauf dieser Befristung wird der Vertrag um weitere acht Monate verlängert. Danach ist immer noch Personalbedarf, deswegen wird der Vertrag um weitere vier Monate verlängert.

Die Befristung darf nicht auf ein unbefristetes oder befristetes Arbeitsverhältnis mit demselben Arbeitgeber folgen.

3. Die Befristung darf nicht auf ein unbefristetes oder befristetes Arbeitsverhältnis mit demselben Arbeitgeber folgen. Dabei spielt es nach dem Gesetzeswortlaut keine Rolle, welcher Zeitraum zwischen den beiden Arbeitsverhältnissen liegt.

Beispiel
Deil war bis vor einem Jahr bei Arbeitgeber P beschäftigt. Er ging aufgrund eigener Kündigung. P will Deil nun befristet einstellen. P kann mit Deil in diesem Fall keinen befristeten Arbeitsvertrag ohne sachlichen Grund wegen einer Neueinstellung schließen, weil bereits zuvor ein unbefristetes Arbeitsverhältnis bestanden hat.

Der Gesetzgeber räumt bei Neueinstellungen den Tarifvertragspartnern das Recht ein,
- die Anzahl der zulässigen Verlängerungen oder
- die Höchstdauer der Befristung

abweichend von der gesetzlichen Regelung in § 14 Abs. 2 TzBfG zu regeln. Im Geltungsbereich eines derartigen Tarifvertrags, der die entsprechenden Regelungen enthält, können nicht tarifgebundene Arbeitgeber und Arbeitnehmer die Anwendung der tariflichen Regelungen vereinbaren.

Unternehmensneugründung

In den ersten vier Jahren nach der Gründung eines Unternehmens darf der Arbeitgeber ohne Vorliegen eines sachlichen Grundes Arbeitnehmer befristet einstellen (§ 14 Abs. 2a TzBfG). Die Dauer der Befristung darf maximal 4 Jahre betragen. Innerhalb dieser Zeit darf die ursprüngliche Befristung mehrfach verlängert werden, die Höchstdauer von 4 Jahren darf aber auch durch die Verlängerungen nicht überschritten werden. Das Unternehmen gilt als gegründet, wenn eine Erwerbstätigkeit aufgenommen wurde, die dem Finanzamt oder der Gemeinde, in der das Unternehmen betrieben wird, angezeigt werden muss.

Arbeitnehmer über 52 Jahren

Nach § 14 Abs. 3 TzBfG können Arbeitnehmer, die bei Beginn des befristeten Arbeitsverhältnisses das 52. Lebensjahr vollendet haben, ohne sachlichen Grund bis zu einer Höchstdauer von fünf Jahren eingestellt werden.

Die Befristung ist allerdings nicht zulässig, wenn der eingestellte Arbeitnehmer unmittelbar vor Beginn des befristeten

Arbeitsverhältnisses vier Monate beschäftigungslos im Sinne des § 138 Absatz 1 Nr. 1 SGB III war, Transferkurzarbeitgeld bezogen oder an einer öffentlich geförderten Beschäftigungsmaßnahme nach dem Zweiten oder Dritten Buch Sozialgesetzbuch teilgenommen hat.

Bis einer Gesamtdauer von fünf Jahren kann der Arbeitsvertrag mehrfach verlängert werden.

Liegt keine Neueinstellung, Unternehmensneugründung oder Einstellung eines Arbeitnehmers über 52 Jahren vor, so können Arbeitgeber und Arbeitnehmer einen rechtsgültigen befristeten Arbeitsvertrag nur bei Vorliegen eines sachlichen Grundes abschließen.

Befristungen mit sachlichem Grund

Voraussetzung für einen befristeten Arbeitsvertrag: sachlicher Grund

Welche sachlichen Gründe den Abschluss eines befristeten Arbeitsvertrags rechtfertigen können, wurde bereits oben dargelegt. Es handelt sich dabei in § 14 Abs. 1 TzBfG nicht um eine abschließende Aufzählung, d. h. andere sachliche Gründe können – je nach den Umständen des konkreten Einzelfalles – auch eine Befristung rechtfertigen.

In § 14 Abs. 4 TzBfG ist eindeutig geregelt, dass die Befristung der Schriftform bedarf, um rechtswirksam zu sein. Mündliche Befristungsabreden sind unwirksam mit der Folge, dass mit Arbeitsaufnahme ein unbefristetes Arbeitsverhältnis entsteht.

schriftliche Befristungsabrede erforderlich

Den Inhalt des schriftlichen befristeten Arbeitsvertrags können Arbeitgeber und Arbeitnehmer grundsätzlich frei aushandeln (§ 105 GewO). Zwingend notwendige Vertragsbestandteile (= Mindestinhalt) ergeben sich dabei jedoch aus den Vorschriften des Nachweisgesetzes.

Der Gesetzgeber hat in § 15 TzBfG festgelegt, zu welchem Zeitpunkt ein befristeter Arbeitsvertrag endet und unter welchen Umständen er vorzeitig beendet werden kann.

Beendigung eines befristeten Arbeitsvertrags

Ablauf der Befristung

Ein kalendermäßig (datumsmäßig) befristeter Arbeitsvertrag endet mit Ablauf der vereinbarten Zeit (§ 15 Abs. 1 TzBfG). Ein zweckbefristeter Arbeitsvertrag endet mit Erreichen des Zwecks, frühestens jedoch zwei Wochen nach Zugang der schriftlichen Unterrichtung des Arbeitnehmers durch den Arbeitgeber über den Zeitpunkt der Zweckerreichung. Der Arbeitgeber ist gesetzlich verpflichtet, den Arbeitnehmer unverzüglich schriftlich zu informieren, sobald er den vertraglich vereinbarten Zweck als erreicht ansieht (§ 15 Abs. 2 TzBfG).

Der Arbeitnehmer muss unverzüglich schriftlich informiert werden, wenn der Zweck erfüllt ist.

Kündigung

Das Recht zur ordentlichen Kündigung besteht für beide Vertragsparteien nur dann, wenn dies einzelvertraglich oder in einem auf das Arbeitsverhältnis anwendbaren Tarifvertrag ausdrücklich vereinbart ist (§ 15 Abs. 3 TzBfG). In dieser Vereinbarung können auch die einzuhaltenden Kündigungsfristen festgelegt werden. Wird zu den Kündigungsfristen keine Vereinbarung getroffen, gelten die gesetzlichen Kündigungsfristen des § 622 BGB. Sofern auf das Arbeitsverhältnis ein Tarifver-

Das Recht zur ordentlichen Kündigung muss ausdrücklich vereinbart werden. Fehlt eine Regelung hierzu, kann nur außerordentlich aus wichtigem Grund gekündigt werden. Achtung: Nach § 623 BGB muss jede Kündigung schriftlich sein.

trag Anwendung findet, werden die gesetzlichen Kündigungsfristen durch die tarifvertraglich festgelegten Kündigungsfristen ersetzt, die in der Regel günstiger (im Sinne von länger für eine Arbeitgeberkündigung) sind.

Bei einer Befristungsdauer von mehr als fünf Jahren oder bei einer Befristung „auf Lebenszeit einer Person" hat der Arbeitnehmer nach § 15 Abs. 4 TzBfG nach Ablauf von fünf Jahren ein Sonderkündigungsrecht. Er kann nach Ablauf von fünf Jahren mit einer Kündigungsfrist von sechs Monaten das Arbeitsverhältnis kündigen, auch wenn im befristeten Arbeitsvertrag ein Kündigungsrecht nicht ausdrücklich vereinbart wurde.

Eine Kündigung bedarf nach § 623 BGB zu ihrer Wirksamkeit immer der Schriftform, auch wenn dies im Arbeitsvertrag nicht ausdrücklich vereinbart/erwähnt wurde.

Aufhebungsvertrag

Als dritte Beendigungsmöglichkeit gibt es den Aufhebungsvertrag. Ein Aufhebungsvertrag kann zwischen den Arbeitsvertragsparteien jederzeit und aus jedem beliebigen Grund geschlossen werden. Kündigungsfristen müssen nicht eingehalten werden.

ohne Einhaltung von Fristen, aber immer schriftlich, näher dazu ▶ Abschn. 4.6

Ein Aufhebungsvertrag bedarf nach § 623 zu seiner Wirksamkeit immer der Schriftform.

stillschweigende Verlängerung

Ein befristetes Arbeitsverhältnis gilt als auf unbestimmte Zeit verlängert, wenn der Arbeitgeber nach Ablauf des vereinbarten Enddatums oder nach Erreichen des vereinbarten Zwecks der Fortsetzung des Arbeitsverhältnisses nicht unverzüglich einer Weiterarbeit des Arbeitnehmers widerspricht. Zu einem unbefristeten Arbeitsverhältnis kommt es außerdem, wenn der Arbeitgeber dem Arbeitnehmer die Erreichung des Zwecks nicht unverzüglich mitteilt (§ 15 Abs. 5 TzBfG).

Dauerarbeitsverhältnis bei Weiterarbeit mit Duldung des Arbeitgebers

Die Regelung über die stillschweigende Verlängerung des Arbeitsverhältnisses kann nicht vertraglich ausgeschlossen werden, da eine entsprechende Ausschlussregelung eine Abweichung von der gesetzlichen Regelung zu Ungunsten des Arbeitnehmers wäre (§ 22 TzBfG).

Rechtsfolgen unwirksamer Befristungen

Eine unwirksame Befristung führt zu einem unbefristeten Arbeitsverhältnis (§ 16 TzBfG). Dieses kann vom Arbeitgeber frühestens zum im (unwirksam) befristeten Arbeitsvertrag vereinbarten Ende gekündigt werden. Ausnahme: Eine Kündigung zu einem früheren Zeitpunkt ist möglich, wenn im Vertrag das Recht zu ordentlichen Kündigung vereinbart wurde. Ist der befristete Arbeitsvertrag nur deswegen unwirksam, weil die Schriftform für die Befristungsabrede nicht eingehalten wurde, kann der Vertrag auch vor dem vereinbarten Ende ordentlich gekündigt werden.

Wer klärt die Unwirksamkeit der Befristung?

Ob ein sachlicher Grund für die Befristung vorliegt, kann gerichtlich überprüft werden und zwar dann, wenn der Arbeitnehmer sich – spätestens nach Ablauf der vereinbarten Befristung – darauf beruft, dass die Befristung unwirksam sei

gerichtliche Prüfung, ob sachlicher Grund vorliegt

und eine entsprechende Klage beim Arbeitsgericht einreicht (Frist: drei Wochen).

Kommt das Gericht zum Ergebnis, es liegt kein sachlicher Grund vor, ist die vereinbarte Befristung unzulässig. An die Stelle des unzulässigen befristeten Arbeitsverhältnisses tritt dann ein unbefristetes Arbeitsverhältnis (§ 16 TzBfG). Das Arbeitsverhältnis endet also nicht mehr mit Ablauf der eigentlich vereinbarten Befristung automatisch. Es kann nur durch eine Kündigung, die unter Einhaltung der in §§ 15, 16 TzBfG geregelten Kündigungsfristen ausgesprochen sein – und ggf. bei Vorliegen der Voraussetzungen nach dem Kündigungsschutzgesetz sozial gerechtfertigt – muss, oder den Abschluss eines Aufhebungsvertrags beendet werden.

Eine vereinbarte Befristung ist z. B. unwirksam sein, weil
- die gesetzlich vorgeschriebene Schriftform für die Befristungsabrede nicht eingehalten wurde (§ 14 Abs. 4 TzBfG),
- für die Befristung kein sachlicher Grund im Sinne von § 14 Abs. 1 TzBfG vorlag oder
- eine Befristung ohne sachlichen Grund vereinbart wurde, es sich aber nicht um eine Neueinstellung oder Unternehmensneugründung im Sinne von § 14 Abs. 2 und 2a TzBfG handelte.

Will der Arbeitnehmer sich auf die Unwirksamkeit einer Befristung – gleich aus welchem Rechtsgrund – berufen, muss er beim zuständigen Arbeitsgericht innerhalb von drei Wochen nach dem vereinbarten Ende der Befristung Klage erheben (§ 17 TzBfG).

> Fehlender sachlicher Grund: Unzulässig befristetes Arbeitsverhältnis wird ein unbefristetes Arbeitsverhältnis (§ 16 TzBfG)

> Der Arbeitnehmer kann innerhalb von drei Wochen nach vereinbartem Ende gegen die Befristung Klage erheben.

2.3.2 Probezeit

In den meisten Fällen wird für den Beginn eines Arbeitsverhältnisses eine Probezeit vereinbart, um festzustellen, ob der Arbeitnehmer mit der Arbeit zurechtkommt, in den Betrieb passt. Für ein Probearbeitsverhältnis kommen zwei Abschlussmöglichkeiten in Betracht:

1. Vereinbarung eines befristeten Arbeitsvertrags mit dem sachlichen Grund der Erprobung, eine Auflösung vor Zeitablauf ist nur durch außerordentliche Kündigung möglich, § 14 Abs. 1 TzBfG.
2. Abschluss eines unbefristeten Arbeitsvertrags mit Probezeitvereinbarung in Form erleichterter Kündigungsmöglichkeit, d. h. kürzestmögliche Kündigungsfrist gilt. Nach Ablauf der Probezeit gelten die allgemeinen Kündigungsregeln. Kürzestmögliche Kündigungsfrist, die das Gesetz zulässt, sind zwei Wochen. Möglich sind eine ordentliche

> Probearbeitsverhältnis: Befristeter Arbeitsvertrag mit dem Zweck der „Erprobung"

> Probezeit: Unbefristeter Arbeitsvertrag, wobei während der Einarbeitungszeit eine erleichterte Kündigungsmöglichkeit besteht

und die (bei Vorliegen eines wichtigen Grundes immer zulässige) außerordentliche Kündigung.

> **§ 622 BGB – Kündigungsfristen**
> … (3) Während einer vereinbarten Probezeit, längstens für die Dauer von sechs Monaten, kann das Arbeitsverhältnis mit einer Frist von zwei Wochen gekündigt werden. …

Probezeiten mit einer Kündigungsfrist von zwei Wochen dürfen längstens sechs Monate dauern (in der Regel werden sechs Monate vereinbart). Natürlich kann auch eine kürzere Probezeit vereinbart werden, je nachdem, welche Zeit zur Erprobung benötigt wird. Für den Fall, dass die Zeit der Erprobung verlängert werden soll, ist folgendes zu beachten:

1. Soll ein (befristetes) Probearbeitsverhältnis verlängert werden, bedarf es eines besonderen Grundes für die Verlängerung, weil dann für eine weitere Befristung der Grund „Erprobung" nicht mehr greift. Vielmehr muss ein anderer, unvorhergesehener Umstand eintreten, um die weitere Erprobung zu rechtfertigen.

Beispiel:
Der Arbeitnehmer war während des befristeten Probearbeitsverhältnisses zwei Monate krank. Diese Zeit soll „angehängt" werden. Dies ist ein sachlicher Grund für eine weitere Befristung.

Die Probezeit kann längstens für 6 Monate vereinbart werden.

2. Die Verlängerung der einem unbefristeten Arbeitsverhältnis vorgeschalteten Probezeit über sechs Monate hinaus bedarf der ausdrücklichen Vereinbarung zwischen Arbeitnehmer und Arbeitgeber. Denn nach sechs Monaten greifen die Bestimmungen des KSchG (in Betrieben mit mehr als zehn Arbeitnehmern) und die verkürzten Kündigungsfristen des § 622 Absatz 3 BGB sind nicht mehr anwendbar.

Teilzeitbeschäftigt sind Arbeitnehmer, deren regelmäßige Wochenarbeitszeit kürzer ist als die regelmäßige Wochenarbeitszeit von Vollzeitbeschäftigten.

2.3.3   Teilzeitarbeit

Teilzeitarbeit wird nach wie vor überwiegend von Frauen ausgeübt. Es besteht heute jedoch eine weit größere Nachfrage nach Teilzeitarbeitsplätzen als das Angebot reicht. Deswegen wurde durch das TzBfG den Arbeitnehmern ein Anspruch auf Teilzeitarbeit eingeräumt.

§ 2 TzBfG enthält die gesetzliche Definition der Teilzeitbeschäftigung. Danach ist teilzeitbeschäftigt der Arbeitnehmer, dessen Wochenarbeitszeit kürzer ist als die eines vergleichbaren vollzeitbeschäftigten Arbeitnehmers. Arbeitnehmer, mit denen keine feste wöchentliche Arbeitszeit vereinbart ist, gelten als teilzeitbeschäftigt, wenn ihre regelmäßige durchschnittliche Arbeitszeit unter der durchschnittlichen Arbeitszeit eines vergleichbaren vollzeitbeschäftigten Arbeitnehmers liegt. Dabei kann die durchschnittliche Arbeitszeit auf der Grundlage eines Beschäftigungszeitraums von bis zu 12 Monaten berechnet werden.

Beispiel:

Im Betrieb arbeiten alle Vollzeitbeschäftigten 38h in einer 5 Tage-Woche (= 7,6h pro Tag). Als Teilzeitbeschäftigte gelten hier Arbeitnehmer, die

- an jedem Arbeitstag weniger als 7,6h arbeiten
- nur einige Tage in der Woche täglich 7,6h arbeiten.

Ansprüche im Arbeitsverhältnis	Besonderheit bei Teilzeitbeschäftigung
Vergütung	grundsätzlich wie Vollzeitarbeitnehmer; zu errechnen nach der Dauer der Teilzeitarbeit im Verhältnis zu der betriebsüblichen Arbeitszeit
Krankheitsfall	Entgeltfortzahlung wie Vollzeitarbeitnehmer
Feiertagsvergütung	nur wenn tatsächlich Arbeit ausfällt; d.h., wenn der Arbeitnehmer an diesem Tag gearbeitet hätte
Urlaub	wie Vollzeitarbeitnehmer mindestens 2-4 Werktage bzw. 4 Wochen pro Jahr
freiwillige Sozialleistungen	wie Vollzeitarbeitnehmer z.B. Fahrtkostenzuschuss, es sei denn, die Gewährung hängt mit der Arbeitszeit zusammen, z.B. Mittagessenzuschuss
Überstunden	grundsätzlich nicht, weil der Arbeitnehmer in der Regel deshalb Teilzeit arbeitet, weil er nicht mehr Zeit hat Ausnahme: betriebliche Notfälle. In diesem Fall muss kein Überstundenzuschlag bis zur betriebsüblichen Arbeitszeit bezahlt werden.

■ Ansprüche bei Teilzeitbeschäftigung

2

Diskriminierungsverbot

Vollzeitbeschäftigte und Teilzeitbeschäftigte müssen gleich
behandelt werden.

In § 4 Abs. 1 TzBfG ist ein gesetzliches Diskriminierungsverbot aufgenommen worden. Danach darf ein teilzeitbeschäftigter Arbeitnehmer nicht schlechter behandelt werden als ein vergleichbarer vollzeitbeschäftigter Arbeitnehmer, es sei denn, dass sachliche Gründe eine Ungleichbehandlung rechtfertigen. Einem teilzeitbeschäftigten Arbeitnehmer ist das Arbeitsentgelt oder eine andere teilbare geldwerte Leistung, die für einen bestimmten Bemessungszeitraum gewährt wird, mindestens in dem Umfang zu gewähren, der dem Anteil seiner Arbeitszeit an der Arbeitszeit eines vergleichbaren vollzeitbeschäftigten Arbeitnehmers entspricht.

Beispiel:
Alle vollzeitbeschäftigten Arbeitnehmer erhalten aufgrund vertraglicher Regelung ein halbes zusätzliches Monatsentgelt als Weihnachtsgeld.

Auch in Betriebsverein-
barungen muss Gleichbe-
handlung beachtet werden.

Besserstellung erlaubt

Benachteiligungsverbot

Anwendbare Rechtsvor-
schriften:
arbeitsrechtliche Vorschriften
in vollem Umfang anwendbar

Aufgrund des Diskriminierungsverbots ist das Weihnachtsgeld auch an teilzeitbeschäftigte Mitarbeiter zu zahlen. Sie erhalten ein Weihnachtsgeld in Höhe der Hälfte ihres (Teilzeit-)Verdienstes. Arbeitet die Teilzeitkraft 50 % der Arbeitszeit eines Vollzeitbeschäftigten, so erhält sie – rechnerisch – 50 % des Weihnachtsgelds des Vollzeitbeschäftigten, also 25 % eines vollen Weihnachtsgeldes.

Das Diskriminierungsverbot ist nicht nur vom Arbeitgeber, sondern auch vom Betriebsrat beim Abschluss von Betriebsvereinbarungen und von den Tarifpartnern beim Abschluss von Tarifverträgen zu beachten. Teilzeitbeschäftigte Arbeitnehmer dürfen also z. B. beim Abschluss von Betriebsvereinbarungen ohne sachlichen Grund nicht schlechter gestellt werden als vergleichbare vollzeitbeschäftigte Arbeitnehmer.

Das Diskriminierungsverbot untersagt nur eine Schlechterstellung. Steht ein teilzeitbeschäftigter Arbeitnehmer im Vergleich mit einem vollzeitbeschäftigten Arbeitnehmer besser da, so ist dies kein Verstoß gegen das Diskriminierungsverbot.

Beruft sich ein teilzeitbeschäftigter Mitarbeiter auf seine Rechte aus dem Gesetz über Teilzeitarbeit und befristete Arbeitsverträge, so darf er deswegen nicht benachteiligt werden (§ 5 TzBfG).

Anwendbare Rechtsvorschriften

Neben dem TzBfG finden auf Teilzeitarbeitsverhältnisse alle sonstigen arbeitsrechtlichen Vorschriften Anwendung, z. B.
- §§ 611 a ff. BGB (Arbeitsvertrag), soweit es um Abschluss des Arbeitsvertrags, Kündigungsfristen, Schriftform der Kündigung, Rechte und Pflichten aus dem Arbeitsverhältnis geht.

- §§ 105 – 110 GewO für Inhalt des Arbeitsvertrags, Weisungsrecht, Abrechnung der Vergütung und Zeugnisanspruch
- Entgeltfortzahlungsgesetz, soweit es um die Entgeltfortzahlung bei unverschuldeter Arbeitsunfähigkeit geht;
- Bundesurlaubsgesetz für Urlaubsfragen
- Mutterschutz- und Bundeselterngeld- und Elternzeitgesetz.

Soweit gesetzliche Vorschriften an ein Vollzeitarbeitsverhältnis anknüpfen, haben Teilzeitbeschäftigte den Anspruch im Verhältnis ihrer Arbeitszeit zu der eines vergleichbaren Vollzeitbeschäftigten.

§ 6 TzBfG verpflichtet die Arbeitgeber, in allen Unternehmensbereichen und auf allen Hierarchieebenen – insbesondere auch in leitenden Positionen – Teilzeitarbeit zu ermöglichen. Um dies zu erreichen, hat der Gesetzgeber den Arbeitgebern Ausschreibungs- und Informationspflichten auferlegt.

Förderung von Teilzeitarbeit

Der Arbeitgeber hat einen Arbeitsplatz, den er öffentlich oder auch nur innerbetrieblich ausschreibt, grundsätzlich auch als Teilzeitarbeitsplatz auszuschreiben (§ 7 Abs. 1 TzBfG). Voraussetzung dieser Pflicht ist außerdem, dass sich der zu besetzende Arbeitsplatz für eine Teilzeitbeschäftigung eignet. Der Arbeitgeber muss also nicht jeden Arbeitsplatz auch als Teilzeitarbeitsplatz ausschreiben. Er hat ein Ermessen, welche Arbeitsplätze er im Rahmen seiner betrieblichen Möglichkeiten auch als Teilzeitarbeitsplätze ausschreiben will. Wird ein offener Arbeitsplatz weder innerbetrieblich noch öffentlich ausgeschrieben, gilt § 7 Abs. 1 TzBfG nicht.

Ausschreibungspflicht

innerbetriebliche Ausschreibungen grundsätzlich auch als Teilzeitarbeitsplatz

Hat ein Arbeitnehmer gegenüber dem Arbeitgeber bereits den Wunsch geäußert, die Dauer und Lage seiner Arbeitszeit zu verändern, ist der Arbeitgeber verpflichtet, diesen Arbeitnehmer über entsprechende Arbeitsplätze zu informieren, die im Betrieb oder Unternehmen besetzt werden sollen. Der Arbeitgeber muss den Arbeitnehmer über Arbeitsplätze informieren, für die der Arbeitnehmer aufgrund seiner Eignung und seiner Wünsche in Betracht kommt. Eine Informationspflicht über alle zu besetzenden Arbeitsplätze besteht also nicht. Der Arbeitgeber kann eine Vorauswahl über die Arbeitsplätze treffen, für die der Arbeitnehmer – nach Meinung des Arbeitgebers – aufgrund Eignung, Befähigung und/oder Berufserfahrung in Betracht kommt, und der von der Lage und Dauer der Arbeitszeit den Wünschen des Arbeitnehmers – annähernd – entspricht und vom Arbeitgeber auch in dieser Weise besetzt werden kann.

Informationspflichten

Der Arbeitgeber hat darüber hinaus den Betriebsrat über Teilzeit im Betrieb und Unternehmen zu informieren. Die Informationspflicht betrifft insbesondere

- vorhandene und geplante Teilzeitarbeitsplätze
- Umwandlung von Vollzeitarbeitsplätzen in Teilzeitarbeitsplätze.

Der Arbeitnehmer muss über vorhandene Teilzeitbeschäftigungsmöglichkeiten informieren.

Auf Verlangen hat der Arbeitgeber dem Betriebsrat entsprechende Unterlagen zur Verfügung zu stellen.

Darüber hinausgehende Informations- und Beteiligungspflichten nach dem Betriebsverfassungsgesetz bleiben unverändert bestehen.

Anspruch auf Teilzeitarbeit

In § 8 TzBfG wurde den Arbeitnehmern ein Rechtsanspruch auf Verringerung der Arbeitszeit, d. h. auf Umwandlung einer Vollzeit- in eine Teilzeitstelle, normiert. Der Anspruch auf Verringerung der Arbeitszeit ist an folgende Voraussetzungen gebunden:

Beschäftigung von mehr als 15 Arbeitnehmern

Ein Anspruch auf Teilzeitarbeit kann nur bei Arbeitgebern angemeldet werden, die in der Regel mehr als 15 Arbeitnehmer – ohne Auszubildende – beschäftigen. In Kleinunternehmen mit in der Regel bis zu 15 Arbeitnehmern besteht also kein Rechtsanspruch auf Teilzeitarbeit.

Die Vorschrift des § 8 Abs. 7 TzBfG spricht von „Arbeitgebern", nicht von „Betrieb" oder „Unternehmen". Hat ein Arbeitgeber also z. B. mehrere Betriebe, so werden die Arbeitnehmer zusammengezählt.

Beschäftigungsdauer mehr als sechs Monate

Die Verringerung der vertraglich vereinbarten Arbeitszeit kann nur verlangen, wessen Arbeitsverhältnis bei Äußerung des Verlangens länger als 6 Monate bestanden hat. Der Arbeitnehmer muss also eine Wartefrist von 6 Monaten erfüllen. Die Einführung einer Wartefrist und deren Dauer entsprechen anderen gesetzlichen Vorschriften, z. B. im Bundesurlaubsgesetz oder im Kündigungsschutzgesetz.

Ankündigung spätestens drei Monate vor Beginn

Ein Arbeitnehmer, der seine vertraglich vereinbarte Arbeitszeit verringern will, muss nach § 8 Abs. 2 TzBfG diesen Wunsch dem Arbeitgeber spätestens drei Monate vor dem gewünschten Beginn der Verringerung der Arbeitszeit mitteilen. Er muss dabei auch angeben, in welchem Umfang er seine Arbeitszeit verringern will. Außerdem muss er sich zur gewünschten Verteilung der Arbeitszeit äußern.

Teilzeitanspruch
- mehr als 15 Mitarbeiter
- länger als 6 Monate beschäftigt
- Verlangen einer Teilzeitbeschäftigung spätestens 3 Monate vor gewünschtem Beginn
- keine entgegenstehenden betrieblichen Gründe
- keine schriftliche Ablehnung des Arbeitgebers

Innerhalb der Ankündigungsfrist soll der Arbeitgeber prüfen können (und müssen), ob und inwieweit der Wunsch des Arbeitnehmers verwirklicht werden kann.

Da in § 8 Abs. 3 TzBfG nur von „Arbeitszeit" und nicht von „Wochenarbeitszeit" die Rede ist, kann der Arbeitnehmer Wünsche nach jeder möglichen Art von Arbeitszeitverringerung äußern, z. B.

- nur noch 3 Wochen im Monat arbeiten
- 11 statt 12 Monate pro Jahr arbeiten
- 4 Vollzeittage statt 5 Vollzeittage pro Woche,
- Ansparung auf ein Jahresarbeitszeitkonto und „Abfeiern" durch Freistellung für einen längeren Zeitraum.

§ 8 Abs. 2 TzBfG lässt also die unterschiedlichsten Formen der Arbeitszeitgestaltung zu.

Nachdem der Arbeitnehmer seinen Teilzeitarbeitswunsch sowie die gewünschte Lage der Arbeitszeit angekündigt hat, muss der Arbeitgeber tätig werden. Er hat den Wunsch des Arbeitnehmers auf Realisierbarkeit zu prüfen.

Vereinbarung zwischen Arbeitgeber und Arbeitnehmer

Der Arbeitgeber hat den Wunsch des Arbeitnehmers mit diesem zu erörtern mit dem Ziel, zu einer Vereinbarung über die Umsetzung des geäußerten Wunsches zu beraten (§ 8 Abs. 3 TzBfG). Der Arbeitgeber hat sodann mit dem Arbeitnehmer Einvernehmen über die vom Arbeitgeber festzulegende Verteilung der Arbeitszeit zu erzielen. Das Direktionsrecht des Arbeitgebers, die Lage und Verteilung der Arbeitszeit einseitig zu bestimmen, bleibt also bestehen.

Ziel: einvernehmliche Reduzierung der Arbeitszeit

Unter welchen Voraussetzungen und mit welchem Inhalt die Vereinbarung zustande kommen kann oder muss, ist in den Absätzen 4 und 5 des § 8 TzBfG näher geregelt.

Nach § 8 Abs. 4 TzBfG kann der Arbeitgeber dem Wunsch nach Verringerung der Arbeitszeit sowie die Wünsche hinsichtlich der Verteilung der Arbeitszeit ablehnen, wenn und soweit betriebliche Gründe entgegenstehen.

keine entgegenstehenden betrieblichen Gründe

Welche betrieblichen Gründe im Einzelnen eine Ablehnung des Teilzeitwunsches und/oder der Verteilung der Arbeitszeit entgegenstehen können, hängt von der Art und Größe des betroffenen Unternehmens ab. Das Gesetz nennt beispielhaft:

Arbeitgeber kann Teilzeit ablehnen, wenn sie zu teuer ist oder er sie aus sonstigen betrieblichen Gründen nicht verwirklichen kann.

- wesentliche Beeinträchtigung von Organisation, Arbeitsablauf oder Sicherheit
- Verursachung von unverhältnismäßigen Kosten für den Arbeitgeber.

Tarifvertragsparteien können weitere Ablehnungsgründe in einem Tarifvertrag festlegen. Ist dies geschehen, können nicht tarifgebundene Arbeitgeber und Arbeitnehmer im Einzelarbeitsvertrag auf die entsprechende tarifliche Regelung Bezug nehmen.

Der Arbeitgeber ist nach § 8 Abs. 5 TzBfG verpflichtet, dem Arbeitnehmer seine Entscheidung über die Verringerung der Arbeitszeit und ihre Verteilung spätestens einen Monat vor dem gewünschten Beginn der Verringerung schriftlich mitzuteilen. Zwischen der Ankündigung und der Mitteilung der Entscheidung liegen also mindestens zwei Monate, beantragt der

schriftliche Mitteilung des Arbeitgebers

Arbeitnehmer die Verringerung mehr als drei Monate vor dem beabsichtigten Beginn, ist die Überlegungs-/Verhandlungsfrist entsprechend länger.

Der Arbeitgeber kann in seiner Mitteilung

- das mit dem Arbeitnehmer hergestellte Einvernehmen über die Verringerung der Arbeitszeit und die Verteilung der Arbeitszeit im Sinne von § 8 Abs. 3 TzBfG bestätigen. ⇨ In diesem Fall kommt es zu der abgesprochenen Verringerung und Verteilung der Arbeitszeit.
- den Wunsch des Arbeitnehmers nach Verringerung der Arbeitszeit wegen entgegenstehender betrieblicher Gründe ablehnen. ⇨ In diesem Fall bleibt es bei der bisher vertraglich vereinbarten Arbeitszeit und deren Verteilung.

Möglichkeiten des Arbeit-
gebers:
– Annahme
– Ablehnung
– Modifizierung

- den Wunsch des Arbeitnehmers nach Verringerung der Arbeitszeit erfüllen, die Arbeitszeit aber anders – also nicht den Wünschen des Arbeitnehmers entsprechend – verteilen. ⇨ In diesem Fall kommt es zu einer Verringerung der Arbeitszeit nach dem Wunsch des Arbeitnehmers, die Lage der Arbeitszeit wird allerdings im Wege des Direktionsrechts – einseitig – vom Arbeitgeber festgelegt.

Unternimmt der Arbeitgeber nichts, kann es zu einer einseitigen Verringerung der Arbeitszeit aufgrund des angemeldeten Wunsches kommen:

- Versäumt der Arbeitgeber die rechtzeitige Ablehnung des Wunsches auf Verringerung der Arbeitszeit, verringert sich diese ab dem gewünschten Beginn entsprechend den Wünschen des Arbeitnehmers.
- Konnte kein Einvernehmen über die Verteilung der Arbeitszeit zwischen Arbeitgeber und Arbeitnehmer erzielt werden und vergisst der Arbeitgeber, die vom Arbeitnehmer gewünschte Verteilung rechtzeitig – also einen Monat vor dem gewünschten Beginn – abzulehnen, gilt die Verteilung der Arbeitszeit entsprechend den Wünschen des Arbeitnehmers als festgelegt.

Aufstocken der Arbeitszeit

bevorzugte Berücksichtigung
bei Vollzeitbeschäftigung

Will ein teilzeitbeschäftigter Arbeitnehmer seine Arbeitszeit verlängern, so muss er dies dem Arbeitgeber mitteilen. Es spielt dabei keine Rolle, ob die Teilzeit infolge eines Wunsches des Arbeitnehmers nach Arbeitszeitverringerung zustande kam oder der Arbeitnehmer von Anfang an als Teilzeitbeschäftigter eingestellt war.

Der Arbeitgeber hat Arbeitnehmer, die ihre Arbeitszeit verlängern möchten, bei der Besetzung entsprechender freier Arbeitsplätze im Betrieb oder Unternehmen bevorzugt zu berücksichtigen, sofern der Arbeitnehmer für den zu besetzenden Arbeitsplatz nach Ausbildung, Qualifikation und Fähigkeiten geeignet ist (§ 9 TzBfG). Der bevorzugten Berücksichtigung können dringende betriebliche Gründe oder die Wünsche anderer teilzeitbeschäftigter Arbeitnehmer entgegenstehen. Unter mehreren teilzeitbeschäftigten Arbeitnehmern kann der Arbeitgeber seine Auswahl frei unter Berücksichtigung des billigen Ermessens treffen.

Der Arbeitgeber hat dafür zu sorgen, dass auch teilzeitbeschäftigte Arbeitnehmer an Aus- und Weiterbildungsmaßnahmen zur Förderung der beruflichen Entwicklung und Mobilität teilnehmen können (§ 10 TzBfG). Mit dieser Aus- und Weiterbildungspflicht soll eine Gleichbehandlung von Voll- und Teilzeitbeschäftigten beim beruflichen Aufstieg gewährleistet werden.

Aus- und Weiterbildungspflicht

Gleichbehandlung bei Weiterbildungsmaßnahmen

Der Arbeitgeber kann die Aus- und Weiterbildungswünsche teilzeitbeschäftigter Arbeitnehmer ablehnen, wenn dringende betriebliche Gründe oder die Aus- und Weiterbildungswünsche anderer teil- und vollzeitbeschäftigter Arbeitnehmer entgegenstehen. Wollen sich mehrere teilzeitbeschäftigte Arbeitnehmer aus- oder weiterbilden, so kann der Arbeitgeber unter diesen die Teilnehmer nach billigem Ermessen auswählen.

Weigert sich ein Arbeitnehmer, von einem Vollzeit- in ein Teilzeitarbeitsverhältnis zu wechseln oder umgekehrt, so kann der Arbeitgeber ihm deswegen nicht kündigen. Eine entsprechende Kündigung ist nach § 11 TzBfG unwirksam.

Kündigungsverbot

Das Recht, das Arbeitsverhältnis aus anderen Gründen zu kündigen, bleibt unberührt. D. h. der Arbeitgeber kann z. B. verhaltensbedingt oder betriebsbedingt kündigen, wenn die entsprechenden Voraussetzungen hierfür vorliegen.

2.3.4 Besondere Formen der Teilzeitarbeit

Das TzBfG regelt verbindlich neben anderen Formen der Teilzeitarbeit zusätzlich
- Arbeit auf Abruf (§ 12 TzBfG)
- Arbeitsplatzteilung (§ 13 TzBfG)

Arbeitgeber und Arbeitnehmer können vereinbaren, dass der Arbeitnehmer seine Arbeitsleistung entsprechend dem Arbeitsanfall zu erbringen hat. In derartigen Fällen spricht man von Arbeit auf Abruf.

§ 12 Abs. 1 TzBfG regelt den Mindestinhalt entsprechender Absprachen. Danach muss eine entsprechende Vereinbarung eine bestimmte Dauer der wöchentlichen und täglichen Arbeitszeit festlegen. Ist die Dauer der wöchentlichen Arbeitszeit

Arbeit auf Abruf

Arbeitszeit nach Arbeitsmenge, aber mindestens drei Stunden hintereinander

nicht festgelegt, gilt eine Dauer von 10 h kraft Gesetzes als vereinbart. Fehlt es an einer Vereinbarung zur täglichen Arbeitszeit, hat der Arbeitgeber die Arbeitsleistung des Arbeitnehmers täglich für mindestens drei aufeinander folgende Stunden in Anspruch zu nehmen.

Kündigt der Arbeitgeber dem Arbeitnehmer bei Arbeit auf Abruf die Lage der Arbeitszeit nicht mindestens vier Tage im Voraus an, kann der Arbeitnehmer die Arbeitsleistung verweigern (§ 12 Abs. 2 TzBfG).

Die Tarifvertragsparteien können andere Vereinbarungen – auch zuungunsten des Arbeitnehmers – treffen, wenn der Tarifvertrag Regelungen über die tägliche und wöchentliche Arbeitszeit und die Vorankündigungsfrist vorsieht. Besteht ein entsprechender Tarifvertrag können nicht tarifgebundene Arbeitnehmer und Arbeitgeber die Anwendung der tariflichen Regelungen über Abrufarbeit einzelvertraglich vereinbaren (§ 12 Abs. 3 TzBfG).

Arbeitsplatzteilung/Job-sharing

Die gesetzliche Grundlage des Jobsharings ist § 13 TzBfG. Nach dessen Absatz 1 können Arbeitgeber und Arbeitnehmer vereinbaren, dass mehrere Arbeitnehmer sich die Arbeitszeit an einem Arbeitsplatz teilen. Ist einer dieser Arbeitnehmer an der Arbeitsleistung verhindert, sind die anderen Arbeitnehmer zur Vertretung verpflichtet, wenn sie der Vertretung im Einzelfall zugestimmt haben. Eine Vertretungspflicht besteht auch, wenn der Arbeitsvertrag bei Vorliegen dringender betrieblicher Gründe eine Vertretung vorsieht und diese im Einzelfall zumutbar ist.

Vertretung nur bei ausdrücklicher Vereinbarung

§ 13 Abs. 2 TzBfG untersagt dem Arbeitgeber die Kündigung des Arbeitsverhältnisses für den Fall, dass einer der am Jobsharing beteiligten Arbeitnehmer aus dem Arbeitsverhältnis ausscheidet – aus welchen Gründen ist gleichgültig. Der Arbeitgeber kann in diesen Fällen wirksam nur eine Änderungskündigung aussprechen. Eine Kündigung aus anderen Gründen bleibt unberührt.

Diese Regelungen gelten auch für Arbeitnehmer, die sich in zeitlichen Blöcken auf bestimmten Arbeitsplätzen abwechseln, ohne dass eine Arbeitsplatzteilung im oben beschriebenen Sinn vorliegt (§ 13 Abs. 3 TzBfG).

Durch Tarifvertrag kann von den gesetzlichen Regelungen auch zuungunsten der Arbeitnehmer abgewichen werden, wenn der Tarifvertrag Regelungen über die Vertretung der Arbeitnehmer enthält. Im Geltungsbereich eines solchen Tarifvertrags können nicht tarifgebundene Arbeitgeber und Arbeitnehmer einzelvertraglich die Anwendung der tariflichen Regelungen über die Arbeitsplatzteilung vereinbaren.

2.3.5 Leiharbeit

Unter Leiharbeit versteht man zwei verschiedene Formen der Arbeitnehmerüberlassung:

1. Die unproblematische „echte" Leiharbeit: Eine nicht gewerbsmäßige vorübergehende Überlassung eines Arbeitnehmers durch den Arbeitgeber an einen Dritten mit Zustimmung des Arbeitnehmers (z. B. gelegentliche Montage oder Einarbeitungstätigkeit).
2. Die „unechte" Leiharbeit: Der Arbeitgeber stellt den Arbeitnehmer gerade zu dem Zweck ein, ihn gewerbsmäßig an Dritte weiter zu verleihen (Beispiel sind die so genannten Zeitarbeitsfirmen). Im Folgenden geht es um diese Art der Leiharbeit.

> **§ 1 Abs. 1 AÜG – Notwendigkeit einer Erlaubnis**
> (1) Arbeitgeber, die als Verleiher Dritten (Entleihern) Arbeitnehmer (Leiharbeitnehmer) im Rahmen ihrer wirtschaftlichen Tätigkeit zur Arbeitsleistung überlassen wollen, bedürfen der Erlaubnis. ...

Der Arbeitsvertrag besteht zwischen Arbeitgeber/Verleiher und dem Arbeitnehmer. Der Arbeitnehmer schuldet dem Arbeitgeber die Arbeitsleistung, dafür hat er gegen den Arbeitgeber Anspruch auf Lohn. Der Entleiher ist nicht Arbeitgeber, hat aber das Direktionsrecht gegenüber dem Arbeitnehmer. Zwischen Arbeitnehmer und Entleiher besteht keine Vertragsbeziehung, sie haben jedoch Fürsorge- und Treuepflichten zu beachten, deren Verletzung eine Schadensersatzpflicht auslösen kann.

Zwischen dem Arbeitgeber und dem Entleiher besteht ein Überlassungsvertrag; dabei verpflichtet sich der Arbeitgeber, dem Entleiher zur vereinbarten Zeit, am vereinbarten Ort, arbeitswillige Arbeitskräfte mit der vereinbarten Qualifikation zur Verfügung zu stellen. Der Entleiher zahlt hierfür das vereinbarte Entgelt an den Arbeitgeber.

> **§ 9 AÜG – Unwirksamkeit**
> Unwirksam sind:
> Verträge zwischen Verleihern und Entleihern sowie zwischen Verleihern und Leiharbeitnehmern, wenn der Verleiher nicht die nach § 1 erforderliche Erlaubnis hat, ...

Zu unterscheiden sind die „echte" und die „unechte" Leiharbeit.

Der Arbeitsvertrag besteht zwischen dem Arbeitnehmer und dem „Verleiher".

Der „Entleiher" hat nur Direktionsbefugnis.

§ 10 AÜG – Folgen der Unwirksamkeit
(1) Ist der Vertrag zwischen einem Verleiher und einem Leiharbeitnehmer nach § 9 Nr. 1 unwirksam, so gilt ein Arbeitsverhältnis zwischen Entleiher und Leiharbeitnehmer zu dem zwischen dem Entleiher und dem Verleiher für den Beginn der Tätigkeit vorgesehenen Zeitpunkt als zustande gekommen; tritt die Unwirksamkeit erst nach Aufnahme der Tätigkeit beim Entleiher ein, so gilt das Arbeitsverhältnis zwischen Entleiher und Leiharbeitnehmer mit dem Eintritt der Unwirksamkeit als zustande gekommen. ...

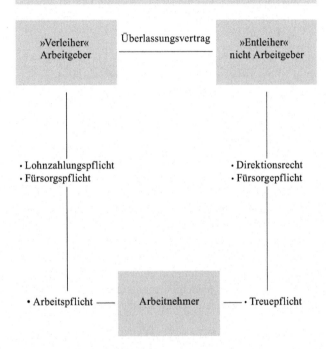

Bekanntes Beispiel: Zeitarbeitsfirmen

🅳 **Gewerbsmäßige Arbeitnehmerüberlassung**

bekanntes Beispiel: Zeitarbeitsfirmen

Problematisch ist es, wenn dem „Verleiher" die erforderliche Erlaubnis fehlt.

Eine Erlaubnis für die gewerbsmäßige Arbeitnehmerüberlassung ist zwingend erforderlich, andernfalls sind alle abgeschlossenen Verträge unwirksam. Da dies auch den Arbeitsvertrag betrifft, was Sinn und Zweck des Arbeitnehmerschutzes zuwiderlaufen würde, wird in diesem Fall ein Arbeitsverhältnis zwischen Arbeitnehmer und Entleiher angenommen. Für den Inhalt des Arbeitsverhältnisses zwischen Arbeitnehmer und Entleiher sind die Bedingungen maßgebend, die Verleiher und Entleiher ausgehandelt hatten, sowie die allgemeinen Arbeitsbedingungen im Betrieb des Entleihers. Der Arbeitnehmer hat einen Anspruch gegen den Entleiher auf mindestens das mit dem Verleiher vereinbarte Entgelt.

2.4 Ergänzungen zum Arbeitsvertrag

Im Individualarbeitsrecht ist die Grundlage eines Anspruchs oft nicht der Arbeitsvertrag (§ 611 a BGB) allein, sondern es ist noch eine weitere Regelung hinzuzuziehen. Dabei geht es um Ansprüche sowohl des Arbeitgebers wie auch des Arbeitnehmers auf Erfüllung von Pflichten aus dem Arbeitsvertrag, wobei diese Pflichten jedoch nicht ausdrücklich im Arbeitsvertrag vereinbart wurden.

Deswegen ist auch der weitere Entstehungsgrund (z. B. betriebliche Übung oder allgemeine Arbeitsbedingungen) der Anspruchsgrundlage „Arbeitsvertrag" hinzuzufügen.

Für Ansprüche des Arbeitgebers gegen den Arbeitnehmer auf Erfüllung bestimmter Pflichten aus dem Arbeitsvertrag:
- Allgemeine Arbeitsbedingungen
- Direktionsbefugnis

Für Ansprüche des Arbeitnehmers gegen den Arbeitgeber auf Erfüllung bestimmter Pflichten aus dem Arbeitsvertrag:
- Betriebliche Übung
- Gleichbehandlungsgrundsatz

> Anspruchsgrundlagen im Zusammenhang mit § 611 BGB (Arbeitsvertrag) i. V. m. dem Arbeitsvertrag, die nicht ausdrücklich im Arbeitsvertrag vereinbart oder gesetzlich geregelt sind

Einzelheiten zu diesen arbeitsrechtlichen Besonderheiten werden im Folgenden behandelt. Gemeinsam ist diesen vier Punkten, dass es dazu keine gesetzlichen Vorschriften gibt, die im Hinblick darauf ausdrückliche Regelungen enthalten. Vielmehr wurden sie aus dem Rechtsgedanken gesetzlicher Vorschriften und allgemeiner Rechtsgrundsätze entwickelt.

2.4.1 Allgemeine Arbeitsbedingungen

Allgemeine Arbeitsbedingungen werden vom Arbeitgeber aus Gründen der Rationalisierung und Standardisierung aufgestellt. Es kann sich dabei um „Einheitsarbeitsverträge" handeln, die den einzelnen Arbeitsverträgen formularmäßig zugrunde gelegt werden, was dann im so genannten Kleingedruckten des Arbeitsvertrags zu finden ist.

Sie können aber auch vom Arbeitgeber bekannt gemacht werden durch Aushang im Betrieb. Dabei beziehen sich die bekannt gemachten Regelungen auf die Arbeitsverhältnisse aller im Betrieb Beschäftigten oder bestimmter Gruppen von Beschäftigten.

2

Anspruch

Anspruch des Arbeitgebers aus § 611 a BGB i. V. m. allgemeinen Arbeitsbedingungen:
- wirksamer Arbeitsvertrag
- allgemeine Arbeitsbedingungen wirksam vereinbart i. S. v. §§ 305 bis 310 BGB
- mit zulässigem Inhalt, §§ 315 Abs. 3, 242 BGB
⇨ Arbeitgeber kann ein bestimmtes Verhalten verlangen

Die allgemeinen Arbeitsbedingungen sind für sich keine eigene Anspruchsgrundlage, sondern nur in Verbindung mit dem Arbeitsvertrag wirksam, § 611 a BGB (Arbeitsvertrag). Sie begründen nämlich keine neuen Pflichten, vielmehr gestalten sie die bestehenden Pflichten nach Art und Weise aus.

Allgemeine Arbeitsbedingungen werden vom Arbeitgeber aufgestellt, ohne dass der Arbeitnehmer ein Mitspracherecht hat; sie werden Inhalt des Arbeitsvertrags.

Da der Arbeitgeber die Bedingungen dem Arbeitnehmer einseitig auferlegt, sind sie einer „Billigkeitskontrolle" zu unterziehen, §§ 315 Abs. 3, 242 BGB. Allgemeine Arbeitsbedingungen werden Inhalt des Arbeitsvertrags, ohne mit dem einzelnen Arbeitnehmer ausgehandelt zu werden. Deswegen besteht die Gefahr, dass der Arbeitnehmer durch die Bedingungen unangemessen benachteiligt wird. Darunter versteht man die wesentliche Abweichung von gesetzlichen Grundgedanken (z. B. der Arbeitnehmerschutz wird durch eine solche Bedingung unterlaufen). Eine Benachteiligung liegt insbesondere vor, wenn Rechte und Pflichten eines Arbeitsvertrags völlig zu Lasten des Arbeitnehmers verteilt werden. Daher sind auch im Arbeitsrecht die Vorschriften über allgemeine Geschäftsbedingungen (§§ 305 bis 310 BGB) unter Berücksichtigung der im Arbeitsrecht geltenden Besonderheiten anzuwenden. § 305 Absatz 2 und 3 BGB finden jedoch auf Arbeitsverträge überhaupt keine Anwendung. Im Grundsatz lässt sich festhalten, dass allgemeine Arbeitsbedingungen nach dem neuen Schuldrecht dann unwirksam sind, wenn sie überraschende Klauseln enthalten oder unbillig sind.

Die allgemeinen Arbeitsbedingungen dürfen den Arbeitnehmer nicht unbillig benachteiligen.

2.4.2 Direktionsbefugnis

Der Arbeitgeber bestimmt Zeit, Ort, Umfang und Art der Arbeitsleistung (= Direktionsrecht)

Dies ist das Recht des Arbeitgebers, im Rahmen des Arbeitsvertrags dem Arbeitnehmer bestimmte Arbeiten zuzuweisen. Es umfasst die Bestimmung von Zeit, Ort, Umfang und Art der Arbeitsleistung und arbeitsbegleitende Einzelanweisungen. Das Direktionsrecht ist in § 106 GewO ausdrücklich geregelt. Darüber hinaus findet das Direktionsrecht seine Grenzen in den Vereinbarungen des Arbeitsvertrags, die die geschuldete Arbeitsleistung konkreter beschreiben und eingrenzen können (aber nicht müssen). Durch die Direktionsbefugnis hat der Arbeitgeber das Recht, die vertraglich vereinbarte geschuldete

Leistung zu konkretisieren, nicht jedoch darüber hinaus etwas zu verlangen.

Anspruch des Arbeitgebers auf Ausführung bestimmter Arbeiten aus § 611 a BGB, Arbeitsvertrag i. V. m. Direktionsbefugnis:

- wirksamer Arbeitsvertrag
- Weisung hält sich im Rahmen des § 106 GewO und des Arbeitsvertrags
- keine entgegenstehende Regelung
⇨ Arbeitgeber hat Anspruch auf Leistung dieser Arbeit

Anspruch

Grenze: „im Rahmen des Arbeitsvertrags"

Eine Anweisung des Arbeitgebers ist unzulässig, wenn eine Betriebsvereinbarung oder eine tarifvertragliche Regelung entgegensteht. Sie ist auch unzulässig, wenn sie den Arbeitnehmer unangemessen benachteiligt, z. B. schikanös ist, § 315 BGB. In einem betrieblichen Notfall aufgrund unvorhergesehener Ereignisse können die Grenzen des Direktionsrechts aufgehoben sein.

Grenze: „Schikanen"

Beispiel:
Knechtl ist laut Arbeitsvertrag als Schreibkraft eingestellt. Neben seiner Schreibarbeit muss er öfters Schriftstücke kopieren und Faxe verschicken, Telefonate gehörten noch nie zu seinen Aufgaben. Eines Tages teilt ihm seine Chefin mit, dass er künftig statt der Schreibarbeit den Telefondienst übernehmen solle. Weil Knechtl telefonieren hasst, weigert er sich.

Als Stellenbeschreibung ist im Arbeitsvertrag „Schreibkraft" vereinbart. Dazu gehören neben der Tätigkeit des Schreibens an sich auch Bürotätigkeiten, wie Kopieren oder Faxen, die dem Arbeitnehmer aufgrund des Direktionsrechts zugewiesen werden können. Fraglich ist allerdings, ob das Telefonieren noch im Rahmen des Arbeitsvertrags liegt. Dies ist hier zu verneinen, da es sich um eine ganz andere Art der Tätigkeit handelt, die Knechtl für die Zukunft ausführen soll. Knechtl kann diese Arbeit verweigern, weil sie nicht mehr im Rahmen seines Arbeitsvertrags liegt.

2.4.3 Gleichbehandlungsgrundsatz

Der Gleichbehandlungsgrundsatz entspringt dem Rechtsgedanken des Art. 3 GG. Da jedoch das Grundgesetz unmittelbar nicht anwendbar ist auf Rechtsbeziehungen zwischen Bürger und Bürger (sondern nur zwischen Bürger und Staat), wurde der Grundsatz der Gleichbehandlungspflicht für den Arbeitgeber entwickelt.

Der Gleichbehandlungsgrundsatz ist anwendbar auf freiwillige und generell gewährte Leistungen des Arbeitgebers.

◘ **Gleichbehandlung (Stefan Dinter)**

Pflicht des Arbeitgebers

Der Gleichbehandlungsgrundsatz verpflichtet den Arbeitgeber, alle Arbeitnehmer gleich zu behandeln, es sei denn, es liegt ein sachlicher Grund für die Ungleichbehandlung vor.

Anwendung findet der Grundsatz bei Maßnahmen, die der einseitigen Gestaltungsmacht durch den Arbeitgeber unterliegen, insbesondere freiwillig und generell gewährte Leistungen, wie Gratifikationen, Versorgungszusagen, außertarifliche Zulagen und andere soziale Leistungen.

Die Vertragsfreiheit geht jedoch vor.

Allerdings dürfen diese freiwilligen Leistungen nicht individuell mit dem einzelnen Arbeitnehmer ausgehandelt sein, denn sonst hat die Vertragsfreiheit Vorrang. So kann ein Arbeitnehmer, der seine Vergütungshöhe mit dem Arbeitgeber individuell ausgehandelt hat, nicht mehr Vergütung verlangen, nur weil ein anderer Arbeitnehmer ebenfalls aufgrund individueller Vereinbarung mehr erhält.

Anspruch

Anspruch des Arbeitnehmers auf Gleichbehandlung aus der Fürsorgepflicht des Arbeitgebers, §§ 611 a, 242 BGB, und dem Gleichbehandlungsgrundsatz:

- Arbeitsvertrag
- einseitige freiwillige Leistung des Arbeitgebers
- Betriebsbezogenheit

Eine Ungleichbehandlung bezüglich freiwilliger Leistungen ist dann gerechtfertigt, wenn es für die Ungleichbehandlung sachliche Gründe gibt.

- kein sachlicher Differenzierungsgrund
- ⇨ Anspruch des Arbeitnehmers auf die vorenthaltene Leistung

Für die Entstehung dieses Anspruchs genügt auch ein faktisches Arbeitsverhältnis, es bedarf keines wirksamen Arbeitsvertrags. Die Betriebsbezogenheit setzt voraus, dass es sich um

Arbeitnehmer eines Betriebs handelt oder um eine bestimmte Gruppe innerhalb eines Betriebs. Eine unterschiedliche Behandlung rechtfertigt jeder vernünftige Grund, der sich aus der Natur der Sache, dem Zweck einer Leistung oder aus sonstigen sachlichen Gründen ergibt.

Verstößt der Arbeitgeber gegen den Gleichbehandlungsgrundsatz, so hat der benachteiligte Arbeitnehmer oder die benachteiligte Gruppe Anspruch auf Gewährung der vorenthaltenen Leistung.

Beispiel:

Der Arbeitgeber macht am Schwarzen Brett seines Betriebes bekannt, dass aufgrund der derzeitigen guten Auftragslage die Beschäftigten eine einmalige freiwillige Sonderzahlung in Höhe von 200,– € erhalten. Ausgenommen sind solche Arbeitnehmer, die am Ende des Monats aus dem Betrieb ausscheiden. Knechtl, für den dies zutrifft, möchte die Sonderzahlung trotzdem haben.

Aus seinem Arbeitsvertrag hat Knechtl keinen Anspruch auf diese Leistung, da sie nicht Inhalt des Vertrags ist. Er könnte jedoch aus seinem Arbeitsvertrag in Verbindung mit dem arbeitsrechtlichen Gleichbehandlungsgrundsatz Anspruch darauf haben. Die angekündigte Sonderzahlung ist eine freiwillige Leistung des Arbeitgebers, denn ein Anspruch darauf kam erst zustande, als er die Zahlung bekannt machte. Die Arbeitnehmer, die am Ende des Monats den Betrieb verlassen, sind aus der Gruppe der Begünstigten ausgenommen, werden damit anders behandelt. Ein sachlicher Unterscheidungsgrund könnte sich aus dem Zweck der Leistung ergeben. Der Arbeitgeber will die Beschäftigten durch besondere Anerkennung motivieren, auch in Zukunft fleißig zu arbeiten. Dieser Zweck ist sachlicher Grund für die unterschiedliche Behandlung. Knechtl bekommt die 200,– € nicht.

2.4.4 Betriebliche Übung

Hierunter versteht man die regelmäßige Wiederholung einer bestimmten Verhaltensweise des Arbeitgebers. Regelt der Gleichbehandlungsgrundsatz die Gleichbehandlung „in der Person", so behandelt die betriebliche Übung die Gleichbehandlung „in der Zeit". Gewährt der Arbeitgeber über mehrere Jahre hinweg freiwillig z. B. Weihnachtsgeld (drei Jahre reichen in der Regel zur Begründung einer betrieblichen Übung bereits aus), ohne sich einen Widerruf vorzubehalten oder auf die Einmaligkeit der Leistung jeweils hinzuweisen, so kann er dieses Verhalten nicht plötzlich einstellen.

Betriebliche Übung: Regelmäßige Wiederholung einer bestimmten Verhaltensweise des Arbeitgebers

2

Anspruch

Anspruch des Arbeitnehmers auf bisher gewährte Leistung aus § 611 a BGB, Arbeitsvertrag i. V. m. betrieblicher Übung:
- Arbeitsvertrag
- Verhalten des Arbeitgebers, auf das kein Anspruch besteht
- regelmäßige Wiederholung dieses Verhaltens
- kein Widerrufsvorbehalt des Arbeitgebers
- ⇨ Arbeitnehmer hat Anspruch auf Zahlung wie bisher

Durch die regelmäßige Gewährung einer Leistung wird diese zum Vertragsinhalt, denn die Gewährung ist ein tatsächliches Angebot des Arbeitgebers, § 145 BGB. Durch die Regelmäßigkeit macht der Arbeitgeber deutlich, dass er auch in Zukunft daran gebunden sein will. Der Arbeitnehmer nimmt dieses Angebot stillschweigend an, §§ 147, 151 BGB.

Der Arbeitgeber kann das Entstehen eines Rechtsanspruchs aus betrieblicher Übung dadurch verhindern, dass er die Leistung unter ausdrücklichem Vorbehalt erbringt.

Will ein Arbeitgeber sich nicht verpflichten, so muss er die Leistung unter einem ausdrücklichen Vorbehalt erbringen, um deutlich zu machen, dass er sich nicht für die Zukunft binden will. Dann kann er die Leistung jederzeit wieder einstellen. Der Vorbehalt kann als Freiwilligkeitsvorbehalt oder als Widerrufsvorbehalt erklärt werden.

Besteht bereits die Bindung und will der Arbeitgeber davon loskommen (z. B. weil der Arbeitgeber es sich nicht mehr leisten kann), so bedarf es einer neuen Vereinbarung mit den Beschäftigten oder einer Änderungskündigung, da die Leistung schließlich Vertragsinhalt geworden ist. Ein Widerruf ist nur möglich, wenn er vorbehalten wurde. Eine Teilkündigung des Arbeitsvertrags (soweit sie diese besondere Leistung betrifft, von der der Arbeitgeber loskommen möchte) ist unzulässig, da der Arbeitsvertrag eine Einheit bildet und nicht in Teilen gekündigt werden kann.

2.5   Zusammenfassung

Bereits im Bewerbungsverfahren bestehen gegenseitige Rechte und Pflichten, die auch Ansprüche begründen können, z. B. den Anspruch
- des Bewerbers auf Auslagenersatz für seine Reisekosten zum Vorstellungsgespräch;
- des Arbeitgebers auf wahrheitsgemäße Beantwortung zulässiger Fragen oder auf Offenbarung von Umständen, die den Bewerber an der Aufnahme der Arbeit hindern.

Der Arbeitsvertrag kommt auch formlos zustande. Der Arbeitgeber ist allerdings verpflichtet, innerhalb von vier Wochen einen Nachweis über die vereinbarten Arbeitsbedingungen auszustellen und auszuhändigen, wenn kein schriftlicher Arbeitsvertrag geschlossen wird.

Befristete Arbeitsverhältnisse sind im Rahmen des Teilzeit- und Befristungsgesetzes zulässig,

- ▬ ohne sachlichen Grund bei Neueinstellungen bis zu 24 Monaten Dauer,
- ▬ mit sachlichem Grund ohne zeitliche Begrenzung.

Vollzeitbeschäftigte können im Rahmen des Teilzeit- und Befristungsgesetzes eine Verringerung ihrer Arbeitszeit verlangen. Teilzeitarbeitnehmer müssen grundsätzlich wie Vollzeitbeschäftigte behandelt werden, bei geldwerten Leistungen verringert sich ihr Anspruch im Verhältnis ihrer Teilzeitarbeitszeit zur Vollarbeitszeit.

Die Regelungen des Arbeitsvertrags können ergänzt werden durch allgemeine Arbeitsbedingungen, Weisungen im Rahmen des Direktionsrechts sowie durch Ansprüche, die sich aus dem Gleichbehandlungsgrundsatz oder einer betrieblichen Übung herleiten lassen.

2.6 Wiederholungsfragen

1. Ersatz der Kosten, die einem Bewerber anlässlich seiner persönlichen Vorstellung beim Arbeitgeber entstehen: Nennen Sie die Anspruchsgrundlage und die Voraussetzungen. ▶ Abschn. 2.1.1
2. Wann darf ein Bewerber im Einstellungsgespräch auf die Frage des Arbeitgebers „lügen", und in welchem Fall muss er von sich aus Tatsachen preisgeben? ▶ Abschn. 2.1.3
3. Was ist das wesentliche Abgrenzungsmerkmal eines Arbeitnehmers gegenüber anderen Personen, die aufgrund eines Dienstvertrags tätig werden? ▶ Abschn. 2.2
4. Weshalb kann der Grundsatz der Vertragsfreiheit im Arbeitsrecht nicht uneingeschränkt zur Geltung kommen? ▶ Abschn. 2.2.1
5. Was ist der wesentliche Inhalt eines Arbeitsvertrags, den die Einigung mindestens umfassen muss? ▶ Abschn. 2.2.1
6. Was versteht man unter dem Begriff der „Aktualisierung" des Arbeitsverhältnisses, und welche Folgen hat diese „Aktualisierung"? ▶ Abschn. 2.2.1

2

7. Nennen Sie die Voraussetzungen für ein faktisches Arbeitsverhältnis, und erklären Sie den Grund für diese rechtliche Konstruktion. ▶ Abschn. 2.2.2

8. Welche Punkte sind bei einer Anfechtung zu prüfen? Welcher besondere Nachteil besteht für den Arbeitnehmer, wenn der Arbeitsvertrag vom Arbeitgeber angefochten wird? ▶ Abschn. 2.2.2

9. Unter welchen Voraussetzungen ist der Abschluss eines befristeten Arbeitsvertrags zulässig? Warum sind befristete Arbeitsverträge nicht generell zulässig? ▶ Abschn. 2.3.1

10. Erklären Sie die Rechtsbeziehungen zwischen den Beteiligten im Falle der „unechten" Leiharbeit. ▶ Abschn. 2.3.5

11. Was versteht man unter betrieblicher Übung? Kann der Arbeitgeber das Entstehen eines Rechtsanspruchs aus betrieblicher Übung verhindern? ▶ Abschn. 2.4.4

Pflichten im Arbeitsverhältnis

© Springer-Verlag GmbH Deutschland 2018
U. Teschke-Bährle, *Arbeitsrecht – Schnell erfasst,* Recht – Schnell erfasst,
https://doi.org/10.1007/978-3-662-55312-1_3

3.1   Pflichten des Arbeitnehmers

Hauptpflichten des Arbeitsvertrags sind: die Arbeitspflicht des Arbeitnehmers und die Lohnzahlungspflicht des Arbeitgebers.

Beim Arbeitsverhältnis handelt es sich um ein gegenseitiges Schuldverhältnis. Jede Vertragspartei verpflichtet sich nur aufgrund der Gegenleistung des anderen zu einer Leistung. Dabei wird in Haupt- und Nebenpflichten unterschieden.

Hauptpflichten, die im Gegenseitigkeitsverhältnis stehen:
- Arbeitspflicht des Arbeitnehmers und
- Lohnzahlungspflicht des Arbeitgebers

Eine Verletzung der Pflichten aus dem Arbeitsvertrag stellt regelmäßig einen Verstoß gegen den Arbeitsvertrag dar.

Erfüllt einer der beiden seine Hauptpflicht nicht, entfällt grundsätzlich auch die Verpflichtung des anderen zur Leistung, außer es greifen Sonderregeln, z. B. „Lohn ohne Arbeit". Werden Nebenpflichten verletzt, können Ansprüche auf Erfüllung oder auf Schadensersatz bestehen. Aus dem Arbeitsvertrag ergibt sich eine Fülle von Pflichten, wobei die Pflicht des einen immer den Anspruch des anderen begründet.

Die genaue Kenntnis der Pflichten ist wichtig, weil jede Pflichtverletzung einen Verstoß gegen den Arbeitsvertrag bedeutet, was wiederum den Vertragspartner zur Kündigung berechtigen kann.

Pflichten des Arbeitnehmers:
Hauptpflichten
Nebenpflichten

> **Pflichten des Arbeitnehmers**
> **Hauptpflichten:** Arbeitspflicht, § 611 a BGB (Arbeitsvertrag)
> **Nebenpflichten:** Gehorsamspflicht, § 611 a BGB i. V. m. Direktionsrecht (§ 106 GewO)
> Treuepflicht, § 242 BGB
> - Anzeige drohender Schäden
> - Verschwiegenheit, § 17 UWG
> - Überstunden in echten Notfällen
> - kein Wettbewerb, §§ 60, 61 HGB
> - keine Verleitung anderer Arbeitnehmer zu Vertragsbrüchen
> - keine Annahme von Schmiergeldern, § 299 StGB

3.1.1   Arbeitspflicht

Der Anspruch des Arbeitgebers gegenüber dem Arbeitnehmer auf Erbringung der Arbeitsleistung folgt aus § 611 BGB i. V. m. Arbeitsvertrag.

Der Arbeitnehmer muss seiner Arbeitspflicht nachkommen. Dabei hat der Arbeitgeber das Recht, die Art der Arbeitsleistung im Rahmen des Arbeitsvertrags zu bestimmen (Direktionsrecht, § 106 GewO), die Leistung der Arbeit am vertraglich vereinbarten Ort zu verlangen, die Einhaltung der Arbeitszeit zu fordern.

Anspruchsgrundlage ist jeweils § 611 a BGB (Arbeitsvertrag), wenn es um die Leistung der Arbeit an sich geht. Handelt es sich um konkrete Fragen, z. B. auf welche Art von Arbeit Anspruch besteht, ist die Anspruchsgrundlage weiter zu konkretisieren.

Anspruch des Arbeitgebers auf Arbeitsleistung aus § 611 a BGB (Arbeitsvertrag) und Direktionsrecht:

Anspruch

- wirksamer Arbeitsvertrag
- zugewiesene Arbeit im Rahmen des Arbeitsvertrags
- Anspruch auf Erbringung der Arbeitsleistung

Anspruchsgrundlagen können zusammen mit § 611 a BGB (Arbeitsvertrag) auch Regelungen im Gesetz, in Tarifverträgen oder Betriebsvereinbarungen sein, wenn diese die Arbeitspflicht betreffen. Umgekehrt können solche Regelungen den Anspruch des Arbeitgebers auch begrenzen.

> **§ 613 BGB – Persönliche Leistungspflicht**
> Der zur Dienstleistung Verpflichtete hat die Dienste im Zweifel in Person zu leisten. Der Anspruch auf die Dienste ist im Zweifel nicht übertragbar.

Der Arbeitnehmer ist verpflichtet, die Arbeitsleistung selbst zu erbringen, er kann sich nicht durch eine andere Person vertreten lassen. Tut er es dennoch, dann hat er nicht geleistet und verliert seinen Anspruch auf Lohn.

Andererseits gibt es eine Reihe von Konstellationen, bei denen der Anspruch des Arbeitgebers gegenüber dem Arbeitnehmer auf Erbringung der Arbeitsleistung entfällt. Das heißt, der Arbeitnehmer muss nicht arbeiten; ein Verstoß gegen den Arbeitsvertrag liegt dann nicht vor.

Der Anspruch auf Arbeitsleistung entfällt bei:

- Unmöglichkeit, § 275 BGB
- Annahmeverzug, §§ 615, 293 BGB
- Urlaub (§ 1 BUrlG)
- Unzumutbarkeit wegen persönlicher Verhinderung, § 616 Satz 1 BGB
- Krankheit, §§ 326, 275 BGB
- Teilnahme an rechtmäßigem Streik
- Arbeitsbefreiung nach MuSchG
- Stellensuche, § 629 BGB

Umstände, die den Anspruch des Arbeitgebers gegenüber dem Arbeitnehmer auf Erbringung der Arbeitsleistung entfallen lassen, haben auf die Wirksamkeit des Arbeitsvertrags keine Auswirkung. Es kann jedoch die Pflicht zur Gegenleistung = Entgeltzahlung entfallen.

Einzelheiten hierzu folgen in den weiteren Abschnitten.

Arbeitet der Arbeitnehmer aus einem dieser Gründe nicht, so verletzt er dadurch nicht seine Vertragspflicht. Er verhält sich vertragsgemäß, weil der Anspruch des Arbeitgebers auf Erbringung der Arbeitsleistung für die Zeit, in der einer der oben genannten Punkte vorliegt, entfällt. Allerdings besteht der Anspruch wieder, sobald der Grund wegfällt (z. B. der Arbeitnehmer ist wieder gesund und arbeitsfähig, der Urlaub ist beendet usw.).

Vgl. hierzu auch Entgeltzahlungspflicht des Arbeitgebers ▶ Abschn. 3.2.1

Die Rechtsfolgen dieser Gründe für den Wegfall der Arbeitspflicht sind unterschiedlich und werden im Folgenden noch genau dargestellt. Unter Rechtsfolge versteht man in diesem Fall den Anspruch des Arbeitnehmers auf die Gegenleistung, nämlich seinen Anspruch auf Entgeltzahlung. Entweder bleibt dieser trotz Nichtarbeit erhalten oder er entfällt (z. B. im Fall der Teilnahme an einem rechtmäßigen Streik).

Arbeitsverweigerung ohne einen rechtfertigenden Grund stellt einen Verstoß gegen den Arbeitsvertrag dar.

Verweigert der Arbeitnehmer die Arbeit ohne einen der aufgeführten Gründe, verstößt er dadurch gegen seinen Arbeitsvertrag, da er seiner vertraglichen Leistungspflicht nicht nachkommt.

Ein Verstoß gegen den Arbeitsvertrag kann zu einer Kündigung (ordentlich oder außerordentlich, je nach Schwere des Verstoßes) führen. Des Weiteren macht sich der Arbeitnehmer gegenüber dem Arbeitgeber schadensersatzpflichtig, wenn diesem durch einen Verstoß gegen den Arbeitsvertrag ein Schaden entsteht.

Anspruchsgrundlagen bei Arbeitsverweigerung (Schadensersatz):

- §§ 326, 611 a BGB
- §§ 280 ff., § 611 a BGB
- § 638 Abs. 1 BGB

3.1.2 Treuepflicht

Nebenpflicht des Arbeitnehmers aus dem Arbeitsvertrag ist die Treuepflicht. Diese umfasst eine ganze Reihe von Verhaltenspflichten.

Die „Treuepflicht" ist Nebenpflicht des Arbeitnehmers aus dem Arbeitsvertrag und Oberbegriff zahlreicher Verhaltensregeln. Definiert wird sie als Pflicht zur Förderung des Vertragszwecks und zur Rücksichtnahme auf die Arbeitgeberinteressen.

Inhalt der Treuepflicht:

- Leistung von Überstunden in echten Notfällen
- kein Wettbewerb
- Anzeige drohender Schäden
- pflegliche Behandlung der Arbeitsgeräte
- keine Verleitung anderer Arbeitnehmer zum Vertragsbruch
- keine Preisgabe von Betriebsgeheimnissen
- keine Annahme von Schmiergeldern
- keine Störung des Betriebsfriedens

Der Arbeitnehmer hat sich entsprechend der Treuepflicht zu verhalten. Der Arbeitgeber kann vom Arbeitnehmer Erfüllung dieser Pflichten und Unterlassen treuwidrigen Verhaltens verlangen. Anspruchsgrundlage ist der Arbeitsvertrag (§ 611 a BGB) i. V. m. § 242 BGB. Die Nichteinhaltung stellt einen Verstoß gegen den Arbeitsvertrag dar und kann den Arbeitgeber daher zur Kündigung berechtigen. Im Schadensfall kann der Arbeitgeber Ersatz verlangen.

Anspruch des Arbeitgebers auf Schadensersatz wegen Verletzung der Treuepflicht aus §§ 280 ff. BGB (früher: positive Vertragsverletzung – „pVV") i. V. m. §§ 611 a, 242 BGB:

- Arbeitsvertrag
- Pflichtverletzung
- Verschulden
- Schaden
⇨ Ersatz des Schadens

> Anspruch des Arbeitgebers auf Erfüllung der Treuepflicht folgt aus §§ 242, 611 BGB i. V. m. Arbeitsvertrag.

> **Anspruch**

Die §§ 280 ff. BGB (gesetzliche Normierung der früheren pVV) finden dann Anwendung, wenn keine spezielle Regelung greift, was bei der Treuepflicht in der Regel der Fall ist. Für kaufmännische Angestellte, § 59 HGB, jedoch regeln die §§ 60 ff. HGB das Wettbewerbsverbot und den Schadensersatz.

Kaufmännische Angestellte sind z. B. Verkäufer, Versicherungsvertreter, Verlagsleiter, Prokuristen.

> Für kaufmännische Angestellte (nur für diese) ist das Wettbewerbsverbot in §§ 60, 61 HGB ausdrücklich geregelt.

> **§ 60 HGB – Gesetzliches Wettbewerbsverbot**
> (1) Der Handlungsgehilfe darf ohne Einwilligung des Prinzipals weder ein Handelsgewerbe betreiben noch in dem Handelszweig des Prinzipals für eigene oder fremde Rechnung Geschäfte machen. …

Sinn und Zweck des Wettbewerbsverbots ist, dass der Arbeitnehmer dem Arbeitgeber keine Konkurrenz machen darf, während er für ihn arbeitet; d. h., der Arbeitnehmer hat solche wirtschaftlichen Tätigkeiten in eigenem Namen zu unterlassen, die dem Arbeitgeber Schaden zufügen können, weil sie in dessen Interessengebiet liegen. Beabsichtigt der Arbeitnehmer ein eigenes Geschäft zu eröffnen, darf er nicht die Kunden des Arbeitgebers abwerben, solange er noch bei diesem arbeitet. Der Grundsatz des Wettbewerbsverbots gilt aufgrund der Treuepflicht auch für andere Arbeitnehmer als kaufmännische Angestellte.

Grundsätzlich gilt: Der Arbeitnehmer hat gegenüber seinem Arbeitgeber während der Dauer des Arbeitsverhältnisses das Wettbewerbsverbot einzuhalten. Für kaufmännische Angestellte ergibt sich diese Pflicht aus § 611 a BGB (Arbeitsvertrag) i. V. m. § 60 HGB, für andere Arbeitnehmer aus § 611 a BGB (Arbeitsvertrag) i. V. m. § 242 BGB.

> **§ 61 HGB – Verstoß gegen das Wettbewerbsverbot**
> (1) Verletzt der Handlungsgehilfe die ihm nach § 60 obliegende Verpflichtung, so kann der Prinzipal Schadensersatz fordern; …

Anspruchsgrundlage eines Arbeitgebers (Prinzipals) gegen den kaufmännischen Angestellten (Handlungsgehilfen) auf Schadensersatz wegen Verstoßes gegen das Wettbewerbsverbot sind §§ 61, 60 HGB i. V. m. § 611 a BGB (Arbeitsvertrag). Bei anderen Arbeitnehmern ergibt sich der Schadensersatzanspruch aus §§ 280 ff., 241 BGB i. V. m. § 611 a BGB, 242 BGB.

Nachvertragliches Wettbewerbsverbot

Die Treuepflicht und das eben behandelte Wettbewerbsverbot bestehen genauso lange wie das Arbeitsverhältnis. Dennoch kann es für den Arbeitgeber durchaus von Interesse sein, dass der Arbeitnehmer auch nach Beendigung des Arbeitsverhältnisses Wettbewerb unterlässt. Aus diesem Grund wird oft schon bei Abschluss des Arbeitsvertrags ein Wettbewerbsverbot („Karenzklausel") vereinbart, um ein „nachvertragliches" Wettbewerbsverbot zu regeln. Es handelt sich um eine besondere vertragliche Vereinbarung, die mit der Treuepflicht nichts mehr zu tun hat. Hier gilt der Grundsatz, dass eine solche Vereinbarung nur dann wirksam ist, wenn dem Arbeitnehmer dafür eine angemessene Entschädigung vom Arbeitgeber gezahlt wird (§ 110 GewO). § 110 GewO regelt die Zulässigkeit eines nachvertraglichen Wettbewerbsverbots für alle Arbeitnehmer. Die §§ 74 bis 75f HGB gelten über § 110 Satz 2 GewO für nachvertragliche Wettbewerbsverbote mit allen Arten von Arbeitnehmern.vw

Vereinbarung	Rechtsfolge	Handlungsmöglichkeit
Für den Arbeitnehmer wird keine Entschädigung vereinbart:	Die Vereinbarung ist nichtig.	Ist dem Arbeitgeber die Wettbewerbsunterlassung wichtig, muss er angemessene Entschädigungen anbieten.
Es ist eine zu niedrige Entschädigung vereinbart:	Das Wettbewerbsverbot ist für den Arbeitnehmer unverbindlich.	Der Arbeitnehmer kann wählen, ob er das Wettbewerbsverbot einhalten will. Tut er es, hat er Anspruch auf die volle, angemessene Entschädigung.
Vereinbarung eines bedingten Wettbewerbsverbots, d.h., der Arbeitgeber behält es sich vor, den Wettbewerb zu gestatten:	Das Wettbewerbsverbot ist für den Arbeitnehmer unverbindlich.	Durch die bedingte Vereinbarung hat in Wirklichkeit der Arbeitnehmer das Wahlrecht, ob er gegen Zahlung einer Entschädigung den Wettbewerb unterlässt oder nicht.
Vereinbarung eines Wettbewerbsverbots z.B. für 2 Jahre gegen Entschädigung in Höhe eines halben Jahresgehalts:	Das Wettbewerbsverbot ist verbindlich.	Bei Verstoß des Arbeitnehmers gegen das Wettbewerbsverbot hat der Arbeitgeber Anspruch auf: - Unterlassung und - Schadensersatz.

◘ **Nachvertraglich Wettbewerbsverbote**

3.1.3 Haftung für Schäden

Grundsätzlich gilt: Wer schuldhaft einen Schaden verursacht, muss dem Geschädigten den Schaden ersetzen. Bei der Haftung des Arbeitnehmers sind jedoch Sonderregeln zu beachten.

Ein Arbeitnehmer kann sich schadensersatzpflichtig machen, indem:
- er nicht arbeitet, obwohl er dazu verpflichtet wäre
- schlecht oder fehlerhaft arbeitet
- für Fehlbeträge verantwortlich ist.

> Wer schuldhaft einen Schaden verursacht, muss diesen dem Geschädigten den Schaden ersetzen.

> **Haftung für Nichtleistung**

> Vom Schuldner zu vertretende Pflichtverletzung

§ 280 BGB

(1) Verletzt der Schuldner eine Pflicht aus dem Schuldverhältnis, so kann der Gläubiger Ersatz des hierdurch entstehenden Schadens verlangen. Dies gilt nicht, wenn der Schuldner die Pflichtverletzung nicht zu vertreten hat. ...

§ 323 BGB

(1) Erbringt bei einem gegenseitigen Vertrag der Schuldner eine fällige Leistung nicht oder nicht vertragsgemäß, so kann der Gläubiger ... vom Vertrag zurücktreten. ...

> **§ 325 BGB**
> Das Recht, bei einem gegenseitigen Vertrag Schadenersatz zu verlangen, wird durch den Rücktritt nicht ausgeschlossen.

Anspruch

Anspruch des Arbeitgebers auf Schadensersatz wegen Verletzung der Arbeitspflicht aus §§ 323, 280, 275, § 611 a BGB (Arbeitsvertrag):
- Arbeitsvertrag
- Nichtleistung der geschuldeten Arbeit
- Vertretenmüssen
- keine Berechtigung zur Arbeitsverweigerung
- Schaden
- ⇨ Schadensersatzpflicht des Arbeitnehmers

Schadensersatz bei unberechtigter Arbeitsverweigerung des Arbeitnehmers: Liegt die Arbeitsverweigerung in der Vergangenheit, gelten die Unmöglichkeitsregeln.

Der Schadensersatz ist nach Unmöglichkeitsregeln (§§ 275, 326 BGB) zu behandeln, wenn die Arbeitsverweigerung in der Vergangenheit liegt, d. h. bereits Arbeit ausgefallen ist.

Absolute Fixschuld: Die Arbeit kann nur zu einem ganz bestimmten Zeitpunkt erbracht werden. Eine Nachholung ist nicht möglich. Subsidiarität der §§ 280 ff. BGB

Die Unmöglichkeit, die geschuldete Arbeit nachzuholen, erklärt sich aus dem absoluten Fixschuldcharakter der Arbeit. Die Arbeit ist immer zur üblichen Arbeitszeit zu erbringen, nach Zeitablauf ist eine Nachholung der Leistung nicht mehr möglich. Vertretenmüssen bedeutet vorsätzliches oder fahrlässiges Handeln.

Es ist der Schaden zu ersetzen, der dem Arbeitgeber entstanden ist, ebenso wie ein entgangener Gewinn, §§ 249, 252 BGB.

Die Regelungen der §§ 280 ff. BGB (früher: pVV) kommen nur zur Anwendung, wenn keine Unmöglichkeit vorliegt, d. h., der Arbeitnehmer die Arbeitsleistung schon vor dem vereinbarten Arbeitsantritt oder für eine in der Zukunft liegende Zeit (z. B. Ankündigung von „Krankfeiern") verweigert.

Anspruch

Anspruch des Arbeitgebers auf Schadensersatz wegen Nichtantritt der Arbeit aus §§ 280 ff. BGB (früher: pVV) i. V. m. § 611 a BGB (Arbeitsvertrag):
- Arbeitsvertrag
- Nichtantritt der Arbeit
- Vertretenmüssen
- keine Berechtigung zur Arbeitsverweigerung
- Schaden
- ⇨ Schadensersatzpflicht des Arbeitnehmers

Schadenersatz bei unberechtigter Arbeitsverweigerung des Arbeitnehmers: §§ 280 ff. BGB bei Arbeitsverweigerung, die sich auf einen zukünftigen Zeitraum bezieht

Unberechtigte Arbeitsverweigerung berechtigt den Arbeitgeber, die Kündigung auszusprechen.

Die unberechtigte Arbeitsverweigerung ist ein Verstoß gegen den Arbeitsvertrag und berechtigt den Arbeitgeber zur Kündigung. In diesem Fall greift der Anspruch nach § 628 Abs. 2 BGB.

Der Arbeitnehmer hat den Schaden zu ersetzen, der dem Arbeitgeber durch die Beendigung des Arbeitsverhältnisses entsteht.

> **§ 628 Abs. 2 BGB – Schadensersatz bei fristloser Kündigung**
> (2) Wird die Kündigung durch vertragswidriges Verhalten des anderen Teiles veranlasst, so ist dieser zum Ersatze des durch die Aufhebung des Dienstverhältnisses entstehenden Schadens verpflichtet.

Anspruch des Arbeitgebers auf Schadensersatz wegen Veranlassung zur Kündigung aus §§ 628 Abs. 2, 611 a BGB (Arbeitsvertrag):

Anspruch

- wirksame Kündigung
- wegen schuldhafter Pflichtverletzung des Arbeitnehmers
- Schaden
⇨ Schadensersatzpflicht des Arbeitnehmers

Als Schaden kommen z. B. Mehrkosten für eine Ersatzkraft bis zu dem Zeitpunkt in Betracht, zu dem das Arbeitsverhältnis regulär hätte gekündigt werden können. Entgegen dem Wortlaut der Vorschrift gilt dieser Anspruch auch bei einer ordentlichen Kündigung, da es hier nicht auf die Form der Beendigung ankommt, sondern darauf, dass die Beendigung vom Arbeitnehmer veranlasst wurde.

Der Grundsatz, wer einen Schaden schuldhaft verursacht, muss dem Geschädigten den Schaden ersetzen, ist im Arbeitsrecht nicht uneingeschränkt anwendbar. Diese strenge Haftung des Arbeitnehmers gegenüber dem Arbeitgeber würde zu nicht sachgerechten Ergebnissen führen.

Bei einem Dauerschuldverhältnis liegt es nahe, dass auch bei einem sorgfältigen Arbeitnehmer die Aufmerksamkeit einmal für kurze Zeit nachlassen kann und dadurch Schäden verursacht werden, die in keinem Verhältnis zur erzielten Vergütung stehen. Die volle Haftung würde eine Existenzgefährdung für den Arbeitnehmer bedeuten. Im Übrigen leistet der Arbeitnehmer fremdbestimmte Arbeit, er hat auf die Betriebsorganisation sowie auf die Arbeitsmittel und -materialien keinen Einfluss. Dem Arbeitgeber dagegen fließt der wirtschaftliche Erfolg der Arbeitnehmertätigkeit zu, ihm obliegt es, das mit dem Betriebsrisiko verbundene Schadensrisiko einzuschätzen, sich dagegen zu versichern oder es in die Preiskalkulation mit einzubeziehen.

Wer durch schuldhaftes Verhalten den Vertragspartner zur Kündigung veranlasst, ist diesem im Falle eines Schadens ersatzpflichtig.

Haftung für Sachschäden und Schlechtleistung

Verursacht der Arbeitnehmer einen Schaden oder arbeitet er fehlerhaft, verstößt er damit gegen seine Arbeitsvertragspflichten und macht sich schadensersatzpflichtig, §§ 280 ff, 241 Abs. 2 BGB i. V. m. § 611 BGB i. V. m. Arbeitsvertrag.

3

Hat der Arbeitnehmer bei der Arbeit einen Schaden verursacht, ist zunächst zu untersuchen, ob der Arbeitnehmer nach allgemeinen Grundsätzen haftet. Wird dies bejaht, schließt sich die Prüfung an, ob der Arbeitnehmer doch nicht oder nicht in voller Höhe haften muss. Durch § 276 Absatz 1 BGB ist ausdrücklich zugelassen, dass sich aus dem Schuldverhältnis heraus ein milderer Haftungsmaßstab ergeben kann.

Anspruch

Anspruch des Arbeitgebers auf Schadensersatz wegen Pflichtverletzung, §§ 280 ff. BGB i. V. m. § 611 a BGB (Arbeitsvertrag):

▬ Arbeitsvertrag
▬ Pflichtverletzung
▬ Vertretenmüssen
▬ Kausalität und Schaden
⇨ Schadensersatzpflicht

Haftungsumfang reduziert sich:
▬ bei betrieblich veranlasster Tätigkeit und geringem Grad des Verschuldens
▬ bei Mitverschulden des Arbeitgebers

Es kommen insbesondere die Verletzung von Obhuts-, Hinweis-, Überwachungs- und Bewahrungspflichten in Frage. Der Arbeitnehmer hat Vorsatz und Fahrlässigkeit zu vertreten.

> **§ 276 BGB – Vorsatz und Fahrlässigkeit**
> (1) Der Schuldner hat Vorsatz und Fahrlässigkeit zu vertreten, wenn eine strengere oder mildere Haftung weder bestimmt noch aus dem sonstigen Inhalt des Schuldverhältnisses … zu entnehmen ist. Die Vorschriften der §§ 827 und 828 finden entsprechende Anwendung.
> (2) Fahrlässig handelt, wer die im Verkehr erforderliche Sorgfalt außer Acht lässt.
> (3) Die Haftung wegen Vorsatzes kann dem Schuldner nicht im Voraus erlassen werden.

Haftet der Arbeitnehmer dem Grundsatz nach für den Schaden, so ist als nächstes der Umfang seiner Haftung zu untersuchen.

Grundsätzlich muss bei Vorsatz und jeder Art von Fahrlässigkeit gehaftet werden.

Gelangt man zu dem Ergebnis, dass der Arbeitnehmer vorsätzlich oder fahrlässig dem Arbeitgeber einen Schaden zugefügt hat, und damit nach den allgemeinen Grundsätzen haften müsste, ist weiter zu prüfen, ob der Arbeitnehmer aufgrund der arbeitsrechtlichen Sonderregeln doch nicht oder nicht voll haften muss.

Die Anwendbarkeit der Haftungsbeschränkung setzt zum einen voraus, dass der Schaden bei einer betrieblich veranlassten Tätigkeit verursacht wurde, d. h. bei einer im Rahmen des Arbeitsvertrags geschuldeten Tätigkeit. Nicht notwendig ist, dass der Schaden bei einer „gefahrgeneigten" Arbeit entsteht (= wenn sich aus der Eigenart der Dienste mit großer Wahrscheinlichkeit ergibt, dass auch einem sorgfältigen Arbeitnehmer Fehler unterlaufen). Zum anderen kommt es für eine Beschränkung der Haftung auf den Grad des Verschuldens an. Hierbei differenziert die Rechtsprechung (grundlegend hierzu BAG vom 13.05.1970, AP Nr. 56 zu § 611 BGB) nach folgenden Verschuldensgraden:

- leichteste Fahrlässigkeit
- mittlere Fahrlässigkeit
- grobe Fahrlässigkeit
- Vorsatz

Handeln des Arbeitnehmers	Haftung
schuldlos bis leicht fahrlässig = leichteste Fahrlässigkeit	Arbeitnehmer haftet nicht
mittlere Fahrlässigkeit	Die Schadensverteilung erfolgt quotenmäßig entsprechend den Umständen des Einzelfalles
grobe Fahrlässigkeit	Arbeitnehmer haftet in voller Höhe
Vorsatz	Arbeitnehmer haftet in voller Höhe

> Verursacht ein Arbeitnehmer bei einer betrieblich veranlassten Tätigkeit einen Schaden, hängt seine Haftungspflicht vom Grad seines Verschuldens ab.

◘ **Haftung des Arbeitnehmers**

Bei Vorsatz haftet der Arbeitnehmer in voller Höhe.

Fahrlässigkeit ist nach ihrem Grad einzustufen: Leichte Fahrlässigkeit (z. B. Flüchtigkeitsfehler), grobe Fahrlässigkeit (z. B. besonders gedankenlose, schlampige Arbeit).

Bei der Schadensquotelung ist eine Abwägung vorzunehmen, bei der der Schadensanlass und die Schadensfolgen ebenso

3

zu beachten sind, wie die Zumutbarkeit der Schadenstragung für den Arbeitnehmer. Das oben genannte Merkmal der gefahrgeneigten Arbeit kann für die Beurteilung des Verschuldensgrades herangezogen werden oder für die Höhe der Schadensquotelung. Muss der Arbeitnehmer trotzdem haften, ist weiterhin zu prüfen, ob den Arbeitgeber ein Mitverschulden trifft hinsichtlich der Verursachung oder auch der Höhe des Schadens.

> **§ 254 BGB – Mitverschulden**
> (1) Hat bei der Entstehung des Schadens ein Verschulden des Beschädigten mitgewirkt, so hängt die Verpflichtung zum Ersatz sowie der Umfang des zu leistenden Ersatzes von den Umständen, insbesondere davon ab, inwieweit der Schaden vorwiegend von dem einen oder dem anderen Teil verursacht worden ist.
> (2) Dies gilt auch dann, wenn sich das Verschulden des Beschädigten darauf beschränkt, dass er unterlassen hat, den Schuldner auf die Gefahr eines ungewöhnlich hohen Schadens aufmerksam zu machen, die der Schuldner weder kannte noch kennen musste, oder dass er unterlassen hat, den Schaden abzuwenden oder zu mindern. Die Vorschrift des § 278 findet entsprechende Anwendung.

Mitverschulden kann vorliegen bei:
– Verursachung des Schadens
– der Höhe des Schadens; „Schadensminderungspflicht" des Geschädigten

Beispiele für Mitverschulden des Arbeitgebers:
- mangelhaftes Arbeitsgerät oder Material
- notwendige Anweisungen nicht erteilt
- nicht auf außergewöhnlich hohes Schadensrisiko hingewiesen
- erforderliche Überwachung nicht durchgeführt
- Fähigkeiten des Arbeitnehmers falsch eingeschätzt
- Arbeitnehmer überlastet
- Arbeitnehmer ohne Führerschein eingesetzt

Weitere Anspruchsgrundlage auf Schadensersatz neben §§ 280 ff. BGB ist § 823 BGB. Auch hier gelten dieselben Grundsätze der Haftungserleichterung.

Liegt ein Mitverschulden des Arbeitgebers vor, so ist seine Schwere abzuwägen. Je nach Schadensquote kann es sein, dass der Arbeitgeber den Schaden alleine tragen muss. Die Prüfung des neben den §§ 280 ff BGB anwendbaren § 823 BGB folgt den gleichen Grundsätzen. Es ist nur statt einer schuldhaften Pflichtverletzung eine schuldhafte Rechtsgutsverletzung zu prüfen.

Mankohaftung

Manko: Fehlbetrag oder Fehlmenge in einem Kassen- oder Warenbestand

Hier wird vom Arbeitnehmer Ersatz für einen Schaden verlangt, den der Arbeitgeber dadurch erleidet, dass er einem Arbeitnehmer einen Waren- oder Kassenbestand anvertraut und dieser Bestand nun eine Fehlmenge oder einen Fehlbetrag (= Manko) aufweist.

Oft wird zwischen Arbeitnehmer und Arbeitgeber eine so genannte Mankoabrede im Arbeitsvertrag vereinbart, wonach der Arbeitnehmer bei einem Manko haftet.

Anspruch des Arbeitgebers auf Schadensersatz wegen Fehlbetrags bei Manko aus § 611 a BGB (Arbeitsvertrag) i. V. m. Mankoabrede:

- Arbeitsvertrag
- Manko
- wirksame Mankoabrede
- Schadensersatz in Höhe des Mankos

Anspruch

Mankoabrede: Vertragliche Vereinbarung, dass der Arbeitnehmer für ein Manko auch ohne Verschulden einzustehen hat Voraussetzungen für die Wirksamkeit der Mankoabrede:

Grundsätzlich ist eine Mankoabrede zulässig. Sie muss jedoch daraufhin untersucht werden, ob sie nicht nach § 138 BGB sittenwidrig ist, d. h. den Arbeitnehmer übermäßig benachteiligt. Der Arbeitnehmer haftet hier nicht bei Verschulden, es genügt allein die Tatsache des Vorliegens eines Mankos. Der Arbeitgeber muss dem Arbeitnehmer für dieses Haftungsrisiko ein entsprechendes Äquivalent in Form einer Zusatzzahlung (= Mankogeld), z. B. zum Abschluss einer Versicherung, bieten. Der Arbeitnehmer muss die Chance haben, das Manko zu vermeiden, was nur möglich ist, wenn nicht mehrere Personen freien Zugang zu dem Bestand haben. Die Mankoabrede darf darüber hinaus nicht so gefasst sein, dass sie Dritte benachteiligt.

- Für dieses Haftungsrisiko muss dem Arbeitnehmer eine Ausgleichsleistung erbracht werden.
- Der Arbeitnehmer muss ausreichend die Kontrolle über den Kassen- oder Warenbestand haben.
- Die Abrede darf Dritte nicht benachteiligen. Ansonsten ist Abrede nach § 138 BGB sittenwidrig.

Beispiel
Arbeitgeber und Arbeitnehmer vereinbaren, dass das Manko eines Monats mit dem Überschuss des nächsten Monats verrechnet wird.

Diese Abrede ist nach § 138 BGB unwirksam, da hier eine Kundenbenachteiligung bezweckt wird. Der Arbeitnehmer wird versuchen, das Manko durch Mehreinnahmen auf Kosten der Kunden auszugleichen. Ist die Mankoabrede unwirksam oder wurde gar keine getroffen, gelten die allgemeinen Regeln.

Anspruch des Arbeitgebers auf Schadensersatz wegen Fehlbetrags ohne Mankoabrede aus §§ 280 ff. BGB i. V. m. § 611 a BGB (Arbeitsvertrag):

- Arbeitsvertrag
- Pflichtverletzung
- Vertretenmüssen
- Schaden
⇨ Schadensersatzpflicht des Arbeitnehmers

Anspruch

Ohne Mankoabrede kommt im Falle eines Mankos ein Schadensersatzanspruch nach §§ 280 ff. BGB in Betracht.

Verschuldensunabhängige Haftung, wobei das Verschulden vom Arbeitgeber nachzuweisen ist.

Die Pflichtverletzung besteht in der Tatsache des Mankos; der Arbeitnehmer muss ihm anvertraute Sachen sorgfältig beobachten. Im Unterschied zur Haftung aufgrund Mankoabrede muss der Arbeitgeber dem Arbeitnehmer allerdings nachweisen, dass dieser das Manko zu vertreten hat. Das Haftungsrisiko ist damit wesentlich kleiner und entspricht dem Grundsatz, dass jeder für seine Fehler einzustehen hat. Als Anspruchsgrundlage kommt darüber hinaus noch § 823 BGB in Betracht, Besonderheiten ergeben sich nicht.

Wird einem Arbeitnehmer ein Bestand zur alleinigen selbständigen Verwahrung anvertraut (z. B. Kassierer, der allein Zugang zu einer Kasse hat) und keine Mankoabrede getroffen, so steht dem Arbeitgeber ein weiterer Anspruch zu, der ihm die Erlangung von Schadensersatz erleichtert (im Verhältnis zum vorhergehenden):

Anspruch

Schadenersatzanspruch wegen Unmöglichkeit der Herausgabe. Verschuldensabhängige Haftung, wobei der Arbeitnehmer nachweisen muss, dass ihn kein Verschulden trifft.

Anspruch des Arbeitgebers auf Schadensersatz wegen Unmöglichkeit der Herausgabe des Fehlbetrages aus §§ 280, 688, 675, 667 BGB:
- Bestand wird dem Arbeitnehmer zur selbständigen Verwahrung anvertraut
- Manko macht dem Arbeitnehmer Herausgabe unmöglich
- Arbeitnehmer hat Unmöglichkeit zu vertreten
- ⇨ Schadensersatzpflicht

Der Vorteil dieses Anspruchs ist für den Arbeitgeber darin zu sehen, dass nicht er im Falle eines Streits das Vertretenmüssen beweisen muss, sondern der Arbeitnehmer sein „Nichtvertretenmüssen", § 280 Absatz 1 Satz 2 BGB.

Schadensersatz wegen	Anspruchsgrundlagen
Nichterfüllung durch Nichtantritt: (der Stelle)	
- Antrittstermin ist bereits vorbei	- §§ 275, 326, 280 Absatz 1, § 611 a BGB (Arbeitsvertrag)
- Antrittstermin steht noch bevor	- §§ 280 ff. BGB, § 611 a BGB (Arbeitsvertrag)
Nichterfüllung der Arbeitspflicht: (Fernbleiben, Arbeitsverweigerung)	
- für einen vergangenen Zeitraum	- §§ 275, 326, 280 Absatz 1, § 611 a BGB (Arbeitsvertrag)
- für einen zukünftigen Zeitraum	- §§ 280 ff. BGB, § 611 a BGB (Arbeitsvertrag)
Herbeiführen einer außerordentlichen Kündigung durch vertragswidriges Verhalten	- §§ 628 Abs. 2, § 611 a BGB (Arbeitsvertrag)
Schlechterfüllung des Arbeitsvertrags	- §§ 280 ff., § 611 a BGB (Arbeitsvertrag)
Sachbeschädigung	- §§ 823 ff. BGB und - §§ 280 ff., § 611 a BGB (Arbeitsvertrag)
Fehlbestand oder Fehlbetrag.	
- Unselbständige Verwahrung	- §§ 280 ff, § 611 a BGB (Arbeitsvertrag), §§ 823 ff. BGB
- Selbständige Verwahrung	- wie bei unselbständiger Verwahrung und §§ 280 Abs. 1, 688, 675, 667 BGB
- Mankoabrede (vertragliche Vereinbarung)	- wie bei unselbständiger Verwahrung und § 611 a BGB (Arbeitsvertrag) und Mankoabrede

◨ Schadensersatzpflicht des Arbeitnehmers

3.1.4 Rückzahlung von Sonderleistungen

Unter Sonderleistungen versteht man besondere Geldleistungen oder geldwerte Vorteile, die der Arbeitgeber zusätzlich zum vereinbarten Grundlohn leistet (z. B. Weihnachtsgeld, Urlaubsgeld, besondere Aus- und Fortbildungskosten).

Belohnung	Belohnung und Anreiz	
Es werden Dienste der Vergangenheit belohnt. Die Sonderzahlungen sind eine besondere Art des Entgelts für geleistete Dienste	Es werden Dienste der Vergangenheit belohnt. Gleichzeitig soll ein Anreiz für die Zukunft geschaffen werden	Bedeutung
13. Monatsgehalt	Gratifikation	Typ
Bei Ausscheiden des Arbeitnehmers aus dem Betrieb ist das Entgelt dem Arbeitnehmer anteilig auszuzahlen	Gratifikationen sind eine Belohnung für die Vergangenheit und gleichzeitig ein Anreiz für die Zukunft; d.h., der Arbeitnehmer bekommt entweder die ganze Zahlung oder gar nichts	Probleme
Der Arbeitnehmer scheidet zum 30.6. aus dem Betrieb aus. Er erhält die Hälfte des 13. Monatsgehalts	Der Arbeitnehmer scheidet zum 30.6. aus dem Betrieb aus. Ist die Zahlung erst im Dezember fällig, erhält der Arbeitnehmer kein »Weihnachtsgeld«, weil er zu diesem Zeitpunkt nicht mehr im Betrieb ist	Beispiel
Sonderzahlungen werden im Zweifel wie ein 13. Monatsgehalt behandelt, da dies für den Arbeitnehmer günstiger ist	Als Indiz für eine Gratifikation gelten Rückzahlungsklauseln und Stichtagsregelungen	Einordnung

◘ **Sonderzahlung des Arbeitgebers**

Wurde die Leistung vom Arbeitgeber zu einem bestimmten Anlass oder aus einem bestimmten Grund gewährt, so kann sie von ihm nur zurückverlangt werden, wenn diesbezüglich eine besondere Vereinbarung besteht. Zu unterscheiden ist:

Sonderleistungen, die als Anerkennung bereits erbrachter Arbeit gewährt werden, können nicht zurückverlangt werden.

1. Die Leistung wurde als Entgelt gewährt, bezogen auf die bisherige Arbeitsleistung („Belohnung"). Eine solche Leistung kann nicht zurückverlangt werden.

Sonderleistungen, die zum Teil als Anerkennung für bereits erbrachte Arbeit, aber auch im Hinblick auf die zukünftige Leistung gewährt werden, können unter Umständen zurückverlangt werden.

2. Die Leistung wurde im Hinblick auf bisherige Arbeitsleistungen, aber auch auf die zukünftige Arbeit hin gewährt. Man kann diese Leistung jedoch nicht auf bereits geleistete und zukünftige Dienste verteilen. Bei Vereinbarung einer Rückzahlungs- oder Stichtagsklausel kann sie nur in voller Höhe gewährt oder zurückverlangt werden.

Von besonderer Bedeutung ist die Rückzahlungsklausel. Eine Leistung wird gewährt, muss jedoch vereinbarungsgemäß zurückbezahlt werden, wenn der Arbeitnehmer zu einem bestimmten späteren Zeitpunkt nicht mehr im Betrieb ist. Daraus ergeben sich Probleme, weil dieses Vorgehen eine einseitige Erschwerung der Kündigung für den Arbeitnehmer bedeutet.

Anspruch des Arbeitgebers auf Rückzahlung der Sonderleistung, § 611 a BGB (Arbeitsvertrag) i. V. m. Rückzahlungsklausel:

Anspruch

- Arbeitsvertrag
- Wirksame Rückzahlungsvereinbarung
- Leistung ist nicht Entgelt für geleistete Arbeit
- Arbeitnehmer erfüllt vereinbarte Bedingung für das Behaltendürfen nicht
⇨ Arbeitgeber kann die Leistung in voller Höhe zurückverlangen

Solche Rückzahlungsvereinbarungen sind im Grundsatz zulässig, denn sie betreffen freiwillige Leistungen des Arbeitgebers. Was freiwillig gewährt wird, kann auch zurückverlangt werden, wenn dadurch der andere nicht unzulässig benachteiligt wird.

Rückzahlung einer Sonderleistung kann nur verlangt werden, wenn dies wirksam vereinbart wurde.

Die Wirksamkeit der Rückzahlungsklausel richtet sich nach der Höhe der Leistung sowie nach der Zeitdauer, die sie den Arbeitnehmer an den Betrieb binden soll. Bei Gratifikationen bis zu einer Höhe von 103,– € (früher: 200,– DM) ist eine Rückzahlungsklausel unwirksam, d. h., der Arbeitnehmer kann damit nicht an den Betrieb gebunden werden. Er muss die Leistung nicht zurückzahlen, gleichgültig, wann er ausscheidet. Gewährt der Arbeitgeber eine Weihnachtsgratifikation oder eine Gratifikation anlässlich des Urlaubs, kann der Arbeitnehmer unter folgenden Voraussetzungen zur Rückzahlung verpflichtet werden: wenn die Gratifikation eine Höhe von bis zu einem Monatsgehalt erreicht und der Arbeitnehmer vor dem 31.03. des Folgejahres ausscheidet; wenn die Gratifikation ein Monatsgehalt oder mehr beträgt und der Arbeitnehmer am 31.03. des Folgejahres ausscheidet. Eine Bindung an den Betrieb über den 30.06. des Folgejahres hinaus ist nicht zulässig.

Die Bei einer Stichtagsregelung tritt das Problem der Rückzahlung nicht auf. Dabei wird ein Datum festgesetzt, an dem eine Sonderleistung gewährt wird. Wer an diesem „Stichtag" nicht mehr im Betrieb ist, erhält die Leistung nicht, auch nicht anteilig, denn es handelt sich hier um eine Leistung mit Anreiz für die Zukunft.

Bindung des Arbeitnehmers an den Betrieb:
- *bis zu 103,– Euro unzulässig*
- *bis 1 Monatsgehalt, Bindung bis zum 31.03. des Folgejahres möglich*
- *1 Monatsgehalt und darüber, Bindung längstens bis zum 30.06. des Folgejahres möglich*

3.2   Pflichten des Arbeitgebers

◘ Arbeitgeberpflichten (Stefan Dinter)

Arbeitspflicht und Lohnzahlungspflicht stehen im Gegenseitigkeitsverhältnis.

Grundsatz: kein Lohn ohne Arbeit

Aber: Das Arbeitsrecht kennt zahlreiche Ausnahmen.

Hauptpflicht des Arbeitgebers, die im Gegenseitigkeitsverhältnis mit der Arbeitspflicht des Arbeitnehmers steht, ist die Pflicht, die Vergütung zu zahlen.

Der Grundsatz lautet „kein Lohn ohne Arbeit", denn nach allgemeinen Regeln (§§ 320 ff. BGB) verliert derjenige, dem die Erbringung seiner Leistung unmöglich wird, den Anspruch auf die Gegenleistung, wenn keiner die Unmöglichkeit zu vertreten hat. Wird nicht gearbeitet, so tritt die Unmöglichkeit der Leistungserbringung ein. Das ergibt sich aus dem absoluten Fixschuldcharakter der Arbeit. Die Arbeitsleistung wird zur vereinbarten Arbeitszeit geschuldet; wird in dieser Zeit nicht gearbeitet, so kann die geschuldete Arbeitsleistung auch nicht nachgeholt werden, weil der maßgebliche Zeitraum, in dem sie zu leisten war, vorbei ist.

Das Arbeitsrecht kennt zahlreiche Ausnahmen, in denen „Lohn ohne Arbeit" zu zahlen ist, die im Folgenden ausführlich behandelt werden. Nebenpflicht des Arbeitgebers ist die Fürsorgepflicht; aus ihr können sich für den Arbeitnehmer Ansprüche auf Erfüllung ergeben. Bei Verletzung der Fürsorgepflicht können auch Schadensersatzansprüche entstehen.

3.2.1 Entlohnung

Die Entlohnung des Arbeitnehmers erfolgt in aller Regel in Geld. Beim Arbeiter sprach man früher von „Lohn", beim Angestellten von „Gehalt", wobei es sich um eine rein begriffliche Unterscheidung handelt. Nunmehr spricht man einheitlich in gesetzlichen Regelungen, Tarifverträgen, Betriebsvereinbarungen oder Arbeitsverträgen von „Entgelt" oder „Vergütung". In ganz seltenen Fällen wird das Arbeitsentgelt ganz oder teilweise in Naturallohn gewährt, z. B. Zur-Verfügung-Stellung einer Werkswohnung oder im Gaststättengewerbe „Kost und Logis".

Zuletzt sind noch Sonderformen der Vergütung zu nennen, wie Zuschläge, Provision, Gratifikationen (Weihnachtsgeld, zusätzliches Urlaubsgeld) oder eine betriebliche Altersversorgung. Dies alles sind Gegenleistungen des Arbeitgebers für die Arbeitsleistung des Arbeitnehmers.

Vergütung für geleistete Arbeit

Anspruch des Arbeitnehmers auf Entgeltzahlung für geleistete Arbeit aus § 611 a BGB (Arbeitsvertrag):

- wirksamer Arbeitsvertrag
- Anspruch nicht erloschen, §§ 326 Absatz 1, 323 BGB
- Fälligkeit, § 614 BGB
⇨ Anspruch auf Zahlung der Vergütung

Als Anspruchsgrundlagen kommen im Zusammenhang mit § 611 a BGB (Arbeitsvertrag) auch noch Tarifvertrag und Betriebsvereinbarungen in Betracht, ebenso betriebliche Übung und der Gleichbehandlungsgrundsatz.

Der Arbeitnehmer verliert seinen Anspruch auf Entgeltzahlung, wenn er nicht arbeitet und die Grundsätze von „Lohn ohne Arbeit" nicht greifen. Das ist der Fall, wenn der Arbeitnehmer die Unmöglichkeit seiner Arbeitsleistung zu vertreten hat, z. B. weil er einfach nicht arbeiten wollte.

Beispiel:
Auf dem Weg zur Arbeit wird der Arbeitnehmer unverschuldet in einen Unfall verwickelt und kommt erst mittags zur Arbeit.

Der Arbeitnehmer hat vormittags nicht gearbeitet, die Erbringung der Arbeitsleistung ist ihm unmöglich geworden. Allerdings trifft ihn hierfür kein Verschulden, ebenso wenig trifft den Arbeitgeber ein Verschulden.

Der Arbeitnehmer verliert seinen Anspruch auf Entgeltzahlung; das Risiko, rechtzeitig zur Arbeit zu kommen, trägt der Arbeitnehmer selbst (Die Vermögenseinbuße durch den Verlust des Entgeltanspruchs in Höhe der versäumten Arbeitszeit muss der Arbeitnehmer in diesem Fall bei dem Unfallverursacher geltend machen.).

Formen des Arbeitsentgelts

Anspruch

Vergütung für geleistete Arbeit

Anspruch des Arbeitnehmers auf Vergütungszahlung für geleistete Arbeit

Muss der Arbeitnehmer die Unmöglichkeit vertreten, verliert er den Anspruch auf die Gegenleistung, § 326 BGB.

Haben weder der Arbeitgeber noch der Arbeitnehmer die Unmöglichkeit zu vertreten, gilt § 326 Absatz 1 BGB.

3

> **§ 326 Abs. 1 BGB – Nicht zu vertretendes Unmöglichwerden**
> (1) Braucht der Schuldner nach § 275 Absatz 1 bis 3 nicht zu leisten, entfällt der Anspruch auf die Gegenleistung; …

Wird die Erbringung der Arbeitsleistung unmöglich, verliert der Arbeitgeber nach § 275 Abs. 1 BGB den Anspruch darauf. Er wird aber gem. § 326 Absatz 1 BGB von der Entgeltzahlungspflicht (Gegenleistung) frei.

> **§ 614 BGB – Fälligkeit der Vergütung**
> Die Vergütung ist nach der Leistung der Dienste zu entrichten. Ist die Vergütung nach Zeitabschnitten bemessen, so ist sie nach dem Ablaufe der einzelnen Zeitabschnitte zu entrichten.

Der Arbeitnehmer ist verpflichtet, seine Arbeitsleistung zuerst zu erbringen.

Zu welchem Zeitpunkt der Arbeitnehmer seine Vergütung verlangen kann, richtet sich nach der Fälligkeit. Entweder vereinbaren Arbeitnehmer und Arbeitgeber einen Auszahlungstermin, dann wird der Vergütungsanspruch zu diesem Zeitpunkt fällig, oder es gilt die gesetzliche Regelung. Danach ist der Arbeitnehmer vorleistungspflichtig; d. h., ist eine monatliche Entlohnung üblich, kann der Arbeitnehmer erst am Ende des Monats seine Vergütung verlangen.

Hauptpflichten des Arbeitgebers

> **Pflichten des Arbeitgebers**
>
> **Hauptpflichten:**
> Entgeltzahlungspflicht (für geleistete Arbeit), § 611 a BGB (Arbeitsvertrag):
> ▬ Grundvergütung
> ▬ Zulagen i. V. m. Tarifvertrag
> ▬ Überstundenzuschläge i. V. m. Arbeitsvertrag
> ▬ Sonderzuwendungen je nach Vereinbarung
>
> Entgeltzahlungspflicht (ohne Arbeit), § 611 a BGB (Arbeitsvertrag):
> ▬ bei Annahmeverzug, §§ 615, 293 ff. BGB
> ▬ von keinem zu vertretende Unmöglichkeit, § 326 Absatz 1 BGB i. V. m. der Lehre vom Betriebsrisiko
> ▬ Verhinderung des Arbeitnehmers, § 616 Abs. 1 BGB
> ▬ Krankheit des Arbeitnehmers, § 3 EFZG

- Urlaub, §§ 1, 11 BUrlG
- gesetzliche Feiertage, § 2 EFZG
- Betriebsratstätigkeit, § 37 BetrVG
- Beschäftigungsverbote während Schwangerschaft, § 11 MuSchG

Nebenpflichten:
Beschäftigungspflicht
Fürsorgepflicht, § 242 BGB:
- Schutz des Arbeitnehmers gegen Gefahren für Leben und Gesundheit, § 618 BGB, z. B. durch Beachtung der Unfallverhütungs- und Arbeitsschutzvorschriften
- Sorge um die vom Arbeitnehmer berechtigtermaßen eingebrachten Sachen
- ordnungsgemäße Abführung von Lohnsteuer und Sozialversicherung

Gleichbehandlungspflicht
Pflicht zur Urlaubsgewährung, § 1 BUrlG
Pflicht zur Zeugniserteilung, § 109 GewO

Nebenpflichten des Arbeitgebers

Entscheidend ist, dass Arbeit und Entgeltzahlung Leistungen sind, die im Gegenseitigkeitsverhältnis stehen. Zwar kennt auch das übrige Zivilrecht Situationen, in denen ein Vertragspartner trotz Nichterbringung seiner Leistung den Anspruch auf die Gegenleistung behält, doch sind im Arbeitsrecht zusätzlich noch eine ganze Reihe von Normen zu beachten, die dem Arbeitnehmer seinen Anspruch auf Entgeltzahlung erhalten. Grund dafür ist die Bedeutung der Arbeit, die in der Regel seine Existenzgrundlage bildet, und daraus folgend die Schutzbedürftigkeit des Arbeitnehmers.

Vergütung ohne Arbeit

Liegt eine von keiner Partei zu vertretende Unmöglichkeit vor, verliert der Arbeitnehmer an sich gemäß § 326 Abs. 1 BGB seinen Anspruch auf Lohnzahlung. Das Arbeitsrecht kennt jedoch zahlreiche Ausnahmen dieses Grundsatzes.

§ 615 BGB – Vergütung bei Annahmeverzug und bei Betriebsrisiko
Kommt der Dienstberechtigte mit der Annahme der Dienste in Verzug, so kann der Verpflichtete für die infolge des Verzugs nicht geleisteten Dienste die vereinbarte Vergütung verlangen, ohne zur Nachleistung verpflichtet zu sein. Er muss sich jedoch den Wert desjenigen anrechnen lassen, was er infolge des Unterbleibens der Dienstleistung erspart oder durch anderweitige Verwendung seiner Dienste erwirbt oder zu erwerben böswillig unterlässt. Die Sätze 1 und 2 gelten entsprechend in den Fällen, in denen der Arbeitgeber das Risiko des Arbeitsausfalls trägt.

Arbeitnehmer behält trotz Nichtarbeit den Anspruch auf Vergütung.

> **§ 293 BGB – Annahmeverzug**
> Der Gläubiger kommt in Verzug, wenn er die ihm angebotene Leistung nicht annimmt.

Anspruch

Annahmeverzug:
- Der Arbeitgeber hat die Arbeitsleistung nicht angenommen.
- Der Arbeitnehmer hat die Leistung ordnungsgemäß angeboten, §§ 294 ff BGB
- Der Arbeitnehmer war zur Leistung imstande, § 297 BGB

Anspruch auf Vergütung ohne Arbeit wegen Annahmeverzugs aus § 611 a BGB (Arbeitsvertrag), §§ 615, 293 ff. BGB:
- wirksamer Arbeitsvertrag
- Arbeitnehmer hat nicht gearbeitet
- Arbeitgeber war in Annahmeverzug
⇨ Arbeitnehmer behält Anspruch auf Vergütung, §§ 326 Absatz 1, 615 BGB

Der Arbeitgeber hat die Pflicht, die Arbeitsleistung des Arbeitnehmers innerhalb der Arbeitszeit abzunehmen, d. h. ihm seinen Arbeitsplatz und Arbeit zur Verfügung zu stellen. Hauptanwendungsfall des Annahmeverzugs ist die unwirksame Kündigung.

Beispiel
Der Arbeitgeber kündigt dem Arbeitnehmer mündlich fristlos und erteilt dem Arbeitnehmer Hausverbot, als dieser am nächsten Tag dennoch wieder zur Arbeit erscheint. Der Arbeitnehmer erhebt Kündigungsschutzklage, die er gewinnt, weil die Kündigung wegen Fehlens der Schriftform (§ 623 BGB) unwirksam war.

Aufgrund der Unwirksamkeit der Kündigung bestand das Arbeitsverhältnis fort. Durch die Erteilung des Hausverbots hinderte der Arbeitgeber den Arbeitnehmer an der Arbeitsleistung. Der Arbeitnehmer behält den Anspruch auf seine Vergütung. Weitere Voraussetzungen dafür sind, dass der Arbeitnehmer in der Lage gewesen wäre zu arbeiten, § 297 BGB, d. h. beispielsweise nicht krank war, und dass er seine Leistung dem Arbeitgeber angeboten hat, § 294 ff. BGB, ihm also seine Leistungsbereitschaft gezeigt hat.

Anspruch

Anspruch auf Vergütung ohne Arbeit wegen Betriebsstörung, § 611 a BGB (Arbeitsvertrag) i. V. m. Betriebsstörung:
- wirksamer Arbeitsvertrag
- Arbeitsausfall aufgrund Betriebsstörung
- weder vom Arbeitnehmer noch vom Arbeitgeber zu vertreten
⇨ Arbeitnehmer behält seinen Anspruch auf Vergütung

Betriebsrisiko des Arbeitgebers als Teil des Unternehmerrisikos

Unter einer Betriebsstörung sind technische Störungen der Arbeitsgeräte oder Maschinen zu verstehen: Stromausfall, fehlende behördliche Genehmigungen oder wirtschaftliche Probleme, wie Absatzschwierigkeiten oder Auftragsmangel. Es muss im Grunde die Situation des § 326 Absatz 1 BGB vorliegen, d. h., die Störung darf von keiner Partei zu vertreten sein. Hätte der Arbeitgeber den Arbeitsausfall zu vertreten, müsste er die Vergütung ohnehin zahlen nach § 326 Absatz 2 BGB. Hätte der Arbeitnehmer den Arbeitsausfall zu vertreten, verlöre er den Vergütungsanspruch nach § 325 BGB.

Da im Arbeitsrecht bei einer unverschuldeten Betriebsstörung die Anwendung des § 326 BGB nicht interessengerecht ist, wurde die Betriebsrisikolehre entwickelt. Danach ist der Arbeitgeber alleiniger Leiter und Gewinnberechtigter des Unternehmens und hat dafür zu sorgen, dass die arbeitswilligen Arbeitnehmer arbeiten können. Ist der Arbeitgeber dazu nicht in der Lage, muss er die Folgen tragen, obwohl ihn kein Verschulden trifft. Das Risiko einer Betriebsstörung trägt also immer der Unternehmer.

> Der Arbeitgeber bleibt zur Lohnzahlung verpflichtet, obwohl er die Unmöglichkeit nicht zu vertreten hat.

§ 616 BGB – Kurzzeitige Verhinderung
Der zur Dienstleistung Verpflichtete wird des Anspruchs auf die Vergütung nicht dadurch verlustig, dass er für eine verhältnismäßig nicht erhebliche Zeit durch einen in seiner Person liegenden Grund ohne sein Verschulden an der Dienstleistung verhindert wird. …

> Der Arbeitnehmer kann nicht zur Arbeit kommen:
> – für kurze Zeit
> – aus persönlichen Gründen
> – ohne Verschulden

Anspruch auf Vergütung ohne Arbeit bei persönlicher Verhinderung aus § 611 a BGB (Arbeitsvertrag) i. V. m. § 616 BGB:

- wirksamer Arbeitsvertrag
- Arbeitsausfall für nicht erhebliche Zeit
- wegen eines in seiner Person liegenden Grundes
- kein Verschulden
- ⇨ Arbeitnehmer behält seinen Anspruch auf Vergütung

> **Anspruch**

Unter einer verhältnismäßig nicht erheblichen Zeit versteht man ca. 3–7 Tage. Teilweise ist dies auch tarifvertraglich oder durch Betriebsvereinbarung geregelt. Der Grund des Arbeitsausfalls muss in der Person des Arbeitnehmers liegen, d. h. seine persönlichen Verhältnisse betreffen, z. B. Sterbefall in der Familie oder Krankheit des Kindes und keine anderweitige Aufsichtsperson vorhanden. Überschreitet der Arbeitnehmer die verhältnismäßig nicht erhebliche Zeit, verliert er den Vergütungsanspruch für die ganze Zeit und nicht nur anteilig zur überschrittenen Zeit.

3

Entgeltfortzahlung im Krankheitsfall

> **§ 3 EFZG – Entgeltfortzahlung im Krankheitsfall**
> (1) Wird ein Arbeitnehmer durch Arbeitsunfähigkeit infolge Krankheit an seiner Arbeitsleistung verhindert, ohne daß ihn ein Verschulden trifft, so hat er Anspruch auf Entgeltfortzahlung im Krankheitsfall durch den Arbeitgeber für die Zeit der Arbeitsunfähigkeit bis zur Dauer von sechs Wochen ...
> (3) Der Anspruch nach Absatz 1 entsteht nach vierwöchiger ununterbrochener Dauer des Arbeitsverhältnisses.

> **§ 4 EFZG – Höhe des fortzuzahlenden Entgelts**
> (1) Für den in § 3 Abs. 1 oder § 3a Abs. q bezeichneten Zeitraum ist dem Arbeitnehmer das ihm bei der für ihn maßgebenden regelmäßigen Arbeitszeit zustehende Arbeitsentgelt fortzuzahlen. ...

Anspruch

Anspruch auf Vergütung ohne Arbeit wegen Krankheit, § 611 a BGB (Arbeitsvertrag) i. V. m. § 3 EFZG:
- wirksamer Arbeitsvertrag
- vierwöchige, ununterbrochene Dauer des Arbeitsverhältnisses
- arbeitsunfähig krank
- kein Verschulden
- nicht länger als sechs Wochen
- Arbeitnehmer behält seinen Anspruch auf Entgeltfortzahlung

Der Anspruch auf Entgeltfortzahlung im Krankheitsfall umfasst das volle regelmäßige Arbeitsentgelt ohne etwaige Überstunden oder sonstige Zeiten, die über die regelmäßige Arbeitszeit hinausgehen (§ 4 Absatz 1a EFZG). Im Falle eines Arbeitsunfalls oder einer Berufskrankheit bleibt der Anspruch auf Entgeltfortzahlung ebenfalls in voller Höhe bestehen.

Der Arbeitnehmer muss arbeitsunfähig krank sein, d. h. so krank, dass er die von ihm geschuldete Arbeitsleistung nicht erbringen kann. Verschulden bedeutet in diesem Zusammenhang, dass der Arbeitnehmer nicht grob von Verhaltensweisen abweicht, die ein normaler Arbeitnehmer im eigenen Interesse einhält. Ein Verschulden kann z. B. vorliegen, wenn der Arbeitnehmer eine Sportart in einer Weise ausübt, die seine Kräfte und Fähigkeiten deutlich übersteigt, oder wenn der Arbeitnehmer in besonders grober Weise und leichtsinnig gegen Regeln der jeweiligen Sportart verstößt.

> **§ 5 EFZG – Anzeige- und Nachweispflichten**
> (1) Der Arbeitnehmer ist verpflichtet, dem Arbeitgeber die Arbeitsunfähigkeit und deren voraussichtliche Dauer unverzüglich mitzuteilen. Dauert die Arbeitsunfähigkeit länger als drei Kalendertage, hat der Arbeitnehmer eine ärztliche Bescheinigung über das Bestehen der Arbeitsunfähigkeit sowie deren voraussichtliche Dauer spätestens an dem darauffolgenden Arbeitstag vorzulegen. Der Arbeitgeber ist berechtigt, die Vorlage … früher zu verlangen. …

Mitteilung der Abwesenheit wegen Krankheit ist unverzüglich (§ 121 BGB) zu machen.

Diese Vorschrift gilt für alle Arbeitnehmer sowie für die zu ihrer Berufsbildung Beschäftigten, § 1 Abs. 2 EFZG. Der Arbeitnehmer muss seine Krankheit dem Arbeitgeber unverzüglich anzeigen, in der Regel zu seinem normalen Arbeitsbeginn. Kommt der Arbeitnehmer seiner Anzeigepflicht nicht ordnungsgemäß nach, so hat das auf seinen Entgeltfortzahlungsanspruch keine Auswirkung. Die Nichtanzeige der Krankheit ist jedoch ein Verstoß gegen den Arbeitsvertrag, und der Arbeitgeber kann dem Arbeitnehmer deswegen eine Abmahnung erteilen.

Ist der Arbeitnehmer arbeitsunfähig krank, behält er den Anspruch auf Entgelt, auch wenn er seiner Anzeigepflicht nicht rechtzeitig nachkommt. Aber: Verstoß gegen den Arbeitsvertrag.

Legt der Arbeitnehmer das ärztliche Attest nicht bis zum vierten Kalendertag seiner Krankheit vor (ist dieser Tag kein Arbeitstag, ist der nächste Arbeitstag des Arbeitnehmers maßgeblich), so verliert er zwar seinen Entgeltfortzahlungsanspruch nicht, aber der Arbeitgeber kann die Vergütung verweigern, bis er die Bescheinigung erhält (§ 7 EFZG).

> **§ 1 BUrlG – Anspruch auf Urlaub**
> Jeder Arbeitnehmer hat in jedem Kalenderjahr Anspruch auf bezahlten Erholungsurlaub.

> **§ 11 BUrlG – Höhe des Urlaubsentgelts**
> (1) Das Urlaubsentgelt bemißt sich nach dem durchschnittlichen Arbeitsverdienst, das der Arbeitnehmer in den letzten dreizehn Wochen vor dem Beginn des Urlaubs erhalten hat, mit Ausnahme des zusätzlich für Überstunden gezahlten Arbeitsverdienstes. …

Anspruch auf Vergütung ohne Arbeit wegen Urlaubs aus § 611 a BGB (Arbeitsvertrag) i. V. m. §§ 1, 11 BUrlG:
- wirksamer Arbeitsvertrag
- Urlaubsanspruch entstanden

Anspruch

- Urlaub vom Arbeitgeber gewährt
⇨ Arbeitnehmer behält Anspruch auf Vergütung (= Urlaubsentgelt).

Kein Selbstbeurlaubungsrecht des Arbeitnehmers

Wichtig ist hier, dass der Arbeitgeber dem Arbeitnehmer erlaubt hat, in Urlaub zu gehen. Es besteht kein Selbstbeurlaubungsrecht des Arbeitnehmers! Geht der Arbeitnehmer eigenmächtig in Urlaub oder verlängert er eigenmächtig seinen Urlaub, liegt eine Arbeitsverweigerung vor, durch die der Arbeitnehmer seinen Vergütungsanspruch verliert.

Zum Thema Urlaub
▶ Abschn. 3.2.4

> **§ 2 EFZG – Entgeltfortzahlung an Feiertagen**
> (1) Für Arbeitszeit, die infolge eines gesetzlichen Feiertags ausfällt, hat der Arbeitgeber dem Arbeitnehmer das Arbeitsentgelt zu zahlen, das er ohne den Arbeitsausfall erhalten hätte. ...
> (3) Arbeitnehmer, die am letzten Arbeitstag vor oder am ersten Arbeitstag nach Feiertagen unentschuldigt der Arbeit fernbleiben, haben keinen Anspruch auf Bezahlung für diese Feiertage.

Die Arbeit muss ausfallen, weil Feiertag ist, es darf kein anderer Grund vorliegen. War ein Arbeitnehmer während des Feiertages arbeitsunfähig krank, dann hat er Anspruch auf Entgeltfortzahlung wegen Krankheit.

Anspruch

Anspruch auf Vergütung ohne Arbeit an gesetzlichen Feiertagen § 611 a BGB (Arbeitsvertrag) i. V. m. § 2 EFZG:
- wirksamer Arbeitsvertrag
- Arbeit ist ausgefallen wegen gesetzlichen Feiertags
- Arbeitnehmer hat am Tag vor oder nach dem Feiertag nicht unentschuldigt gefehlt
- Arbeitnehmer erhält Vergütung, die er ohne Feiertag erhalten hätte.

3.2.2 Beschäftigung

Der Arbeitnehmer hat den Anspruch, seine Arbeitsleistung tatsächlich erbringen zu dürfen.

Der Anspruch auf Beschäftigung folgt aus § 611 a BGB (Arbeitsvertrag) i. V. m. Art. 1, 2 GG. Probleme mit diesem Anspruch entstehen in der Regel erst, wenn dem Arbeitnehmer gekündigt wurde, dieser jedoch ein Interesse hat, während eines Kündigungsschutzprozesses nicht beschäftigungslos zu sein. Der Arbeitnehmer muss bis zum Ablauf der Kündigungsfrist beschäftigt werden; für die Zeit danach besteht während des Kündigungsschutzprozesses unter Umständen ein Weiterbeschäftigungsanspruch.

1. Ein Anspruch auf Weiterbeschäftigung besteht nach § 102 Abs. 5 BetrVG, wenn der Betriebsrat einer ordentlichen Kündigung widersprochen hat, der Arbeitnehmer Kündigungsschutzklage erhoben hat, die Klage nicht aussichtslos erscheint und für den Arbeitgeber die Weiterbeschäftigung keine unzumutbare Belastung darstellt.

2. Ein Anspruch auf Weiterbeschäftigung kann sich auch aus dem allgemeinen Weiterbeschäftigungsanspruch ergeben (z. B. wenn § 102 BetrVG nicht greift, weil gar kein Betriebsrat besteht).

Voraussetzung ist entweder, dass die Kündigung offensichtlich unwirksam ist, d. h. an einem besonders schweren Mangel leidet, oder dass das Interesse des Arbeitnehmers an der Weiterbeschäftigung das Interesse des Arbeitgebers, ihn nicht im Betrieb beschäftigen zu müssen, überwiegt. Das wird angenommen, wenn der Arbeitnehmer bereits die 1. Instanz des Kündigungsschutzprozesses gewonnen und der Arbeitgeber Berufung eingelegt hat. Um seinen Anspruch durchzusetzen, muss der Arbeitnehmer neben der Kündigungsschutzklage auch noch eine Klage auf Weiterbeschäftigung erheben.

Im Falle der Unwirksamkeit der Kündigung hat die Weiterbeschäftigung keine Auswirkung auf die Entgeltzahlungspflicht; denn bietet der Arbeitnehmer seine Arbeit an und nimmt der Arbeitgeber diese nicht entgegen, so behält der Arbeitnehmer seinen Entgeltanspruch, da das Arbeitsverhältnis wirksam fortbesteht und der Arbeitgeber sich in Annahmeverzug befindet.

Stellt sich am Ende eines langen Prozesses heraus, dass die Kündigung tatsächlich wirksam war, das Arbeitsverhältnis also schon lange beendet ist, so ergeben sich für die Zeit der Weiterbeschäftigung Rückabwicklungsschwierigkeiten.

> Weiterbeschäftigung während des Kündigungsschutzprozesses:
> – § 102 Abs. 5 BetrVG
> – allgemeiner Weiterbeschäftigungsanspruch

> War die Kündigung wirksam, müssen die an sich ohne Rechtsgrund erbrachten Leistungen rückabgewickelt werden.

Weiterbeschäftigung während des Kündigungsschutzprozesses aufgrund	Rechtsfolge, wenn der Arbeitnehmer den Kündigungsschutzprozess verliert	Anspruch des Arbeitnehmers für geleistete Arbeit nach wirksamer Kündigung
§ 102 Abs. 5 BetrVG, wenn der Betriebsrat der Kündigung nicht zugestimmt hat.	Das bisherige Arbeitsverhältnis besteht kraft Gesetzes weiter bis zum Prozessende.	Der Arbeitnehmer hat alle üblichen Ansprüche aus dem Arbeitsverhältnis.
Einvernehmliche Vertragsfortsetzung zwischen Arbeitnehmer und Arbeitgeber. Der Arbeitnehmer darf bis zur Beendigung des Prozesses weiterarbeiten.	Kündigung ist von Anfang an wirksam. Das Arbeitsverhältnis ist mit Ablauf der Kündigungsfrist beendet.	Der Arbeitnehmer hat keine Ansprüche aus dem Arbeitsvertrag, nur aus dem faktischen Arbeitsverhältnis, da er einvernehmlich weitergearbeitet hat.
Der Arbeitgeber lässt den Arbeitnehmer nur arbeiten, weil die Durchsetzung des Weiterbeschäftigungsanspruchs gerichtlich »erzwungen« wurde.	Kündigung ist von Anfang an wirksam. Das Arbeitsverhältnis ist mit Ablauf der Kündigungsfrist beendet.	Der Arbeitnehmer hat nur Ansprüche aus §§ 812 Abs. 1 S. 1, 818 BGB.

◘ **Weiterbeschäftigungsanspruch**

3.2.3   Fürsorge- und Schutzpflicht

Nebenpflicht des Arbeitgebers aus dem Arbeitsvertrag ist die Fürsorge- und Schutzpflicht.

Die Fürsorgepflicht des Arbeitgebers ist das Gegenstück zur Treuepflicht des Arbeitnehmers. Sie ist eine Nebenpflicht aus dem Arbeitsvertrag, § 242 BGB, bei deren schuldhafter Verletzung Schadensersatzansprüche des Arbeitnehmers aus §§ 280 ff. BGB (früher: pVV) entstehen können. Der Arbeitnehmer hat aber auch Anspruch auf Erfüllung dieser Pflichten (§ 611 a BGB (Arbeitsvertrag) i. V. m. § 242 BGB), die vorwiegend dem Arbeitnehmerschutz dienen.

Ansprüche aus Fürsorge- und Schutzpflichten:

- Erfüllung der vertraglichen Nebenpflichten
- Schadensersatz bei Verletzung vertraglicher Nebenpflichten

> **§ 618 BGB – Pflicht zu Schutzmaßnahmen**
> (1) Der Dienstberechtigte hat Räume, Vorrichtungen oder Gerätschaften, die er zur Verrichtung der Dienste zu beschaffen hat, so einzurichten und zu unterhalten und Dienstleistungen, die unter seiner Anordnung oder seiner Leitung vorzunehmen sind, so zu regeln, dass der Verpflichtete gegen Gefahr für Leben und Gesundheit soweit geschützt ist, als die Natur der Dienstleistung es gestattet. …

Diese Vorschrift manifestiert die Schutzpflicht des Arbeitgebers für Gesundheit und Leben des Arbeitnehmers. Daneben regelt noch eine ganze Reihe von gesetzlichen Vorschriften den Mindestinhalt der arbeitsvertraglichen Schutzpflichten des Arbeitgebers in medizinischer, technischer und sozialer Hinsicht (z. B. ArbeitsstättenVO, Unfallverhütungsvorschriften der Berufsgenossenschaften, ArbZG, MuSchG).

> Der Arbeitgeber hat die Pflicht, Leben und Gesundheit des Arbeitnehmers zu schützen.

Fürsorgepflichten:
- Schutz von Leben und Gesundheit
- Schutz von Persönlichkeitsbelangen
- Schutz von Vermögen und eingebrachten Sachen

Unter dem Schutz von Persönlichkeitsbelangen versteht man etwa die Sicherung personenbezogener Daten gegen Missbrauch, Einsichtgewährung in die Personalakte (§ 83 BetrVG) oder den Schutz vor ungerechter Behandlung durch Vorgesetzte.

> Eigentum des Arbeitnehmers, das er notwendig in die Arbeit mitbringen darf, muss der Arbeitgeber gemäß § 611 a BGB (Arbeitsvertrag) i. V. m. § 242 BGB aufgrund seiner Fürsorgepflicht schützen.

Für die Schutzpflicht hinsichtlich des Eigentums des Arbeitnehmers wird § 618 BGB nicht entsprechend (analog) angewandt. Diese Pflicht folgt vielmehr aus § 242 BGB, der Fürsorgepflicht (Anspruchsgrundlage dann: § 611 a BGB (Arbeitsvertrag) i. V. m. § 242 BGB und Fürsorgepflicht). Sie verpflichtet den Arbeitgeber, Möglichkeiten bereitzustellen, die vom Arbeitnehmer notwendigerweise mit zur Arbeit gebrachten Sachen sicher aufzubewahren, und der Schutz von Vermögen des Arbeitnehmers gebietet es ihm, Lohnsteuer und Sozialversicherungsbeiträge ordnungsgemäß abzuführen.

3.2.4   Urlaubsgewährung

◘ Urlaub (Stefan Dinter)

Kein Selbstbeurlaubungsrecht des Arbeitnehmers!

Eigenmächtiger Urlaubsantritt (oder Urlaubsverlängerung) stellt eine Arbeitsverweigerung dar: keine Lohnfortzahlung, Kündigungsgrund

Der Arbeitnehmer hat während seines Urlaubs Anspruch auf Vergütung ohne Arbeit aus § 611 a BGB (Arbeitsvertrag) i. V. m. §§1, 11 BUrlG. Voraussetzung hierfür ist jedoch, dass der Arbeitgeber ihm den Urlaubsantritt gestattet hat, denn der Arbeitnehmer hat kein Selbstbeurlaubungsrecht (Eigenmächtiger Urlaubsantritt ist ein Verstoß gegen den Arbeitsvertrag! Er kann Kündigungsgrund sein. Außerdem verliert der Arbeitnehmer seinen Anspruch auf Urlaubsentgelt für die Zeit, in der er nicht gearbeitet hat.).

Allerdings sind gemäß § 7 Absatz 1 BUrlG bei der zeitlichen Festlegung des Urlaubs die Urlaubswünsche des Arbeitnehmers zu berücksichtigen; es sei denn, es stehen dringende betriebliche Gründe oder Urlaubswünsche anderer Arbeitnehmer, die unter sozialen Gesichtspunkten Vorrang verdienen (z. B. Eltern schulpflichtiger Kinder in den Schulferien) entgegen. Aber: Hält sich der Arbeitgeber nicht an diesen Grundsatz, darf der Arbeitnehmer trotzdem nicht auf eigene Faust in Urlaub gehen. Er muss dann seinen Urlaubsanspruch ordentlich beim Arbeitsgericht durchsetzen, wenn der Arbeitgeber sich unberechtigterweise weigert, den Urlaub zu genehmigen.

Im Zusammenhang mit dem Urlaub sind die vier in der Übersicht (am Ende dieses Abschnittes) dargestellten Ansprüche zu unterscheiden.

Anspruch des Arbeitnehmers auf Freistellung von der Arbeit aus § 1 BUrlG:

Anspruch

- wirksamer Arbeitsvertrag
- Wartezeit erfüllt
- Urlaub noch nicht verbraucht
- keine dringenden betrieblichen Bedürfnisse oder Urlaubswünsche anderer Arbeitnehmer, die unter sozialen Gesichtspunkten Vorrang verdienen, stehen entgegen
- ⇨ Arbeitgeber muss den Urlaub gewähren.

---

§ 3 BUrlG – Gesetzlicher Mindesturlaub

(1) Der Urlaub beträgt jährlich mindestens 24 Werktage.

(2) Als Werktag gelten alle Kalendertage, die nicht Sonn- oder gesetzliche Feiertage sind.

Dies stellt nur eine Mindestregelung dar. Meistens sind im Arbeitsvertrag oder Tarifvertrag mehr Urlaubstage vereinbart, dann besteht Anspruch auf diese Zahl. Gesetzlich gilt der Samstag als Werktag, rechnerisch ergeben sich bei 24 Werktagen also vier Wochen arbeitsfreie Zeit.

Mindesturlaub: 24 Werktage oder 4 Wochen

---

§ 4 BUrlG – Wartezeit

Der volle Urlaubsanspruch wird erstmalig nach sechsmonatigem Bestehen des Arbeitsverhältnisses erworben.

---

§ 5 BUrlG – Teilurlaub

(1) Anspruch auf ein Zwölftel des Jahresurlaubs für jeden vollen Monat des Bestehens des Arbeitsverhältnisses hat der Arbeitnehmer

a) für Zeiten eines Kalenderjahres, für die er wegen Nichterfüllung der Wartezeit in diesem Kalenderjahr keinen vollen Urlaubsanspruch erwirbt;

b) wenn er vor erfüllter Wartezeit aus dem Arbeitsverhältnis ausscheidet;

c) wenn er nach erfüllter Wartezeit in der ersten Hälfte eines Kalenderjahres aus dem Arbeitsverhältnis ausscheidet. ...

Sinn und Zweck der Wartezeit ist, dass der Arbeitgeber nicht den Urlaub „vorleisten" muss, bevor der Arbeitnehmer die regelmäßige Probezeit überstanden hat und feststeht, ob er überhaupt im Betrieb verbleibt.

kein voller Urlaubsanspruch vor Ablauf der Wartezeit

Möglich ist es allerdings, vor Beendigung der Wartezeit im Monat zwei Tage (24/12) Urlaub zu gewähren, da diese Anzahl Urlaubstage am Ende eines Monats „hereingearbeitet" ist.

---

§ 7 BurlG – Zeitpunkt, Übertragbarkeit und Abgeltung des Urlaubs

(1) Bei der zeitlichen Festlegung des Urlaubs sind die Urlaubswünsche des Arbeitnehmers zu berücksichtigen, es sei denn, daß ihrer Berücksichtigung dringende betriebliche Belange oder Urlaubswünsche anderer Arbeitnehmer, die unter sozialen Gesichtspunkten den Vorrang verdienen, entgegenstehen. …

(3) Der Urlaub muß im laufenden Kalenderjahr gewährt und genommen werden. Eine Übertragung des Urlaubs auf das nächste Kalenderjahr ist nur statthaft, wenn dringende betriebliche oder in der Person des Arbeitnehmers liegende Gründe dies rechtfertigen. Im Fall der Übertragung muß der Urlaub in den ersten drei Monaten des folgenden Kalenderjahres gewährt und genommen werden. Auf Verlangen des Arbeitnehmers ist ein nach § 5 Absatz 1 Buchstabe a entstehender Teilurlaub jedoch auf das nächste Kalenderjahr zu übertragen.

(4) Kann der Urlaub wegen Beendigung des Arbeitsverhältnisses ganz oder teilweise nicht mehr gewährt werden, so ist er abzugelten.

Wünsche des Arbeitnehmers sind zu berücksichtigen, wenn keine betrieblichen Belange entgegenstehen.

Grundsätzlich ist Urlaub im laufenden Kalenderjahr zu nehmen.

Grundsätzlich sind Wünsche des Arbeitnehmers auf Urlaub vorrangig, außer es stehen dringende betriebliche Belange entgegen, z. B. Abschlussphase eines Auftragsprojekts, oder Urlaubswünsche anderer Arbeitnehmer, die unter sozialen Gesichtspunkten Vorrang verdienen. Bei sozialen Auswahlkriterien ist besonders der Familienstand zu beachten; Urlaub des Ehegatten oder Ferien der Kinder sind Vorzugskriterien.

Die Übertragung des Urlaubs in das nächste Kalenderjahr bis zum 31.03. ist gesetzlich als Ausnahme vorgesehen, wird in der Praxis jedoch sehr häufig praktiziert. Wird der Urlaub auch bis zum 31.03. nicht genommen, so verfällt er unweigerlich (Ausnahme: Arbeitnehmer kann den Urlaub wegen durchgängiger Erkrankung weder bis zum Ende des Kalenderjahres noch bis zum Ende des Übertragungszeitraums nehmen. Dann wird der Urlaub über den 31.03. hinaus übertragen). Hat der Arbeitgeber dem Arbeitnehmer bis 31.03. des Folgejahres den Urlaub trotz Urlaubswunsches des Arbeitnehmers nicht gewährt, so wandelt sich der Urlaubsanspruch in einen Schadensersatzanspruch aus §§ 280 ff. BGB (früher: pVV) wegen Verletzung des Arbeitsvertrags.

§ 7 Abs. 4 BUrlG enthält den Urlaubsabgeltungsanspruch, d. h., der Arbeitnehmer hat Anspruch auf Ausbezahlung des Urlaubs, wenn er ihn wegen Beendigung des Arbeitsverhältnisses nicht mehr oder nicht vollständig nehmen kann.

> ### § 8 BUrlG – Erwerbstätigkeit während des Urlaubs
> Während des Urlaubs darf der Arbeitnehmer keine dem Urlaubszweck widersprechende Erwerbstätigkeit leisten.

Der bezahlte Urlaub dient zur Erhaltung und Wiederherstellung der vollen Arbeitskraft. Es ist daher nicht jegliche anderweitige Erwerbstätigkeit untersagt, sondern nur solche, die Sinn und Zweck des Urlaubs gefährden.

> ### § 9 BUrlG – Erkrankung während des Urlaubs
> Erkrankt ein Arbeitnehmer während des Urlaubs, so werden die durch ärztliches Zeugnis nachgewiesenen Tage der Arbeitsunfähigkeit auf den Jahresurlaub nicht angerechnet.

Krankheit schließt Urlaub aus. Wird der Arbeitnehmer während seines Urlaubs krank, so muss er dies dem Arbeitgeber anzeigen und ein ärztliches Attest vorlegen, dann gelten die Regeln über die Entgeltfortzahlung im Krankheitsfalle. Der Urlaub kann dann zu einem anderen Zeitpunkt genommen werden.

Wer krank ist, kann nicht im Urlaub sein.

Rechtliche Grundlage	Bedeutung	
§ 611 a BGB (Arbeitsvertrag), § 1 BUrlG	Der Arbeitnehmer hat Anspruch, vom Arbeitgeber von der Arbeit für die Zeit des Urlaubs freigestellt zu werden.	Urlaubsanspruch
§ 611 a BGB (Arbeitsvertrag), §§ 1, 11 BUrlG	Der Arbeitgeber bekommt während des Urlaubs »Lohn ohne Arbeit«.	Urlaubsentgelt
§ 611 a BGB (Arbeitsvertrag) i.V.m. Tarifvertrag oder betrieblicher Übung	Sonderleistung) des Arbeitgebers aus Anlass des Urlaubs	Urlaubsgeld
§ 611 a BGB (Arbeitsvertrag), § 7 Abs. 4 BUrlG	Kann der Urlaub wegen Beendigung des Arbeitsverhältnisses nicht mehr genommen werden, so ist er auszubezahlen.	Urlaubsabgeltung

◘ **Ansprüche im Zusammenhang mit Urlaub**

3

> ### § 109 GewO – Anspruch auf ein Zeugnis
> (1) Der Arbeitnehmer hat bei Beendigung eines Arbeitsverhältnisses Anspruch auf ein schriftliches Zeugnis. Das Zeugnis muss mindestens Angaben zu Art und Dauer der Tätigkeit (einfaches Zeugnis) enthalten. Der Arbeitnehmer kann verlangen, dass sich die Angaben darüber hinaus auf Leistung und Verhalten im Arbeitsverhältnis (qualifiziertes Zeugnis) erstrecken.
> (2) Das Zeugnis muss klar und verständlich formuliert sein. Es darf keine Merkmale oder Formulierungen enthalten, die den Zweck haben, eine andere als aus der äußeren Form oder aus dem Wortlaut ersichtliche Aussage über den Arbeitnehmer zu treffen.
> (3) Die Erteilung des Zeugnisses in elektronischer Form ist ausgeschlossen.

3.2.5 Zeugniserteilung

Alle Arbeitnehmer haben Anspruch auf die Erteilung eines Zeugnisses bei der Beendigung des Arbeitsverhältnisses. Dieser Anspruch ist für alle Arbeitnehmer in § 109 GewO geregelt. Vor Beendigung des Arbeitsverhältnisses besteht unter Umständen Anspruch auf Erteilung eines Zwischenzeugnisses, jedoch nur, wenn hierfür ein besonderer Grund vorliegt. Beispielsweise wenn dem Arbeitnehmer die Kündigung in Aussicht gestellt wurde, es für Fortbildungskurse von Interesse ist oder der Arbeitnehmer einen neuen Vorgesetzten erhält.

Grundsätzlich ist bei dem Verlangen nach einem Zwischenzeugnis Vorsicht geboten, denn der Arbeitgeber wird verständlicherweise davon ausgehen, dass der Arbeitnehmer eine neue Stelle suchen möchte.

Inhalt des einfachen Zeugnisses:
- Name, Vorname und Beruf (akademischer Grad) des Arbeitnehmers
- Art und Dauer der Tätigkeit

Einfaches Zeugnis:
- Name, Beruf
- Art und Dauer der Tätigkeit

Dies sind die notwendigen Bestandteile, die als Beschäftigungsnachweis ausreichen. Anschrift und Geburtsdatum sind nur mit Einverständnis des Arbeitnehmers aufzunehmen. Die Art der Beschäftigung ist so genau und vollständig zu beschreiben, dass sich ein Dritter hierüber ein Bild machen kann (Arbeitsaufgaben, Leitungsbefugnisse, Fortbildungsmaßnahmen).

Der Entlassungsgrund ist nur auf Verlangen des Arbeitnehmers anzugeben. Ebenso nur auf Verlangen des Arbeitnehmers ist ein qualifiziertes Zeugnis, § 109 Satz 3 GewO, zu erstellen.

Inhalt des qualifizierten Zeugnisses:
- Bestandteile des einfachen Zeugnisses
- zusätzlich: Tatsachen und Beurteilung zu Leistung und Verhalten im Arbeitsverhältnis

Bei der Beurteilung der Leistung sind Anhaltspunkte: Arbeitsumfang, Qualität der Arbeit, Tempo, Wirtschaftlichkeit, Fachkenntnisse, Verhandlungsgeschick, Arbeitsbereitschaft. Die Beurteilung des Verhaltens hat sich nur auf den Dienst, nicht auf das Privatleben zu beziehen und betrifft insbesondere das Sozialverhalten gegenüber Vorgesetzten, Kollegen und Dritten, z. B. das Verhalten gegenüber Untergebenen oder die Beachtung der betrieblichen Ordnung. Der Wortlaut des Zeugnisses ist dem Arbeitgeber überlassen, aber es muss in Stil und Form objektiv abgefasst werden.

> Qualifiziertes Zeugnis:
> – Name, Vorname, Beruf
> – Art und Dauer der Tätigkeit
> – Tatsachen und Beurteilung zur Verhalten und Leistung

Außerdem muss es klar und verständlich formuliert sein und darf keine versteckten Hinweise enthalten. Das Ausstellungsdatum ist auf dem Zeugnis zu vermerken, und inhaltlich ist zu beachten, dass es nur Tatsachen und keine Behauptungen, Annahmen und Verdachtsäußerungen enthalten darf.

Formulierungsbeispiele für die Beurteilung

Folgende Abstufungen in den Formulierungen sind in der Wirtschaft (vor allem in Großunternehmen) üblich:

„Er hat die ihm übertragenen Arbeiten stets zu unserer vollsten Zufriedenheit erledigt" = sehr gute Beurteilung.

„Er hat die ihm übertragenen Arbeiten stets zu unserer vollen Zufriedenheit erledigt" = gut.

„Er hat die ihm übertragenen Arbeiten zu unserer vollen Zufriedenheit erledigt" = befriedigend.

„Er hat die ihm übertragenen Arbeiten zu unserer Zufriedenheit erledigt" = ausreichend.

„Er hat die ihm übertragenen Arbeiten im großen und ganzen zu unserer Zufriedenheit erledigt" = mangelhaft.

„Er hat sich bemüht, die ihm übertragenen Arbeiten zu unserer Zufriedenheit zu erledigen" = völlig ungenügend.

3.3 Das Arbeitsverhältnis bei Inhaberwechsel

Inhaberwechsel bedeutet, dass der bisherige Betriebsinhaber seinen Betrieb oder einen selbständig abgrenzbaren Betriebsteil durch Rechtsgeschäft auf einen anderen Betriebsinhaber überträgt. Dieser tritt dann gemäß § 613a BGB in die Rechte

> Übertragung eines Betriebs durch Rechtsgeschäft auf einen anderen Inhaber

und Pflichten aus den im Zeitpunkt des Übergangs bestehenden Arbeitsverhältnissen ein. Diese gesetzliche Regelung kann nicht durch eine vertragliche Vereinbarung ausgeschlossen werden.

Für den Eintritt in die Rechte und Pflichten der bestehenden Arbeitsverhältnisse kommt es nicht auf die Wirksamkeit des Rechtsgeschäfts an, sondern darauf, dass der Erwerber aufgrund eines Rechtsgeschäfts tatsächlich die betriebliche Organisation übernimmt.

---

§ 613a BGB – Rechtsfolgen des Betriebsübergangs

(1) Geht ein Betrieb oder Betriebsteil durch Rechtsgeschäft auf einen anderen Inhaber über, so tritt dieser in die Rechte und Pflichten aus den im Zeitpunkt des Übergangs bestehenden Arbeitsverhältnissen ein. …

(4) Die Kündigung des Arbeitsverhältnisses eines Arbeitnehmers durch den bisherigen Arbeitgeber oder durch den neuen Inhaber wegen des Übergangs eines Betriebs oder eines Betriebsteils ist unwirksam. Das Recht zur Kündigung des Arbeitsverhältnisses aus anderen Gründen bleibt unberührt.

> An den bestehenden Arbeitsverhältnissen ändert sich nichts, der neue Inhaber wird Partner des Arbeitsvertrags.

Die Regelungen des § 613a BGB bezwecken:
- Schutz der bestehenden Arbeitsverhältnisse
- Eintritt des neuen Inhabers in die arbeitsrechtlichen Verbindlichkeiten des Veräußerers (= alter Inhaber)

Ein Betriebsübergang liegt dann vor, wenn der neue Inhaber die sachlichen und immateriellen Betriebsmittel in einem solchen Umfang übernimmt, dass mit ihnen der Betrieb eigenständig fortgeführt werden kann. Es kommt also darauf an, dass mit den übergegangenen Betriebsmitteln die bisherigen oder auch andere Funktionen wahrgenommen werden können.

> **Anspruch**

Anspruch des Arbeitnehmers auf Entgeltzahlung gegen den Erwerber, § 611 a BGB (Arbeitsvertrag) i. V. m. § 613a BGB:
- wirksamer Arbeitsvertrag mit dem bisherigen Arbeitgeber
- tatsächliche Übernahme der betrieblichen Organisation
- kein Widerspruch des Arbeitnehmers
- ⇨ Arbeitnehmer kann rückständiges und künftiges Entgelt vom Erwerber fordern

Durch den Eintritt in die Rechte und Pflichten der bestehenden Arbeitsverhältnisse ist der neue Inhaber als neuer Arbeitgeber verpflichtet, dem Arbeitnehmer rückständiges und zukünftiges Arbeitsentgelt zu bezahlen. Daneben kann der Arbeitnehmer rückständiges Arbeitsentgelt auch von dem früheren Inhaber fordern; durch den Betriebsübergang wird der frühere Arbeitgeber nicht von Entgeltansprüchen frei, die bereits entstanden sind. Der neue und der alte Betriebsinhaber haften für rückständiges Arbeitsentgelt als Gesamtschuldner, § 421 BGB, d. h., jeder der beiden muss den Anspruch in voller Höhe befriedigen, der Arbeitnehmer darf die Leistung nur einmal fordern (sonst würde er die doppelte Vergütung erhalten).

Eine Zustimmung des Arbeitnehmers zum Arbeitgeberwechsel ist nicht erforderlich, der Erwerber tritt automatisch in die Rechte und Pflichten des Arbeitsverhältnisses ein. Ist der Arbeitnehmer jedoch nicht einverstanden mit dem Wechsel, kann er dem Übergang des Arbeitsverhältnisses widersprechen (§ 613a Absatz 6 BGB), denn kein Arbeitnehmer braucht sich gegen seinen Willen mit dem Betrieb „verkaufen" zu lassen. Der Arbeitnehmer bleibt dann Arbeitnehmer seines bisherigen Arbeitgebers. Der wiederum kann eine betriebsbedingte Kündigung aussprechen, denn er hat seinen Betrieb ja veräußert. Dies widerspricht auch nicht dem Zweck des § 613a BGB, dem Arbeitnehmerschutz, denn der Arbeitnehmer kann selbst entscheiden, ob er seinen Arbeitsplatz behalten will oder nicht. Kündigungen von Arbeitgeberseite anlässlich des Betriebsübergangs sind unwirksam (§ 613a Absatz 4 BGB).

> Der Arbeitnehmer muss dem Wechsel nicht zustimmen. Er kann jedoch widersprechen, denn er braucht sich nicht „verkaufen" zu lassen.

3.4 Wiederholungsfragen

1. In welchen Fällen verliert der Arbeitgeber seinen Anspruch auf Erbringung der Arbeitsleistung? Welche Auswirkungen kann dies auf die Entgeltzahlungspflicht haben? ▶ Abschn. 3.1.1
2. Erklären Sie den Begriff „Treuepflicht". Welche Ansprüche des Arbeitgebers können sich aus der Treuepflicht des Arbeitnehmers ergeben? ▶ Abschn. 3.1.2
3. Weshalb gilt der Grundsatz – Wer einen Schaden schuldhaft verursacht, muss ihn ersetzen – im Arbeitsrecht nicht uneingeschränkt? ▶ Abschn. 3.1.3
4. Welche Schadensersatzansprüche ergeben sich für den Arbeitgeber, wenn der Arbeitnehmer die Arbeit unberechtigt verweigert? ▶ Abschn. 3.1.3
5. Was versteht man unter dem „Fixschuldcharakter" der Arbeit? ▶ Abschn. 3.1.3
6. In welchen Fällen haftet der Arbeitnehmer für Schäden, die er schuldhaft verursacht hat, nicht oder nicht in voller Höhe? ▶ Abschn. 3.1.3

7. Wann kann eine gewährte Sonderleistung vom Arbeitgeber nur zurückverlangt werden? ▶ Abschn. 3.1.4

8. Was versteht man unter „Annahmeverzug", und was sind die rechtlichen Folgen? ▶ Abschn. 3.2.1

9. Welche Auswirkungen hat es, wenn der Arbeitnehmer wegen Krankheit nicht arbeitet und es unterlässt,
   a) dies unverzüglich zu melden,
   b) rechtzeitig ein Attest abzugeben? ▶ Abschn. 3.2.1

10. Nennen Sie die Folgen, wenn ein Arbeitnehmer gegen den Willen des Arbeitgebers seinen Urlaub verlängert. ▶ Abschn. 3.2.1

11. Wie wirkt sich ein Wechsel des Betriebsinhabers auf die bestehenden Arbeitsverhältnisse aus? ▶ Abschn. 3.3

Die Kündigung

© Springer-Verlag GmbH Deutschland 2018
U. Teschke-Bährle, *Arbeitsrecht – Schnell erfasst,* Recht – Schnell erfasst,
https://doi.org/10.1007/978-3-662-55312-1_4

4.1   Beendigung des Arbeitsverhältnisses

◻ Ende (Stefan Dinter)

Das Dauerschuldverhältnis ist nicht auf einen einmaligen Leistungsaustausch gerichtet, sondern verpflichtet zu einem fortlaufenden Verhalten.

Das Arbeitsverhältnis ist ein Dauerschuldverhältnis, das nicht auf einen einmaligen Leistungsaustausch gerichtet ist, sondern bei dem Rechte und Pflichten auf bestimmte Dauer bestehen. Es endet daher erst, wenn ein Beendigungstatbestand eingreift.

Keine Beendigungstatbestände sind:
- Veräußerung des Betriebes
- Tod des Arbeitgebers
- Insolvenz des Arbeitgebers

Beendigungstatbestände sind:
- Kündigung
- Zeitablauf
- Aufhebungsvertrag
- Anfechtung
- Tod des Arbeitnehmers

Regelfall der Beendigung des Arbeitsverhältnisses ist die Kündigung. Dabei unterscheidet man zwischen der ordentlichen und der außerordentlichen Kündigung. Beide können sowohl vom Arbeitgeber als auch vom Arbeitnehmer erklärt werden.

Die ordentliche Kündigung muss eine bestimmte Zeit vor der Beendigung des Arbeitsverhältnisses erklärt werden (= Kündigungsfrist). Die außerordentliche (fristlose) Kündigung beendet das Arbeitsverhältnis sofort mit der Kündigungserklärung, vorausgesetzt, die Kündigung ist wirksam.

Die Länge der Kündigungsfrist kann geregelt sein im Gesetz, im Tarifvertrag oder im Arbeitsvertrag. Die Kündigungsfristen von Angestellten und Arbeitern sind gleich.

> **§ 622 BGB – Kündigungsfrist**
> (1) Das Arbeitsverhältnis eines Arbeiters oder eines Angestellten (Arbeitnehmers) kann mit einer Frist von vier Wochen zum Fünfzehnten oder zum Ende eines Kalendermonats gekündigt werden. ...
> (3) Während einer vereinbarten Probezeit, längstens für die Dauer von sechs Monaten, kann das Arbeitsverhältnis mit einer Frist von zwei Wochen gekündigt werden.
> (4) Von den Absätzen 1 bis 3 abweichende Regelungen können durch Tarifvertrag vereinbart werden.
> ...
> (6) Für die Kündigung des Arbeitsverhältnisses durch den Arbeitnehmer darf keine längere Frist vereinbart werden als für die Kündigung durch den Arbeitgeber.

> Kündigungsfrist ist die Zeit, die zwischen Zugang der Kündigungserklärung und dem Zeitpunkt der Beendigung des Arbeitsverhältnisses liegen muss.

> Mindestkündigungsfrist: vier Wochen

Nach der gesetzlichen Regelung kann ein Arbeitsverhältnis entweder zum 15. oder zum Ende eines Monats enden. Die Kündigungserklärung muss vier Wochen vor dem Endzeitpunkt erfolgen. Absatz 2 (hier nicht abgedruckt) verlängert die Kündigungsfrist für den Arbeitgeber bei lang bestehenden Arbeitsverhältnissen, gestaffelt nach ihrer Dauer: Hat das Arbeitsverhältnis zwei Jahre bestanden, beträgt die Kündigungsfrist einen Monat zum Ende eines Kalendermonats, hat es fünf Jahre bestanden, zwei Monate zum Ende eines Kalendermonats usw. Die Regelung, dass Beschäftigungszeiten, die vor Vollendung des 25. Lebensjahres liegen, unberücksichtigt bleiben, wurde vom EuGH (Urteil vom 19.01.2010, C 555/07) als unwirksam (da diskriminierend) eingestuft. Die Bestimmung des § 622 Absatz 2 Satz 2 BGB darf daher – auch wenn sie noch im Gesetzestext steht – nicht mehr angewendet werden. Für die Berechnung der Kündigungsfrist kommt es somit nur auf die Dauer des Beschäftigungsverhältnisses an, nicht mehr auf das Alter des Beschäftigten.

Wird eine Kündigung mit einer falschen Kündigungsfrist ausgesprochen, kann dies zur Unwirksamkeit der Kündigung führen.

4.2   Kündigungserklärung

> **§ 620 BGB – Ende des Dienstverhältnisses**
> (1) Das Dienstverhältnis endigt mit dem Ablaufe der Zeit, für die es eingegangen ist.
> (2) Ist die Dauer des Dienstverhältnisses weder bestimmt noch aus der Beschaffenheit oder dem Zwecke der Dienste zu entnehmen, so kann jeder Teil das Dienstverhältnis nach Maßgabe der §§ 621 bis 623 kündigen.
> (3) Für Arbeitsverträge, die auf bestimmte Zeit abgeschlossen wurden, gilt das Teilzeit- und Befristungsgesetz.

Ein befristetes Arbeitsverhältnis endet mit Zeitablauf, ein unbefristetes i. d. R. durch Kündigung.

Ein befristetes Arbeitsverhältnis endet regelmäßig mit Ablauf der vereinbarten Zeit (§ 15 TzBfG), es sei denn, es wird vorher wegen eines wichtigen Grundes fristlos gekündigt, § 626 BGB. Die meisten Arbeitsverhältnisse sind unbefristet und können durch „ordentliche" Kündigung beendet werden. Besteht kein Grund zur fristlosen „außerordentlichen" Kündigung, ist eine bestimmte Kündigungsfrist, die sich aus § 622 BGB, aus dem Arbeitsvertrag oder dem Tarifvertrag ergeben kann, einzuhalten. Allerdings macht eine falsche Kündigungsfrist die Kündigung nicht immer unwirksam, das Arbeitsverhältnis endet im Zweifel dann erst, wenn die richtige Kündigungsfrist abgelaufen ist.

Die Kündigungserklärung ist eine:
– einseitige
– rechtsgestaltende
– empfangsbedürftige
– Willenserklärung

Die Prüfung der Wirksamkeit einer Kündigung beginnt bereits mit der Kündigungserklärung, die eine einseitige, rechtsgestaltende, empfangsbedürftige Willenserklärung ist. Einseitig bedeutet, dass anders als bei einem Vertrag, der zwei übereinstimmende Willenserklärungen voraussetzt, nur eine Person eine Willenserklärung abgibt und damit unmittelbar rechtsgestaltend auf ein Rechtsgeschäft einwirkt, es beendet oder begründet. Der anderen Person muss die Erklärung nur zugehen.

Die Kündigungserklärung muss bestimmte Voraussetzungen erfüllen.

Wirksamkeit einer Kündigungserklärung:
- Bestimmtheit
- Zugang
- Vollmacht
- Form

Die Kündigungserklärung ist bedingungsfeindlich.

Aus der Erklärung muss eindeutig zu ersehen sein, dass die Beendigung des Arbeitsverhältnisses gewollt ist und welcher Art (ordentlich oder außerordentlich) die Kündigung sein soll. Die Erklärung darf grundsätzlich mit keiner Bedingung verknüpft werden, es sei denn, die Erfüllung oder Nichterfüllung hängt von einer sofort zu treffenden Entscheidung des Kündigungsgegners oder einer „Rechtsbedingung" ab.

Beispiel:
Ein Arbeitnehmer feiert zum wiederholten Male krank. Der Arbeitgeber lässt ihm ausrichten, ihm werde fristlos gekündigt, wenn er nicht sofort die Arbeit aufnehme.

Diese Bedingung hinterlässt beim Arbeitnehmer keine Unsicherheit, denn er selbst hat es in der Hand, wie er sich entscheidet.

Beispiel:
Der Arbeitgeber spricht eine fristlose Kündigung aus, vorsorglich – falls ein wichtiger Grund nicht vorliegt – erklärt er auch die ordentliche Kündigung.

Das verstößt nicht gegen den Bestimmtheitsgrundsatz, denn welche Kündigung nun gewollt ist, hängt von einer „Rechtsbedingung" ab, d. h., es kommt auf die rechtliche Beurteilung an.

Die Erklärung muss dem Empfänger zugehen, wobei es sich nach § 623 BGB immer um eine schriftliche Kündigungserklärung handeln muss. Der Zugang der schriftlichen Kündigung ist bewirkt, wenn die Erklärung in den Herrschaftsbereich des Empfängers gelangt, so dass dieser unter gewöhnlichen Umständen davon Kenntnis erlangen kann. Beispiele für den Zugang: Persönliche Übergabe an den Empfänger – sofort; Übersendung mit der Post – wenn das Schreiben im Briefkasten des Empfängers liegt; Einschreiben beim Postamt – wenn der Empfänger das Schreiben von der Post abholt. Da von den gewöhnlichen Umständen auszugehen ist, gilt der Zugang auch als bewirkt, wenn der Brief im Briefkasten des Empfängers liegt, dieser sich jedoch in Urlaub befindet.

Zugang:
– Erklärung im Herrschaftsbereich des Empfängers
– Möglichkeit der Kenntnisnahme

Spricht nicht der Arbeitgeber selbst eine Kündigung oder Abmahnung aus, sondern ein anderer, so muss dieser hierzu ermächtigt sein, §§ 164 ff., 174, 180 BGB. Das gilt bei einer schriftlichen Kündigung auch für die unterzeichnende Person.

Vertretung ist möglich.

> **§ 623 BGB – Schriftform der Kündigung**
> Die Beendigung von Arbeitsverhältnissen durch Kündigung oder Auflösungsvertrag bedürfen zu ihrer Wirksamkeit der Schriftform; die elektronische Form ist ausgeschlossen.

Nach § 623 BGB bedarf eine Kündigung zu ihrer Wirksamkeit der Schriftform. Eine nur mündlich ausgesprochene Kündigung ist daher unwirksam.

4.3   Ordentliche Kündigung

Die ordentliche Kündigung beendet das Arbeitsverhältnis nach Ablauf der Kündigungsfrist. Die Bezeichnung „ordentliche" Kündigung erfolgt in Abgrenzung zur „außerordentlichen" Kündigung und macht deutlich, dass der Regel- und Normalfall die Kündigung mit Einhaltung einer Kündigungsfrist ist. Nur in besonders schwerwiegenden, „außerordentlichen" Fällen erfolgt eine fristlose Kündigung.

An die Wirksamkeit einer Kündigung ist eine ganze Reihe von Anforderungen zu stellen, denn die Kündigung bedeutet normalerweise einen erheblichen Einschnitt im Leben des Arbeitnehmers, so dass er ihr nicht schutzlos gegenüberstehen soll.

Bei einer Prüfung ist die im Schema angegebene Reihenfolge der Prüfungspunkte einzuhalten. Denn muss ein Prüfungspunkt verneint werden, dann kann keine wirksame ordentliche Kündigung mehr vorliegen und die Prüfung abgebrochen werden. Es ist jedoch auch immer zu beachten, dass nur solche Prüfungspunkte des Schemas die Unwirksamkeit einer Kündigung begründen können, deren Anwendbarkeit vorher bejaht wurde. Besteht z. B. in einem Betrieb kein Betriebsrat, kann seine Nichtanhörung logischerweise keine Auswirkung auf die Kündigung haben.

Wirksamkeit der ordentlichen Kündigung:

- wirksamer Arbeitsvertrag
- ordnungsgemäße Kündigungserklärung
- kein Ausschluss der Kündigung durch:
  - Sonderkündigungsschutz (Schwangere/Mütter § 9 MuSchG, Betriebsräte sowie Jugend- und Auszubildendenvertreter § 15 KSchG, Schwerbehinderte § 85 SGB IX)
  - Befristung (ohne ausdrückliche Vereinbarung ist nur fristlose Kündigung ist möglich)
- ordnungsgemäße Anhörung des Betriebsrats, § 102 BetrVG
- Kündigungsschutz nach dem KSchG:
  - Anwendbarkeit in persönlicher (§ 1 KSchG) und betrieblicher (§ 23 KSchG) Hinsicht
  - Frist des § 4 KSchG eingehalten
  - Kündigungsgrund und soziale Rechtfertigung (verhaltensbedingt, personenbedingt, betriebsbedingt)
- Kündigungsfrist

Eine Kündigung bedarf eines wirksamen Arbeitsvertrages. Ein unwirksamer Arbeitsvertrag kann durch einseitige Erklärung „aufgelöst" werden, für einen Kündigungsschutz besteht kein Raum.

4

Wichtig ist es, die Kündigung Punkt für Punkt sauber durchzuprüfen.

Nur ein wirksamer Vertrag kann gekündigt werden.

Ein anfechtbarer Arbeitsvertrag ist so lange wirksam, bis die Anfechtung erklärt wird. Ist die Anfechtung erfolgreich, hat das die Unwirksamkeit ex nunc des Arbeitsvertrags zur Folge, der Kündigungsschutz greift nicht.

Die ordentliche Kündigung ist bei einem befristeten Arbeitsvertrag grundsätzlich ausgeschlossen, denn dieser endet durch Zeitablauf (§ 15 Absätze 1 und 2 TzBfG). Soll ein befristeter Arbeitsvertrag ordentlich gekündigt werden können, muss dieses Recht ausdrücklich vereinbart werden (§ 15 Absatz 3 TzBfG).

Der Sonderkündigungsschutz stellt an die Kündigung bestimmter Personen besondere Anforderungen.

> Wurde eine Anfechtung und die Kündigung erklärt, ist immer zuerst die Anfechtung zu prüfen.

> Sonderkündigungsschutz für bestimmte Personengruppen

---

§ 9 MuSchG – Verbot der Kündigung
(1) Die Kündigung gegenüber einer Frau während der Schwangerschaft und bis zum Ablauf von vier Monaten nach der Entbindung ist unzulässig, wenn dem Arbeitgeber zur Zeit der Kündigung die Schwangerschaft oder Entbindung bekannt war oder innerhalb zweier Wochen nach Zugang der Kündigung mitgeteilt wird; das Überschreiten dieser Frist ist unschädlich, wenn es auf einem von der Frau nicht zu vertretenden Grund beruht und die Mitteilung unverzüglich nachgeholt wird. ...

> Sonderkündigungsschutz für schwangere Frauen
> ▶ Abschn. 5.2.2

Die Kündigung einer schwangeren Arbeitnehmerin ist bis vier Monate nach der Geburt nicht möglich. Der Arbeitgeber kann sich nur durch die Anfechtung des Arbeitsvertrags von ihr trennen, wobei dann die Voraussetzungen der Anfechtung vorliegen müssen, oder durch Abschluss eines Aufhebungsvertrags.

---

§ 85 SGB IX – Notwendigkeit der Zustimmung
Die Kündigung des Arbeitsverhältnisses eines schwerbehinderten Menschen durch den Arbeitgeber bedarf der vorherigen Zustimmung des Integrationsamtes.

> Sonderkündigungsschutz für Schwerbehinderte
> ▶ Abschn. 5.2.3

---

§ 15 KSchG – Unzulässigkeit der Kündigung
(1) Die Kündigung eines Mitglieds eines Betriebsrats, einer Jugend- und Auszubildendenvertretung ... ist unzulässig, es sei denn, daß Tatsachen vorliegen, die den Arbeitgeber zur Kündigung aus wichtigem Grund ohne Einhaltung der Kündigungsfrist berechtigen, ...

> Sonderkündigungsschutz für Betriebsratsmitglieder

Die ordentliche Kündigung eines Betriebsratsmitglieds ist nicht möglich, für eine Kündigung muss ein die fristlose Kündigung rechtfertigender Grund vorliegen.

> ### § 102 BetrVG – Anhörung des Betriebsrats
> (1) Der Betriebsrat ist vor jeder Kündigung zu hören. Der Arbeitgeber hat ihm die Gründe für die Kündigung mitzuteilen. Eine ohne Anhörung des Betriebsrats ausgesprochene Kündigung ist unwirksam. …

bei allen Kündigungen zu prüfen

Der Betriebsrat – sofern einer besteht – ist vor jeder Kündigung anzuhören.

Die Betonung liegt hier auf „jeder" Kündigung, d. h., der Betriebsrat muss vor jeder ordentlichen und außerordentlichen Kündigung angehört werden. Nicht nötig ist die Zustimmung des Betriebsrats zur Kündigung, aber „Anhörung" verlangt, dass der Arbeitgeber die Gründe der Entscheidung des Betriebsrats zur Kenntnis nimmt. Für den Arbeitgeber gilt, auf eine ordnungsgemäße Anhörung zu achten, denn viele Kündigungen scheitern in der Praxis an diesem Punkt. Umgekehrt wird der Arbeitnehmer, der sich gegen eine Kündigung wehren möchte, Fehler bei der Anhörung vortragen. Der Arbeitgeber hat dem Betriebsrat alle Umstände mitzuteilen, die für die Kündigung ausschlaggebend sind, auch den Wortlaut und den Grund der Abmahnung.

Fehler der Beschlussfassung des Betriebsrats, die im Bereich des Betriebsrats selbst liegen, haben auf die Wirksamkeit der Kündigung keinerlei Auswirkung. Ansonsten hätte es der Betriebsrat in der Hand, eine Kündigung unwirksam werden zu lassen. Selbstverständlich gilt die Voraussetzung der Betriebsratsanhörung nur in solchen Betrieben, in denen ein Betriebsrat besteht, und ist nur bei solchen zu prüfen.

Anwendungsbereich des KSchG

Arbeitnehmer, für die das Kündigungsschutzgesetz nicht gilt, können im Falle einer ordentlichen Kündigung nicht geltend machen, dass kein ausreichender Grund vorliegt.

Der Kündigungsschutz nach dem KSchG ermöglicht es dem Arbeitnehmer, von einem Gericht nachprüfen zu lassen, ob eine soziale Rechtfertigung, d. h. ein ausreichender Kündigungsgrund für seine Kündigung gegeben ist. Das geht jedoch nur dann, wenn das KSchG Anwendung findet. Beschäftigte, auf die das KSchG nicht anwendbar ist, können vor Gericht nicht geltend machen, der Grund für ihre Kündigung sei nicht ausreichend. Sie können nur die Überprüfung der anderen Wirksamkeitsvoraussetzungen der Kündigung verlangen, wie Kündigungserklärung, Sonderkündigungsschutz, Betriebsratsanhörung.

§ 1 KSchG – Sozial ungerechtfertigte Kündigungen
(1) Die Kündigung des Arbeitsverhältnisses gegenüber einem Arbeitnehmer, dessen Arbeitsverhältnis in demselben Betrieb oder Unternehmen ohne Unterbrechung länger als sechs Monate bestanden hat, ist rechtsunwirksam, wenn sie sozial ungerechtfertigt ist. …

persönlicher Anwendungsbereich des KSchG

§ 23 KSchG – Anwendungsbereich
(1) … Die Vorschriften des Ersten Abschnitts gelten mit Ausnahme der §§ 4 bis 7 und des § 13 Abs. 1 Satz 1 und 2 nicht für Betriebe und Verwaltungen, in denen in der Regel fünf oder weniger Arbeitnehmer ausschließlich der zu ihrer Berufsbildung Beschäftigten beschäftigt werden. In Betrieben und Verwaltungen, in denen in der Regel zehn oder weniger Arbeitnehmer ausschließlich der zu ihrer Berufsbildung Beschäftigten beschäftigt werden, gelten die Vorschriften des Ersten Abschnitts mit Ausnahme der §§ 4 bis 7 und des § 13 Abs. 1 Satz 1 und 2 nicht für Arbeitnehmer, deren Arbeitsverhältnis nach dem 31.12.2003 begonnen hat; diese Arbeitnehmer sind bei der Feststellung der Zahl der beschäftigten Arbeitnehmer nach Satz 2 bis zur Beschäftigung von in der Regel zehn Arbeitnehmern nicht zu berücksichtigen. Bei der Feststellung der Zahl der beschäftigten Arbeitnehmer nach Satz 2 und 3 sind teilzeitbeschäftigte Arbeitnehmer mit einer regelmäßigen wöchentlichen Arbeitszeit von nicht mehr als 20h mit 0,5 und nicht mehr als 30h mit 0,75 zu berücksichtigen. …

betrieblicher Geltungsbereich des KSchG

Das KSchG findet Anwendung:
1. In personeller Hinsicht, wenn der Arbeitnehmer mindestens sechs Monate ununterbrochen in dem Betrieb beschäftigt ist. Dieser Zeitpunkt fällt meist auf das Ende der Probezeit, die ja in der Regel sechs Monate beträgt.
2. In betrieblicher Hinsicht, wenn der Betrieb eine gewisse Größe hat. Die Berechnung der Betriebsgröße ist seit 01.01.2004 sehr kompliziert geworden. Es gilt folgende Faustregel:
⇨ Für Arbeitsverhältnisse, die vor dem 31.12.2003 bestanden, gilt das KSchG, wenn mehr als fünf Arbeitnehmer ständig beschäftigt werden – und zwar solange, bis im Betrieb eine ständige Beschäftigtenzahl von mehr als 10 Arbeitnehmern erreicht ist.

Arbeitnehmer muss mindestens 6 Monate im Betrieb beschäftigt sein.

In dem Betrieb müssen mehr als 5 Arbeitnehmer regelmäßig beschäftigt sein.

⇨ Für Arbeitsverhältnisse, die nach dem 31.12.2003 begannen, gilt das KSchG von Anfang an nur, wenn mehr als 10 Arbeitnehmer ständig beschäftig werden.

Es müssen rechnerisch mindestens bei 5,25 Personen bzw. 10,25 Personen in dem Betrieb ständig beschäftigt sein. Dabei sind Auszubildende nicht mitzuzählen. Teilzeitbeschäftigte sind je nach dem Umfang ihrer Beschäftigung anteilsmäßig mitzuzählen.

Beispiel
Beispiel (Neueinstellung):
Auf einen Betrieb mit neun vollzeitbeschäftigten Arbeitnehmern (40h) sowie zwei teilzeitbeschäftigten Arbeitnehmern (20h) ist das KSchG nicht anwendbar. Neun und zweimal 0,5 sind zehn Beschäftigte, es bedarf allerdings für die Anwendbarkeit des KSchG mindestens 10,25 Beschäftigter.

Kleinstbetriebe sind also aus dem Anwendungsbereich der KSchG herausgenommen.

4.3.1   Rechtfertigung für die Kündigung

> **§ 1 KSchG – Sozial ungerechtfertigte Kündigungen**
> … (2) Sozial ungerechtfertigt ist die Kündigung, wenn sie nicht durch Gründe, die in der Person oder in dem Verhalten des Arbeitnehmers liegen, oder durch dringende betriebliche Erfordernisse, die einer Weiterbeschäftigung des Arbeitnehmers in diesem Betrieb entgegenstehen, bedingt ist. …

Kündigungsgründe können sein:
- verhaltensbedingt
- personenbedingt
- betriebsbedingt

In § 1 Abs. 2 KSchG wird die Einteilung der drei Kündigungsgründe vorgenommen: Verhaltensbedingt, personenbedingt, betriebsbedingt. Unter diese drei Punkte kann jede ordentliche Kündigung subsumiert werden. Die genaue Zuordnung einer ergangenen Kündigung ist deswegen erforderlich, weil jeder dieser Kündigungsanlässe unterschiedliche Voraussetzungen hat, um zu einer wirksamen Kündigung zu führen, oder besser, zu einer sozial gerechtfertigten Kündigung.

Als Faustregel für die Abgrenzung gilt:
- verhaltensbedingt: der Arbeitnehmer könnte sich anders verhalten, will aber nicht
- personenbedingt: der Arbeitnehmer kann nicht anders handeln, selbst wenn er wollte (insbesondere Krankheit)

━ betriebsbedingt: die Gründe liegen nicht beim Arbeitnehmer, sondern im Betrieb begründet

In der folgenden Übersicht werden beispielhaft Gründe aufgeführt, die zu einer verhaltensbedingten Kündigung führen können. Zu beachten bleibt, dass das Vorliegen eines dieser Gründe allein noch nicht unbedingt eine Kündigung rechtfertigt. Vielmehr ist immer auch die Verhältnismäßigkeit zu prüfen: Ist die Kündigung ein angemessenes Mittel, um einen Missstand zu beseitigen, oder hätte ein milderes Mittel ausgereicht? Durfte genau diesem Arbeitnehmer gekündigt werden?

Verhaltensbedingte Kündigung sozial gerechtfertigt, wenn:
━ Verhalten des Arbeitnehmers Kündigungsgrund an sich ist
━ Kündigung dieses Arbeitnehmers zulässig ist

Gründe – verhaltensbedingte Kündigung
- Arbeitsverweigerung
- dauernde Unpünktlichkeit
- unbefugtes Verlassen des Arbeitsplatzes
- Nichtvorlage der Arbeitsunfähigkeitsbescheinigung
- ehrverletzende Äußerungen über den Arbeitgeber
- Fehl-, Schlecht-, unzureichende Leistungen
- eigenmächtiger Urlaubsantritt
- Urlaubsüberschreitung
- Annahme von Schmiergeldern
- Drohung, krank zu werden
- Vortäuschen einer Krankheit
- Entzug der Fahrerlaubnis bei Berufskraftfahrern
- unerlaubte (private) Telefongespräche
- Störung des Betriebsfriedens
- Spesenbetrug
- wiederholte Mankobeträge
- Nichtbefolgung eines allgemeinen Rauchverbots im Betrieb
- Nebentätigkeit, soweit sie die arbeitsvertraglich geschuldete Leistung beeinträchtigt

---

Zunächst ist generell zu prüfen, ob ein Kündigungsgrund vorliegt. Das ist der Fall, wenn der Arbeitnehmer durch eine Verletzung seiner Pflichten gegen den Arbeitsvertrag verstoßen hat (vergleiche hierzu auch vorangegangene Übersicht).

Dann ist in einer konkreten Einzelfallprüfung zu untersuchen, ob diese Kündigung zulässig war. Damit wird dem

Ein wirksamer Kündigungsgrund liegt vor, wenn das Verhalten des Arbeitnehmers:
– grundsätzlich
– und auch im konkreten Einzelfall einen Kündigungsgrund darstellt.

Grundsatz der Verhältnismäßigkeit Rechnung getragen: die Kündigung als letztes Mittel („ultima ratio").

Folgende Fragen sind dabei zu stellen:

1. Hat das Verhalten des Arbeitnehmers Auswirkung auf den Betrieb?
2. Gibt es ein milderes Mittel als die Kündigung, um eine Verhaltensänderung herbeizuführen?
3. Überwiegt trotz allem das Interesse des Arbeitnehmers an der Fortführung des Arbeitsverhältnisses das des Arbeitgebers an der Auflösung?

Die Kündigung ist nicht Strafe, sondern dient der Beseitigung eines Missstands im Betrieb.

Die Kündigung stellt keine Bestrafung des Arbeitnehmers dar, sondern dient dazu, einen Missstand im Betrieb zu beenden. Daraus folgt die Pflicht des Arbeitgebers zu prüfen, ob dies auch mit einem milderen Mittel geschehen kann. Gibt es ein milderes Mittel und hat der Arbeitgeber das außer Acht gelassen, ist die Kündigung unwirksam, weil nicht sozial gerechtfertigt.

Mittel zur Beseitigung eines Missstandes im Betrieb:

- Abmahnung
- Versetzung
- Änderungskündigung
- ordentliche Kündigung
- außerordentliche Kündigung

In aller Regel ist zunächst mindestens eine Abmahnung zu erteilen.

Aus Gründen der Verhältnismäßigkeit wird in der Regel bei einem Fehlverhalten eine Abmahnung zu erteilen sein, bevor eine Kündigung ausgesprochen wird. Diese muss dann mit einem erneuten Fehlverhalten des Arbeitnehmers begründet werden. Der Abmahnung bedarf es dann nicht, wenn sie keinen Sinn hat.

Unterscheidung:
- **Störung im Leistungsbereich**
- **Störung im Vertrauensbereich**

Es wird dabei unterschieden zwischen Störungen im Leistungsbereich (z. B. Arbeitnehmer kommt unentschuldigt nicht zur Arbeit) und Störungen im Vertrauensbereich (z. B. Arbeitnehmer nimmt aus der Kasse unbefugt Geld). Bei Störungen im Leistungsbereich besteht Hoffnung, dass der Arbeitnehmer sein Verhalten aufgrund einer Abmahnung ändern wird, daher genügt sie zunächst, um den Missstand im Betrieb zu beseitigen. Die Störung im Vertrauensbereich dagegen kann durch eine Abmahnung i. d. R. nicht beseitigt werden, denn ist das Vertrauen zerstört, kann es durch eine Abmahnung nicht wieder hergestellt werden. Eine sofortige Kündigung ohne Abmahnung wäre i. d. R. nicht unverhältnismäßig.

Ein gestörtes Vertrauensverhältnis begründet auch die Kündigung nur aufgrund eines Verdachts. Der Arbeitgeber hat hier den Arbeitnehmer in Verdacht, eine rechtswidrige Tat begangen zu haben (z. B. Diebstahl von Betriebseigentum).

Wirksamkeit einer Verdachtskündigung:
- Arbeitgeber hat einen begründeten Verdacht
- das Vertrauensverhältnis ist gestört
- Arbeitnehmer hatte die Möglichkeit zur Stellungnahme
- Arbeitgeber hat Betriebsrat hierzu angehört

Selbstverständlich sind auch hier vorher die allgemeinen Voraussetzungen einer Kündigung zu berücksichtigen (wirksamer Arbeitsvertrag, Kündigungserklärung, Sonderkündigungsschutz). Die Kündigung bleibt auch wirksam, wenn sich nachträglich herausstellt, dass der Verdacht unbegründet war. Dafür hat der Arbeitnehmer dann aber einen Anspruch auf Wiedereinstellung.

Dies klingt im ersten Moment vielleicht ungerecht, denn der Arbeitnehmer wurde zu Unrecht verdächtigt. Aber da bei der Verdachtskündigung durch die Zerstörung des Vertrauens der Verdacht ein ausreichender Kündigungsgrund ist, beendet die Kündigung das Arbeitsverhältnis. Auf den zweiten Blick ist dies für den Arbeitnehmer auch nicht unbillig: Er hat einen Wiedereinstellungsanspruch gegen den Arbeitgeber auf seinen alten Arbeitsplatz.

> Die Verdachtskündigung beendet das Arbeitsverhältnis auch, wenn der Verdacht sich als unbegründet herausstellt. Der Arbeitnehmer hat in diesem Fall aber einen Wiedereinstellungsanspruch.

Der Arbeitnehmer kann selbst entscheiden, ob er wieder eingestellt werden möchte oder ob er gar nicht mehr in dem Betrieb arbeiten will, in dem er falschen Verdächtigungen ausgesetzt war.

Die Verdachtskündigung ist sowohl ordentlich als auch außerordentlich möglich. In der Regel führt sie zu einer fristlosen Kündigung, wobei es natürlich auch darauf ankommt, welcher Tat der Arbeitnehmer verdächtig ist. Der Verdacht ist dann wichtiger Grund im Sinne des § 626 BGB.

> Der Verdacht kann auch ein wichtiger Grund i. S. d. § 626 BGB sein und eine außerordentliche Kündigung rechtfertigen ▶ Abschn. 4.4

Die Gründe für die verhaltensbedingte Kündigung überschneiden sich oft mit den Gründen für eine außerordentliche Kündigung, ist die zweite doch eigentlich eine verhaltensbedingte Kündigung ohne Einhaltung einer Kündigungsfrist, weil der Arbeitsvertragsverstoß besonders schwerwiegend ist. Personenbedingte Kündigung, sozial gerechtfertigt, wenn:
- der Arbeitnehmer seiner Arbeitspflicht überhaupt nicht nachkommen kann
- aufgrund eines in seiner Person liegenden Grundes
- bei erheblicher Beeinträchtigung betrieblicher Interessen
- bei Interessenabwägung bezogen auf den konkreten Einzelfall

> **personenbedingte Kündigung**
>
> Der Arbeitnehmer zeigt ein bestimmtes Verhalten, ohne dass er es ändern könnte; eine Abmahnung ist daher nicht sinnvoll.

Hier liegt eine Störung im Leistungsbereich vor, der Arbeitnehmer kommt seiner Arbeitspflicht nicht nach, kann sich aber auch nicht anders verhalten.

4

> **Gründe – personenbedingte Kündigung**
> - fehlende Eignung für geschuldete Leistung
> - Nichtbestehen einer für die Stelle vorgesehenen Prüfung
> - Trink- oder Drogensucht
> - Krankheit in Form von lang andauernder Erkrankung
> - häufige Kurzerkrankungen
> - krankheitsbedingte Leistungsminderung
> - fehlende Arbeitserlaubnis bei Ausländern
> - Arbeitsverhinderung wegen Haft

Mildere Mittel als eine Kündigung:
- Versetzung
- Änderungskündigung

Auch hier darf die Kündigung nur ultima ratio sein. Eine Abmahnung ist sinnlos, der Arbeitnehmer kann sich ja nicht anders verhalten, aber es könnte auch eine Versetzung oder Änderungskündigung ausreichend sein, um den Missstand zu beenden.

Häufigster Grund einer personenbedingten Kündigung ist die Krankheit. Zwar kann einem Arbeitnehmer nicht gekündigt werden, nur weil er krank ist, dem steht der Gedanke der Entgeltfortzahlung im Krankheitsfall entgegen. Aber handelt es sich um eine lang andauernde Krankheit oder sehr oft auftretende Kurzerkrankungen, ist es unter Umständen dem Arbeitgeber nicht mehr zuzumuten, den Arbeitnehmer weiter zu beschäftigen.

Krankheit als Kündigungsgrund

Kündigungsgrund Krankheit:
- negative Gesundheitsprognose
- erhebliche Beeinträchtigung betrieblicher Interessen
- Interessenabwägung

Eine negative Gesundheitsprognose kann bejaht werden, wenn zum Zeitpunkt des Zugangs der Kündigung objektive Tatsachen vorliegen, die die Besorgnis weiterer Erkrankungen im bisherigen Umfang rechtfertigen. Für die Erstellung einer Gesundheitsprognose werden die bisherigen Fehlzeiten aufgelistet. Diese gelten als Indiz dafür, dass der Arbeitnehmer auch weiterhin krank sein wird. Kann der Arbeitnehmer diesen Anschein nicht erschüttern, z. B. indem er darlegt, die Fehlzeiten waren auf eine inzwischen ausgeheilte „Grundkrankheit" zurückzuführen, die nicht mehr Ursache für weitere Krankheiten sein kann, ist die Gesundheitsprognose negativ. Maßgeblicher Zeitpunkt für die Erstellung der Gesundheitsprognose ist der Gesundheitszustand bei Zugang der Kündigung, nicht die Entwicklung danach.

Eine erhebliche Beeinträchtigung betrieblicher Interessen besteht nicht grundsätzlich schon dann, wenn der Arbeitgeber die gesetzlich vorgesehene Entgeltfortzahlung leisten muss. Eine Kündigung wegen häufiger Kurzerkrankungen kann jedoch dann gerechtfertigt sein, wenn durch die häufige Abwesenheit des Arbeitnehmers erhebliche organisatorische Störungen im Betrieb auftreten; oder wenn aufgrund der Erkrankungen das Austauschverhältnis von Arbeitsleistung und Arbeitsentgelt so erheblich gestört ist, dass dem Arbeitgeber die Fortsetzung des Arbeitsverhältnisses nicht mehr zumutbar ist.

Bei der Interessenabwägung finden Aspekte Berücksichtigung, wie Alter und Familienstand des Arbeitnehmers, Krankheit aufgrund betrieblicher Ursachen, Dauer des Arbeitsverhältnisses bevor die krankheitsbedingten Störungen aufgetreten sind.Betriebsbedingte Kündigung, sozial gerechtfertigt, wenn:

Verhältnismäßigkeit und Interessenabwägung

- die Arbeitsmenge reduziert wurde
- ein oder mehrere Arbeitsplätze hierdurch weggefallen sind
- dadurch eine Kündigung unvermeidbar wurde
- Grundsätze der Sozialauswahl beachtet wurden

betriebsbedingte Kündigung

Grund für die Kündigung liegt im Betrieb, das Verhalten des Arbeitnehmers spielt keine Rolle.

Das Verhalten oder die Person des Arbeitnehmers hat hier mit dem Kündigungsgrund nichts zu tun, vielmehr fällt sein Arbeitsplatz weg. Ursachen dafür können sein: neue Arbeitsmethoden, Betriebseinschränkung, Betriebsstillegung, neue Produktionsmethoden, Rationalisierungsmaßnahmen. Warum und weshalb diese Maßnahmen ergriffen werden, ist eine nicht gerichtlich nachprüfbare Unternehmerentscheidung, d. h., es ist ganz allein Sache des Arbeitgebers, solche Entscheidungen zu treffen. Der Arbeitsplatz fällt dadurch weg, und der Arbeitgeber hat auch auf einem anderen Arbeitsplatz keine Verwendung für den Arbeitnehmer (Verhältnismäßigkeit). Bei der Sozialauswahl wird der konkrete Einzelfall geprüft: Hätte der Arbeitgeber einem anderen Arbeitnehmer kündigen können, der z. B. nicht verheiratet, kinderlos, jünger oder nicht so lange im Betrieb ist?

Nicht nachprüfbar ist die Unternehmerentscheidung.

Nachprüfbar ist aber:
- ob tatsächlich ein Arbeitsplatz weggefallen ist
- ob Arbeitnehmer auf einem anderen Arbeitsplatz beschäftigt werden kann
- ob diesem Arbeitnehmer gekündigt werden kann.

---

§ 1 Abs. 3 KSchG – Sozial ungerechtfertigte Kündigungen

(3) Ist einem Arbeitnehmer aus dringenden betrieblichen Erfordernissen im Sinne des Absatzes 2 gekündigt worden, so ist die Kündigung trotzdem sozial ungerechtfertigt, wenn der Arbeitgeber bei der Auswahl des Arbeitnehmers die Dauer der Betriebszugehörigkeit, das Lebensalter, die Unterhaltspflichten und die Schwerbehinderung des

4

> Arbeitnehmers nicht oder nicht ausreichend berücksichtigt hat; …. In die soziale Auswahl nach Satz 1 sind Arbeitnehmer nicht einzubeziehen, deren Weiterbeschäftigung, insbesondere wegen ihrer Kenntnisse, Fähigkeiten und Leistungen oder zur Sicherungen einer ausgewogenen Personalstruktur des Betriebes, im betrieblichen Interesse liegt. ….

Bei einer betriebsbedingten Kündigung kann der Arbeitgeber durch das Angebot einer Abfindungszahlung den Arbeitnehmer dazu bewegen, auf eine Klage gegen die Kündigung zu verzichten.

> **§ 1a KSchG – Abfindungsanspruch bei betriebsbedingter Kündigung**
> (1) Kündigt der Arbeitgeber wegen dringender betrieblicher Erfordernisse nach § 1 Abs. 2 Satz 1 und erhebt der Arbeitnehmer bis zum Ablauf der Frist des § 4 Satz 1 keine Klage auf Feststellung, dass das Arbeitsverhältnis nicht aufgelöst ist, hat der Arbeitnehmer mit dem Ablauf der Kündigungsfrist Anspruch auf eine Abfindung. Der Anspruch setzt den Hinweis des Arbeitgebers in der Kündigungserklärung voraus, dass die Kündigung auf dringende betriebliche Erfordernisse gestützt ist und der Arbeitnehmer bei Verstreichenlassen der Klagefrist die Abfindung beanspruchen kann.
> (2) Die Höhe der Abfindung beträgt 0,5 Monatsverdienste für jedes Jahr des Bestehens des Arbeitsverhältnisses. …

Langer Paragraf, kurzer Sinn: Nur wenn der Arbeitgeber ausdrücklich aus betriebsbedingten Gründen kündigt und den Arbeitnehmer auf den Abfindungsanspruch nach § 1a KSchG ausdrücklich hinweist, kann der Arbeitnehmer, wenn er nicht gegen die Kündigung klagt, eine Abfindung verlangen. Die Kriterien für deren Höhe liegen gesetzlich fest. Für ein Aushandeln der Abfindungshöhe bleibt kein Raum.

Anspruch

Gesetzlicher Anspruch des Arbeitnehmers auf Abfindung gegen den Arbeitgeber (§ 1a KSchG i. V. m. betriebsbedingter Kündigung):

- KSchG findet in personeller und betrieblicher Hinsicht Anwendung (§§ 1, 23 KSchG)
- Arbeitgeberkündigung ausdrücklich aus betriebsbedingten Gründen

▬ Hinweis in Kündigung, dass Abfindung gezahlt wird,
wenn Arbeitnehmer nicht gegen Kündigung klagt.
▬ Zugang der Kündigung beim Arbeitnehmer
▬ Arbeitnehmer klagt innerhalb von drei Wochen nicht
gegen Kündigung
⇨ Arbeitnehmer kann Abfindung von 0,5 Monatsverdiensten pro Jahr des Bestehens des Arbeitsverhältnisses
verlangen.

4.3.2 Kündigungsschutz

Der Arbeitgeber macht durch den Ausspruch der Kündigung
deutlich, dass er sich endgültig von dem Arbeitnehmer trennen will. Damit muss sich der Arbeitnehmer nicht einfach
abfinden. Besteht in seinem Betrieb ein Betriebsrat, so kann er
(muss aber nicht) sich zunächst an diesen wenden (§ 3 KSchG,
Kündigungseinspruch); der Betriebsrat kann dann versuchen, eine Einigung mit dem Arbeitgeber zu erzielen. Hilft
alles nichts, so ist Klage vor dem Arbeitsgericht geboten. Ist
das KSchG nicht anwendbar, kann der Arbeitnehmer auch
gegen die Kündigung klagen, allerdings prüft das Gericht
dann nur die Punkte: wirksames Arbeitsverhältnis, richtige
Kündigungserklärung, Sonderkündigungsschutz, Anhörung
des Betriebsrats.

> Eine Überprüfung der sozialen Rechtfertigung wird vor Gericht nur dann vorgenommen, wenn das KSchG anwendbar ist und der Arbeitnehmer rechtzeitig Klage erhoben hat.

> **§ 4 KSchG – Klage zum Arbeitsgericht**
> Will ein Arbeitnehmer geltend machen, dass eine Kündi-
> gung sozial ungerechtfertigt oder aus anderen Gründen
> rechtsunwirksam ist, so muss er innerhalb von drei Wochen
> nach Zugang der schriftlichen Kündigung Klage beim
> Arbeitsgericht auf Feststellung erheben, dass das Arbeits-
> verhältnis durch die Kündigung nicht aufgelöst ist. ...

Eine Überprüfung der sozialen Rechtfertigung der Kündigung durch das Gericht erfolgt nur, wenn das KSchG in
personeller und betrieblicher Hinsicht Anwendung findet
(§§ 1, 23 KSchG) und der Arbeitnehmer rechtzeitig Klage erhoben hat. Die Frist des § 4 KSchG dient dem Interesse des
Arbeitgebers, denn dieser soll sich darauf einstellen können,
ob sich der Arbeitnehmer gegen die Kündigung wehrt oder sie
hinnimmt. Der Arbeitnehmer wird durch diese Frist nicht benachteiligt, denn er kann die eingereichte Klage ohne Zahlung
von Gerichtskosten wieder zurücknehmen.

4

> **§ 5 KSchG – Nachträgliche Zulassung**
> (1) War ein Arbeitnehmer nach erfolgter Kündigung trotz Anwendung aller ihm nach Lage der Umstände zuzumutenden Sorgfalt verhindert, die Klage innerhalb von drei Wochen nach Zugang der Kündigung zu erheben, so ist auf seinen Antrag die Klage nachträglich zuzulassen. …
> (2) Mit dem Antrag ist die Klageerhebung zu verbinden; …
> (3) Der Antrag ist nur innerhalb von zwei Wochen nach Behebung des Hindernisses zulässig. …

Beispiel:
Der Arbeitgeber schickt per Post die Kündigung, während sich der Arbeitnehmer im Urlaub auf Reisen befindet. Bei seiner Rückkehr ist die 3-Wochen-Frist abgelaufen.

Zugang der Kündigung auch während des Urlaubs

Landet die Kündigung im Briefkasten des Arbeitnehmers, ist der Zugang bewirkt, denn sie ist damit im Herrschaftsbereich des Arbeitnehmers, und dieser hat unter normalen Umständen (wenn er zu Hause ist) die Möglichkeit der Kenntnisnahme. Da der Arbeitnehmer sich im Urlaub befand, konnte er nicht Klage erheben, er wusste gar nichts von der Kündigung. Er kann daher innerhalb der nächsten zwei Wochen nach seiner Rückkehr noch Klage erheben, mit der Folge, dass die Gründe seiner Kündigung geprüft werden.

Wird Klage nicht rechtzeitig erhoben, wird die Kündigung wirksam.

> **§ 7 KSchG – Rechtswirksamkeit der Kündigung**
> Wird die Rechtsunwirksamkeit einer Kündigung nicht rechtzeitig geltend gemacht (§ 4 Satz 1, §§ 5 und 6), so gilt die Kündigung als von Anfang an rechtswirksam; …

Die Rechtzeitigkeit der Klageerhebung ist Voraussetzung dafür, dass die soziale Rechtfertigung und/oder die Wirksamkeit der Kündigung überprüft werden. Wird verspätet Klage erhoben (und ist § 5 KSchG nicht anwendbar), so ist auch eine sozial ungerechtfertigte oder eine aus anderen Gründen nicht ordnungsgemäße Kündigung (z. B. falsche Kündigungsfrist, nur mündliche Kündigung) wirksam. Gegenstand der Prüfung einer Klage über eine Kündigung eines Arbeitsverhältnisses, das nicht unter das KSchG fällt, sind: Wirksamkeit des Arbeitsverhältnisses, die Kündigungserklärung, der Sonderkündigungsschutz, die Anhörung des Betriebsrats.

4.4 Außerordentliche Kündigung

Die außerordentliche Kündigung beendet das Arbeitsverhältnis ohne Einhaltung einer Kündigungsfrist. Sie ist immer eine verhaltensbedingte Kündigung, bei der der Verstoß gegen den Arbeitsvertrag so gravierend ist, dass eine Fortführung des Arbeitsvertrags unzumutbar scheint. Gerade hier ist der Prüfung der Verhältnismäßigkeit besonders große Aufmerksamkeit zu schenken, denn die außerordentliche Kündigung stellt das härteste Instrument zur Beseitigung eines Missstands im Betrieb dar.

> Die außerordentliche Kündigung beendet das Arbeitsverhältnis sofort.

> **§ 626 BGB – Fristlose Kündigung aus wichtigem Grund**
>
> (1) Das Dienstverhältnis kann von jedem Vertragsteil aus wichtigem Grund ohne Einhaltung einer Kündigungsfrist gekündigt werden, wenn Tatsachen vorliegen, auf Grund derer dem Kündigenden unter Berücksichtigung aller Umstände des Einzelfalles und unter Abwägung der Interessen beider Vertragsteile die Fortsetzung des Dienstverhältnisses bis zum Ablauf der Kündigungsfrist oder bis zu der vereinbarten Beendigung des Dienstverhältnisses nicht zugemutet werden kann.
>
> (2) Die Kündigung kann nur innerhalb von zwei Wochen erfolgen. Die Frist beginnt mit dem Zeitpunkt, in dem der Kündigungsberechtigte von den für die Kündigung maßgebenden Tatsachen Kenntnis erlangt. Der Kündigende muss dem anderen Teil auf Verlangen den Kündigungsgrund unverzüglich schriftlich mitteilen...

> „Wichtiger" Grund

> Die Kündigung ist innerhalb von zwei Wochen ab Kenntnis zu erklären.

Wirksamkeit der außerordentlichen Kündigung:
- wirksamer Arbeitsvertrag
- ordnungsgemäße Kündigungserklärung
- kein Ausschluss der Kündigung durch Sonderkündigungsschutz (z. B. § 9 MuSchG, § 85 SGB IX, § 103 BetrVG)
- Anhörung des Betriebsrats, § 102 BetrVG
- wichtiger Grund, § 626 Abs. 1 BGB
- Unzumutbarkeit der Einhaltung der (ordentlichen) Kündigungsfrist (§ 626 Abs. 1 BGB)
- Einhaltung der Frist des § 626 Abs. 2 BGB

Die einzelnen Punkte sind in der angegebenen Reihenfolge zu prüfen. Wichtig ist die Beachtung des Sonderkündigungsschutzes.

> Auch bei der außerordentlichen Kündigung sind die allgemeinen Anforderungen an eine Kündigung zu beachten.

4

Einer schwangeren Frau kann nicht gekündigt werden (§ 9 MuSchG); für die Kündigung eines Schwerbehinderten ist die Zustimmung des Integrationsamts notwendig (§ 85 SGB IX); die außerordentliche Kündigung eines Betriebsratsmitglieds ist zwar möglich, bedarf aber der Zustimmung des Betriebsrats (§ 103 BetrVG). Anders als eine ordentliche Kündigung ist eine außerordentliche Kündigung bei befristeten Arbeitsverhältnissen immer, d. h. auch ohne besondere Vereinbarung, möglich. Nochmals wird darauf hingewiesen, dass der Betriebsrat, soweit einer besteht, vor jeder Kündigung vom Arbeitgeber anzuhören ist.

4.4.1   Abmahnung, wichtiger Grund

schwerer Verstoß gegen den Arbeitsvertrag, der die weitere Zusammenarbeit unzumutbar macht

§ 626 BGB verlangt für die außerordentliche Kündigung einen wichtigen Grund. Der Arbeitnehmer hat durch sein Verhalten gegen den Arbeitsvertrag verstoßen, und der Verstoß ist so schlimm, dass eine weitere Beschäftigung unzumutbar scheint. Die Gründe ähneln denen der verhaltensbedingten ordentlichen Kündigung.

Prüfung des wichtigen Grundes:
- wichtiger Grund an sich
- konkrete Einzelfallprüfung
- Unzumutbarkeit der weiteren Beschäftigung

Liegt ein schwerer Verstoß gegen den Arbeitsvertrag vor, so ist konkret zu prüfen, ob die fristlose Kündigung dieses Arbeitnehmers angemessen ist.

Prüfung der Verhältnismäßigkeit, da die fristlose Kündigung das härteste Mittel ist, um einen Missstand zu beseitigen

Sie kann verhältnismäßig sein, wenn:
- bereits mehrere Abmahnungen bezüglich des gleichen Fehlverhaltens ergangen sind
- eine so schwere Störung im Leistungsbereich vorliegt, dass ein milderes Mittel nicht erfolgversprechend ist
- eine so schwere Störung im Vertrauensbereich stattgefunden hat, dass das Vertrauensverhältnis zerstört ist (z. B. Verdachtskündigung oder nachgewiesene Straftat)

Die Unzumutbarkeit der weiteren Beschäftigung bezieht sich auf die Frage, ob dem Kündigenden nicht zuzumuten ist, eine Kündigungsfrist einzuhalten. Eine sofortige Trennung ist unvermeidlich, wenn eine weitere Zusammenarbeit zwischen Arbeitnehmer und Arbeitgeber nicht mehr funktioniert.

Einhaltung der Frist des § 626 Abs. 2 BGB ist eine Wirksamkeitsvoraussetzung der Kündigung.

Die Kündigung muss innerhalb von zwei Wochen ab der Kenntnis des Kündigungsgrundes erklärt werden, § 626 Abs. 2 BGB. So lange hat der Kündigungsberechtigte Zeit, sich zu überlegen, ob er von seinem Kündigungsrecht Gebrauch machen will. Der Kündigungsgegner soll nicht länger als zwei Wochen darüber im Unklaren gelassen werden. Ist der Arbeitgeber Kündigungsberechtigter, dann hat er auch innerhalb dieser Frist die übrigen Voraussetzungen für die außerordentliche Kündigung herbeizuführen, wie z. B. bei einem Schwerbehinderten die Zustimmung des Integrationsamtes zu beantragen oder, wenn ein Betriebsrat besteht, dessen ordnungsgemäße Anhörung zu dem Kündigungsgrund einzuleiten usw.

Gründe – außerordentliche Kündigung
- beharrliche und vorsätzliche Arbeitsverweigerung
- grob fahrlässige oder vorsätzliche Schlechterfüllung
- eigenmächtiger Urlaubsantritt
- Urlaubsüberschreitung
- Androhung von Krankfeiern
- Vortäuschen einer Krankheit
- Teilnahme an rechtswidrigem Streik
- wiederholte Unpünktlichkeit, wenn Arbeitsablauf oder Betriebsfrieden dadurch gestört wird
- provozierende parteipolitische Betätigung im Betrieb
- Vollmachtsmissbrauch
- verbotene Nebentätigkeit
- Unterlassen unverzüglicher Krankmeldung in bedeutsamen Fällen
- strafbare Handlungen, die unstreitig oder bewiesen sind
- Verdacht schwerer Verfehlungen
- strafbare Beleidigung oder üble Nachrede gegen Arbeitgeber
- Trunkenheit während der Arbeitszeit
- Tätlichkeiten, durch die der Betriebsfrieden gestört wird
- verbotswidrige private Benutzung eines Betriebsfahrzeuges
- Annahme von Schmiergeldern
- Mankobeträge im Verantwortungsbereich des Arbeitnehmers, wenn die Verursachung feststeht

4.4.2 Kündigungsschutz

§ 13 KSchG – Verhältnis zu sonstigen Kündigungen
(1) Die Vorschriften über das Recht zur außerordentlichen Kündigung eines Arbeitsverhältnisses werden durch das

> vorliegende Gesetz nicht berührt. Die Rechtsunwirksamkeit einer außerordentlichen Kündigung kann jedoch nur nach Maßgabe des § 4 Satz 1 und der §§ 5 bis 7 geltend gemacht werden. …

Das Vorliegen eines wichtigen Grundes prüft das Gericht, wenn die Klage rechtzeitig erhoben wurde.

Diese seltsame Formulierung bedeutet folgendes: Eine Klage gegen eine fristlose Kündigung muss innerhalb von drei Wochen nach deren Zugang erhoben sein, es sei denn die Klage wird auch verspätet zugelassen (§§ 4, 5 KSchG). Wird nicht rechtzeitig Klage erhoben oder eine verspätete Klage nicht zugelassen, wird die fristlose Kündigung – unabhängig von möglicherweise bestehenden Mängeln – wirksam, § 7 KSchG. Klagt der Arbeitnehmer gegen eine außerordentliche Kündigung, wird neben den formalen Voraussetzungen das Vorliegen eines wichtigen Grundes geprüft.

Findet das KSchG in personeller und betrieblicher Hinsicht auf ein Arbeitsverhältnis Anwendung, besteht im Klageverfahren der Unterschied zwischen ordentlicher und außerordentlicher Kündigung hinsichtlich des KSchG darin, dass bei der ordentlichen Kündigung die soziale Rechtfertigung und bei der außerordentlichen Kündigung das Vorliegen eines wichtigen Grundes geprüft wird.

4.5 Auflösung oder Fortsetzung des Arbeitsverhältnisses

Ist die Kündigung unwirksam, kann das Gericht auf Antrag das Arbeitsverhältnis auflösen.

Verliert der Arbeitnehmer die Kündigungsschutzklage, d. h., war die Kündigung wirksam, so ist das Arbeitsverhältnis beendet. Stellt sich die Kündigung jedoch als unwirksam heraus, dauerte das Arbeitsverhältnis die ganze Zeit an. Nach einem Prozess sind jedoch die Fronten oft so verhärtet, dass der Arbeitnehmer gar nicht mehr in dem Betrieb arbeiten will (möglicherweise hat er während einer langen Prozessdauer bereits eine andere bessere Stelle gefunden). Andererseits kann auch dem Arbeitgeber die Zusammenarbeit mit einem Arbeitnehmer, mit dem er völlig zerstritten ist, nicht mehr zuzumuten sein.

> **§ 9 KSchG – Auflösung des Arbeitsverhältnisses durch Urteil**
> (1) Stellt das Gericht fest, dass das Arbeitsverhältnis durch die Kündigung nicht aufgelöst ist, ist jedoch dem Arbeitnehmer die Fortsetzung des Arbeitsverhältnisses nicht zu-

zumuten, so hat das Gericht auf Antrag des Arbeitnehmers das Arbeitsverhältnis aufzulösen und den Arbeitgeber zur Zahlung einer angemessenen Abfindung zu verurteilen. Die gleiche Entscheidung hat das Gericht auf Antrag des Arbeitgebers zu treffen, wenn Gründe vorliegen, die eine den Betriebszwecken dienliche weitere Zusammenarbeit zwischen Arbeitgeber und Arbeitnehmer nicht erwarten lassen. Arbeitnehmer und Arbeitgeber können den Antrag auf Auflösung des Arbeitsverhältnisses bis zum Schluss der letzten mündlichen Verhandlung in der Berufungsinstanz stellen.

(2) Das Gericht hat für die Auflösung des Arbeitsverhältnisses den Zeitpunkt festzusetzen, an dem es bei sozial gerechtfertigter Kündigung geendet hätte.

§ 10 KSchG – Höhe der Abfindung

(1) Als Abfindung ist ein Betrag bis zu zwölf Monatsverdiensten festzusetzen …

Da das Arbeitsverhältnis nicht durch Kündigung beendet wurde, besteht es fort. Das Gericht löst es auf, wobei als Beendigungszeitpunkt der Zeitpunkt gilt, zu dem die Kündigung im Falle ihrer Wirksamkeit das Arbeitsverhältnis beendet hätte. Die Auflösung erfolgt nur auf Antrag entweder des Arbeitgebers oder des Arbeitnehmers. Da der Arbeitsplatz als ein materieller Wert gesehen wird, soll der Arbeitnehmer für den Verlust entschädigt werden und erhält vom Gericht eine Abfindung zugesprochen.

> Für den Verlust des Arbeitsplatzes kann der Arbeitnehmer eine Abfindung erhalten.

Voraussetzungen für eine Abfindung:

- unwirksame Kündigung, Arbeitsverhältnis nicht beendet
- Antrag auf Auflösung von Arbeitnehmer oder Arbeitgeber
- Fortsetzung des Arbeitsverhältnisses nicht zumutbar
⇨ Gericht löst Arbeitsverhältnis auf und setzt die Höhe der Abfindung fest

Voraussetzung für eine Auflösung ist jedoch, dass demjenigen, der die Auflösung beantragt hat, die Fortsetzung nicht zuzumuten ist. Dem Arbeitnehmer ist eine Fortsetzung z. B. nicht mehr zuzumuten, wenn der Arbeitgeber ihn unberechtigt strafbarer Handlungen beschuldigt, ihm Hausverbot erteilt oder persönliche Bereicherung vorgeworfen hat.

Stellt der Arbeitgeber den Auflösungsantrag, so sind an seine Zumutbarkeit höhere Ansprüche zu stellen, wenn eine

> Eine Auflösung durch das Gericht kommt nur in Frage, wenn:
> – die Kündigung unwirksam war und
> – die Fortsetzung des Arbeitsverhältnisses für Arbeitnehmer und/oder Arbeitgeber unzumutbar ist.

den Betriebszwecken gedeihliche Zusammenarbeit nicht mehr zu erwarten ist (z. B. Störung des Vertrauensverhältnisses, erhebliche Störung der Beziehung des Arbeitnehmers zu den anderen Mitarbeitern).

Faktoren für die Bemessung der Höhe einer Abfindung

Ist dem Auflösungsantag stattzugeben, hat der Arbeitnehmer einen Anspruch auf Zahlung einer Abfindung für den Verlust des Arbeitsplatzes. Über die konkrete Höhe der Abfindung entscheidet das Gericht. Dabei werden folgende Faktoren berücksichtigt:

- Dauer des Arbeitsverhältnisses
- bisherige Einkommenshöhe
- Lebensalter
- Unterhaltspflichten des Arbeitnehmers (Ehegatte, Kinder)
- Aussichten des Arbeitnehmers, wieder eine Arbeit zu finden
- Gesundheitszustand
- Maß der Sozialwidrigkeit der Kündigung

Gemäß § 10 KSchG kann das Gericht als Abfindung einen Betrag bis zu einem Jahresgehalt des Arbeitnehmers festsetzen. Bei Arbeitnehmern, die älter als 50 bzw. 55 Jahre sind und deren Arbeitsverhältnis mindestens 15 bzw. 20 Jahre bestanden hat, kann die Abfindung bis zu 15 bzw. 18 Monatsverdienste betragen, es sei denn, der Arbeitnehmer hatte zum festgesetzten Auflösungszeitpunkt bereits das Regelrentenalter erreicht.

Gerichtlich festgesetzte Abfindungen für den Verlust des Arbeitsplatzes sind grundsätzlich zu versteuern, sie sind jedoch steuerbegünstigt (§ 3 Nr. 9 EStG).

4.6 Änderungskündigung, Aufhebungsvertrag

Eine Änderungskündigung ist zweiteilig:
- **Beendigung des bisherigen Arbeitsverhältnisses verbunden mit einem**
- **Angebot auf Abschluss eines neuen Arbeitsvertrags.**

Eine Änderungskündigung spricht der Arbeitgeber aus, wenn er sich zwar nicht von dem Arbeitnehmer trennen möchte, ihn jedoch auf seinem bisherigen Arbeitsplatz oder zu den bisherigen Arbeitsbedingungen nicht mehr beschäftigen will oder kann. Der Arbeitgeber kann dem Arbeitnehmer grundsätzlich nur solche Arbeiten zuweisen, die im Arbeitsvertrag vereinbart wurden und im Rahmen des Direktionsrechts liegen (Ausnahme: betriebliche Notfälle). Eine Änderung von Arbeitsbedingungen kann daher nur über eine neue Vereinbarung oder durch neue Regelungen (im Tarifvertrag) erfolgen. Der Arbeitsvertrag ist als Einheit zu sehen, der Arbeitgeber kann nicht einfach bestimmte Punkte daraus kündigen (außer er hat es sich vorbehalten). Eine solche Teilkündigung würde das Leistungs-Gegenleistungs-Verhältnis stören, und der Arbeitgeber könnte einseitig ohne Mitsprache des Arbeitnehmers dessen Arbeitsvertrag verändern.

Änderung von Arbeitsbedingungen …

— ohne Vertragsänderung: nur durch Anordnung des Arbeitgebers im Rahmen des Direktionsrechts

— durch Teilkündigung: nur zulässig, wenn der Arbeitgeber sich die Möglichkeit der Teilkündigung vorbehalten hat

— über Kollektivarbeitsrecht: Änderung des Tarifvertrages

— durch Vertragsänderung: Änderungskündigung

Die Änderungskündigung besteht aus zwei Teilen: aus der Kündigung des bisherigen Arbeitsvertrages und einem Angebot des Arbeitgebers auf einen neuen Arbeitsvertrag zu anderen Bedingungen. Der Arbeitnehmer kann sich überlegen, ob er zu geänderten Bedingungen weiterarbeiten möchte.

Nimmt der Arbeitnehmer das Angebot der Änderungskündigung an, entstehen keine Probleme; ein neuer Arbeitsvertrag zu neuen Bedingungen gilt.

Lehnt der Arbeitnehmer das Angebot ab, weil er keine neuen Arbeitsbedingungen möchte oder aber seinen alten Arbeitsplatz behalten will, kann er sich gegen die Kündigung wehren. Er muss Kündigungsschutzklage erheben, das Arbeitsgericht prüft dann, ob die Änderung des Arbeitsverhältnisses sozial gerechtfertigt ist.

Es wird nicht die soziale Rechtfertigung der Kündigung überprüft, weil der Arbeitnehmer ja nicht seinen Arbeitsplatz überhaupt verliert, sondern nur einen anderen Arbeitsplatz oder andere Arbeitsbedingungen erhalten soll. Stellt sich die Änderung als sozial gerechtfertigt heraus, ist das bisherige Arbeitsverhältnis beendet; der Arbeitnehmer ist ohne Arbeitsstelle, denn das Angebot auf den neuen Arbeitsplatz oder die geänderten Arbeitsbedingungen hat er ja abgelehnt.

> Änderung von Arbeitsbedingungen

> Auch gegen eine Änderungskündigung ist die Kündigungsschutzklage möglich. Geprüft wird, ob die Änderung sozial gerechtfertigt ist.

§ 2 KSchG – Änderungskündigung

Kündigt der Arbeitgeber das Arbeitsverhältnis und bietet er dem Arbeitnehmer im Zusammenhang mit der Kündigung die Fortsetzung des Arbeitsverhältnisses zu geänderten Arbeitsbedingungen an, so kann der Arbeitnehmer dieses Angebot unter dem Vorbehalt annehmen, daß die Änderung der Arbeitsbedingungen nicht sozial ungerechtfertigt ist …. Diesen Vorbehalt muß der Arbeitnehmer dem Arbeitgeber innerhalb der Kündigungsfrist, spätestens jedoch innerhalb von drei Wochen nach Zugang der Kündigung erklären.

Um den Arbeitnehmer nicht dem Risiko auszusetzen, seinen Arbeitsplatz zu verlieren, wenn er sich nicht mit der Änderung gleich einverstanden erklärt, ermöglicht § 2 KSchG dem Arbeitnehmer, die soziale Rechtfertigung der Änderung vom Arbeitsgericht überprüfen zu lassen. Der Arbeitnehmer nimmt in diesem Fall das Angebot des Arbeitgebers auf einen neuen Arbeitsvertrag unter dem Vorbehalt an, dass die Änderung sozial gerechtfertigt ist.

Entscheidet das Gericht in diesem Sinne, gilt der neue Arbeitsvertrag (der Arbeitnehmer hatte das Angebot angenommen, der Vorbehalt ist entkräftet), ansonsten behält der Arbeitnehmer seinen alten Arbeitsvertrag.

Kündigung und gleichzeitig neues Angebot des Arbeitgebers

Arbeitnehmer nimmt das Angebot an	Arbeitnehmer lehnt das Angebot ab	Arbeitnehmer nimmt unter Vorbehalt an
Arbeitsvertrag zu geänderten Bedingungen	Die Frage ist, ob 1. die Kündigung wirksam und 2. die Änderung sozial gerechtfertigt ist. Wenn ja, folgt die Auflösung des Arbeitsvertrags; falls nein, besteht der alte Arbeitsvertrag fort	Die Frage ist, ob 1. die Kündigung wirksam ist und 2. die Änderung sozial gerechtfertigt ist. Wenn ja, gilt der neue Arbeitsvertrag zu geänderten Bedingungen; falls nein, besteht der alte Arbeitsvertrag fort

🗋 **Änderungskündigung**

Aufhebungsvertrag

Statt durch einseitige Erklärung = Kündigung können die Vertragsparteien sich auch einigen, dass das Arbeitsverhältnis beendet sein soll = Aufhebungsvertrag.

Das Arbeitsrecht unterliegt der Privatautonomie, d. h., die Vertragsparteien des Arbeitsvertrags können sich darüber einigen, dass der Vertrag beendet sein soll. Diese Einigung stellt einen Aufhebungs- oder Auflösungsvertrag dar, der gesetzlich nicht ausdrücklich geregelt, sondern ein Vertrag eigener Art ist, §§ 311, 241 BGB. Da der Arbeitnehmer bei einer Auflösung durch Vertrag seinen gesamten Kündigungsschutz verliert, ist es notwendig, dass sein Wille zur Beendigung des Arbeitsverhältnisses deutlich hervortritt; d. h., es muss eindeutig sein, dass der Arbeitnehmer die Beendigung auf diese Weise wollte. Nach § 623 BGB bedarf ein Aufhebungsvertrag zwingend der Schriftform.

Erpresst ein Arbeitgeber von dem Arbeitnehmer den Abschluss eines Auflösungsvertrags, um dessen Kündigungsschutzrechte zu umgehen, dann kann der Arbeitnehmer den Vertrag nach § 123 BGB wegen rechtswidriger Drohung anfechten. Ist die Anfechtung erfolgreich, war das Arbeitsverhältnis nie beendet.

Der Aufhebungsvertrag beendet das Arbeitsverhältnis unmittelbar oder mit Ablauf einer bestimmten Frist, je nachdem, was die Vertragsparteien vereinbaren. Eine rückwirkende Beendigung kann nicht vereinbart werden.

Möglich ist es, eine unwirksame Kündigungserklärung in ein Angebot zum Abschluss eines Aufhebungsvertrags umzudeuten. Ist dem Arbeitnehmer bekannt, dass die Kündigung unwirksam ist, und verhält er sich in einer Weise, die auf einen Willen des Arbeitnehmers zur Beendigung des Arbeitsverhältnisses schließen lässt, so kommt konkludent ein Aufhebungsvertrag zustande.

> Eine unwirksame Kündigungserklärung kann in ein Angebot zum Abschluss eines Aufhebungsvertrags umgedeutet werden, § 140 BGB.

Ein Aufhebungsvertrag kann auch zur Vermeidung eines Kündigungsschutzprozesses abgeschlossen werden. In derartigen Fällen kann auch die Zahlung einer Abfindung für den Verlust des Arbeitsplatzes vereinbart werden. Abfindungen für den Verlust des Arbeitsplatzes sind grundsätzlich steuerpflichtig, jedoch steuerbegünstigt (§ 3 Nr. 9 EStG), d. h. die auf sie entfallende Steuer ist geringer als wenn die Abfindung als Arbeitslohn versteuert werden würde. Die Höhe der Abfindung ist bei Abschluss eines Aufhebungsvertrags frei aushandelbar und unterliegt nicht der „Jahresentgeltgrenze" des § 10 KSchG.

4.7   Stellungssuche

▢ Suche (Stefan Dinter)

---

§ 629 BGB – Freistellung
Nach der Kündigung eines dauernden Dienstverhältnisses
hat der Dienstberechtigte dem Verpflichteten auf Verlangen angemessene Zeit zum Aufsuchen eines anderen
Dienstverhältnisses zu gewähren

Anspruch

Anspruch des Arbeitnehmers auf Freistellung aus § 629 BGB:
- dauerndes Arbeitsverhältnis
- Kündigung ist bereits erklärt
- Verlangen des Arbeitnehmers
⇨ Freistellung für angemessene Zeit, ohne Verlust des
  Lohnanspruchs

Der Arbeitnehmer hat einen
Anspruch auf Freistellung,
um sich eine neue Stelle zu
suchen.

Der Arbeitgeber hat dem Verlangen des Arbeitnehmers nach-
zukommen und ihn freizustellen, damit sich dieser bei einem
neuen Arbeitgeber vorstellen kann. Verweigert der Arbeitgeber die Freistellung, so kann der Arbeitnehmer auf Gewährung
klagen. Er hat aber auch ein Zurückbehaltungsrecht bezüglich
seiner Arbeitsleistung. Übersetzt heißt das, dass der Arbeitnehmer den Vorstellungstermin wahrnehmen kann, ohne
seinen Lohnanspruch zu verlieren oder gegen seine arbeitsvertraglichen Pflichten zu verstoßen.

4.8 Wiederholungsfragen

1. Wodurch kann ein Arbeitsverhältnis beendet werden?
   ▶ Abschn. 4.1
2. Wie wirkt sich eine falsche Kündigungsfrist auf die
   ordentliche Kündigung aus? ▶ Abschn. 4.1
3. Definieren Sie den Begriff „Kündigungserklärung"
   und nennen Sie deren Wirksamkeitsvoraussetzungen.
   ▶ Abschn. 4.2
4. Was versteht man unter einem „Sonderkündigungsschutz"? Für wen gilt er? ▶ Abschn. 4.3
5. Wann ist das KSchG anwendbar, und was folgt aus der
   Anwendbarkeit? ▶ Abschn. 4.3
6. Welche Kündigungsgründe sieht das KSchG vor?
   ▶ Abschn. 4.3.1
7. Nach welchen Gesichtspunkten ist die Verhältnismäßigkeit einer Kündigung zu prüfen? ▶ Abschn. 4.3.1
8. Welche Prüfungspunkte sind bei der betriebsbedingten Kündigung zu beachten? ▶ Abschn. 4.3.1
9. Erklären Sie die Bedeutung der 3-Wochen-Frist des
   § 4 KSchG für die Überprüfung der sozialen Rechtfertigung der ordentlichen Kündigung. ▶ Abschn. 4.3.2
10. Unter welchen Umständen überprüft das Arbeitsge-
    richt, ob im Falle der außerordentlichen Kündigung ein
    wichtiger Grund tatsächlich vorliegt? ▶ Abschn. 4.4.2
11. Wann nur ist die Auflösung des Arbeitsverhältnisses
    durch das Gericht möglich? ▶ Abschn. 4.5
12. Welche Möglichkeiten bleiben dem Arbeitnehmer im
    Falle einer Änderungskündigung? ▶ Abschn. 4.6

Der Arbeitnehmerschutz

© Springer-Verlag GmbH Deutschland 2018
U. Teschke-Bährle, *Arbeitsrecht – Schnell erfasst,* Recht – Schnell erfasst,
https://doi.org/10.1007/978-3-662-55312-1_5

5.1   Bestimmungen für Auszubildende

◻ Schule (Stefan Dinter)

Auszubildende sind weder den Angestellten noch den Arbeitern zuzuordnen. Sie bilden eine eigene Gruppe im Arbeitsrecht.

Die Berufsausbildung wird vom Berufsbildungsgesetz (BBiG) geregelt. Auszubildende (Azubi) gehören weder zur Gruppe der Arbeiter noch der Angestellten, sie bilden eine eigene Gruppe.

Zuständige Stellen für Anfragen im Bereich des Berufsausbildungsrechts sind die Handwerkskammer (für Handwerks- oder handwerksähnliche Berufe) und die Industrie- und Handelskammer (für gewerbliche und nichthandwerkliche Berufe) sowie Berufskammern für verkammerte Berufe, z. B. die Rechtsanwaltskammern für Rechtsanwaltsfachangestellte.

5.1.1   Der Ausbildungsvertrag

§ 10 BBiG – Berufsausbildungsvertrag
(1) Wer andere Personen zur Berufsausbildung einstellt (Ausbildende), hat mit den Auszubildenden einen Berufsausbildungsvertrag zu schließen. ...

Berufsausbildungsvertrag

Durch den Vertragsschluss zwischen Ausbildendem und Azubi kommt der Berufsausbildungsvertrag zustande. Ist der Azubi noch minderjährig, bedarf er der Einwilligung seiner gesetzlichen Vertreter, in der Regel der Eltern.

Inhalt eines Berufsausbildungsvertrags:

■ berufliche Grundausbildung des Azubi

■ Vermittlung fachlicher Fertigkeiten und Kenntnisse in einem anerkannten Ausbildungsberuf

Der Ausbildungsvertrag wird zwischen dem Ausbildenden und dem Auszubildenden geschlossen.

Für den Vertragsschluss selbst ist keine bestimmte Form vorgeschrieben, er kann mündlich und schriftlich wirksam abgeschlossen werden. Allerdings ist er vor Beginn der Ausbildung schriftlich niederzulegen, nicht als Wirksamkeitsvoraussetzung, sondern als Beweiserleichterung und zur Orientierung über Rechte und Pflichten. Bei den zuständigen Kammern sind Formblätter erhältlich, die diese Mindestanforderungen an die Vertragsniederschrift berücksichtigen.

> **§ 11 BBiG – Niederschrift des Vertrags**
>
> (1) Ausbildende haben unverzüglich nach Abschluss des Berufsausbildungsvertrags, spätestens vor Beginn der Berufsausbildung, den wesentlichen Inhalt des Vertrags gemäß Satz 2 schriftlich niederzulegen; die elektronische Form ist ausgeschlossen. In die Niederschrift sind mindestens aufzunehmen
>
> 1. Art, sachliche und zeitliche Gliederung sowie Ziel der Berufsausbildung, insbesondere die Berufstätigkeit, für die ausgebildet werden soll,
> 2. Beginn und Dauer der Berufsausbildung,
> 3. Ausbildungsmaßnahmen außerhalb der Ausbildungsstätte,
> 4. Dauer der regelmäßigen täglichen Ausbildungszeit,
> 5. Dauer der Probezeit,
> 6. Zahlung und Höhe der Vergütung,
> 7. Dauer des Urlaubs,
> 8. Voraussetzungen, unter denen der Berufsausbildungsvertrag gekündigt werden kann,
> 9. ein in allgemeiner Form gehaltener Hinweis auf die Tarifverträge, Betriebs- oder Dienstvereinbarungen, die auf das Berufsausbildungsverhältnis anzuwenden sind.
>
> (2) Die Niederschrift ist von den Ausbildenden, dem Auszubildenden und deren gesetzlichem Vertretern und Vertreterinnen zu unterzeichnen.
>
> (3) Ausbildende haben den Auszubildenden und deren gesetzlichen Vertretern und Vertreterinnen eine Ausfertigung der unterzeichneten Niederschrift unverzüglich auszuhändigen.
>
> (4) Bei Änderungen des Berufsausbildungsvertrages gelten die Absätze 1 bis 3 entsprechend.

Ausbilder ist derjenige, der die Ausbildung tatsächlich übernimmt, § 14 Abs. 1 Nr. 2 BBiG.

Azubis einstellen darf nur, wer dazu persönlich geeignet ist und eine geeignete Ausbildungsstätte besitzt (Ausbildender). Ausbilden darf nur, wer persönlich und fachlich geeignet ist (Ausbilder). Ausbilder und Ausbildender können ein und dieselbe Person sein.

5.1.2   Pflichten im Ausbildungsverhältnis

Vorgehen bei der Prüfung eines Ausbildungsverhältnisses:

1. Regelung im BBiG?

Wenn hier keine zu finden ist:

2. Regelung des allgemeinen Arbeitsrechts; diese darf jedoch nicht gegen den Zweck des Ausbildungsverhältnissesverstoßen.

Wie in § 10 Abs. 2 BBiG niedergelegt, gilt im Prinzip das gleiche wie für den Arbeitsvertrag, außer das BBiG oder Sinn und Zweck einer Ausbildung gebieten etwas anderes. Zur Vorgehensweise empfiehlt es sich daher, immer erst das BBiG als speziellere Regelung nach Besonderheiten zu untersuchen; findet sich nichts, ist die allgemeine arbeitsvertragliche Regelung heranzuziehen und zuletzt noch auf Widersprüche gegen Sinn und Zweck eines Ausbildungsvertrags zu überprüfen.

Die Pflichten des Ausbildenden sind insbesondere in § 14 BBiG geregelt:

> **§ 14 BBiG – Die Ausbildung**
> Ausbildende haben
> 1. dafür zu sorgen, dass den Auszubildenden die berufliche Handlungsfähigkeit vermittelt wird, die zum Erreichen des Ausbildungsziels erforderlich ist, und die Berufsausbildung in einer durch ihren Zweck gebotenen Form planmäßig, zeitlich und sachlich gegliedert so durchzuführen, dass das Ausbildungsziel in der vorgesehenen Ausbildungszeit erreicht werden kann,
> 2. selbst auszubilden oder einen Ausbilder oder eine Ausbilderin ausdrücklich damit zu beauftragen,
> 3. Auszubildenden kostenlos die Ausbildungsmittel, insbesondere Werkzeuge und Werkstoffe zur Verfügung zu stellen, die zur Berufsausbildung und zum Ablegen von Zwischen- und Abschlussprüfungen, auch soweit solche nach Beendigung des Berufsausbildungsverhältnisses stattfinden, erforderlich sind,
> 4. Auszubildenden zum Besuch der Berufsschule sowie zum Führen von schriftlichen Ausbildungsnachweisen anzuhalten, soweit solche im Rahmen der Berufsausbildung verlangt werden, und diese durchzusehen,
> 5. dafür zu sorgen, dass Auszubildende charakterlich gefördert sowie sittlich und körperlich nicht gefährdet werden.

> (2) Auszubildenden dürfen nur Aufgaben übertragen werden, die dem Ausbildungszweck dienen und ihren körperlichen Kräften angemessen sind.

Bei einer Verletzung der Ausbildungspflicht kann der Ausbildende mit einer Geldbuße belegt werden, er kann die Befugnis zur Einstellung und Ausbildung verlieren und sich gegenüber dem Azubi schadensersatzpflichtig machen.

Ansprüche des Azubis gegen den Ausbildenden auf:

- Ausbildung, § 14 BBiG
- Zahlung einer angemessenen Vergütung, § 17 BBiG
- Freistellung für die Teilnahme am Berufsschulunterricht und Prüfungen, § 15 BBiG
- Fortzahlung der Vergütung für die Zeit der Freistellung, bei Annahmeverzug, Krankheit oder persönlicher Verhinderung nach § 19 BBiG
- Zeugniserteilung bei Beendigung der Ausbildung, § 16 BBiG

Mögliche Folgen der Verletzung der Ausbildungspflicht

Ansprüche

Ansprüche des Azubis im Rahmen des Ausbildungsverhältnisses

Demgegenüber regelt § 13 BBiG die Pflichten des Azubis aus seinem Ausbildungsvertrag gegenüber dem Ausbildenden:

§ 13 BBiG – Pflichten des Auszubildenden
Auszubildende haben sich zu bemühen, die berufliche Handlungsfähigkeit zu erwerben, die zum Erreichen des Ausbildungsziels erforderlich ist. Sie sind insbesondere verpflichtet,

1. die ihnen im Rahmen ihrer Berufsausbildung aufgetragenen Aufgaben sorgfältig auszuführen,
2. an Ausbildungsmaßnahmen teilzunehmen, für die sie nach § 15 freigestellt werden
3. den Weisungen zu folgen, die ihnen im Rahmen der Berufsausbildung von Ausbildenden, von Ausbildern oder Ausbilderinnen oder von anderen weisungsberechtigten Personen erteilt werden,
4. die für die Ausbildungsstätte geltende Ordnung zu beachten,
5. Werkzeug, Maschinen und sonstige Einrichtungen pfleglich zu behandeln,
6. über Betriebs- und Geschäftsgeheimnisse Stillschweigen zu wahren.

5

5.1.3 Ende des Ausbildungsverhältnisses

Das Ausbildungsverhältnis endet grundsätzlich mit Ablauf der Ausbildungszeit.

> **§ 21 BBiG – Beendigung**
>
> (1) Das Berufsausbildungsverhältnis endet mit dem Ablauf der Ausbildungszeit. Im Falle der Stufenausbildung endet es mit Ablauf der letzten Stufe.
>
> (2) Bestehen Auszubildende vor Ablauf der Ausbildungszeit die Abschlussprüfung, so endet das Berufsausbildungsverhältnis mit Bekanntgabe des Ergebnisses durch den Prüfungsausschuss.
>
> (3) Bestehen Auszubildende die Abschlussprüfung nicht, so verlängert sich das Berufsausbildungsverhältnis auf ihr Verlangen bis zur nächstmöglichen Wiederholungsprüfung, höchstens um ein Jahr.

Aus Sinn und Zweck eines Ausbildungsverhältnisses ergibt sich, dass es mit Abschluss der Ausbildung endet. Die Kündigung unterliegt besonderen Beschränkungen.

> **§ 22 BBiG – Kündigung**
>
> (1) Während der Probezeit kann das Berufsausbildungsverhältnis jederzeit ohne Einhalten einer Kündigungsfrist gekündigt werden.
>
> (2) Nach der Probezeit kann das Berufsausbildungsverhältnis nur gekündigt werden
>
> 1. aus einem wichtigen Grund ohne Einhalten einer Kündigungsfrist,
> 2. von Auszubildenden mit einer Kündigungsfrist von vier Wochen, wenn sie die Berufsausbildung aufgeben oder sich für eine andere Berufstätigkeit ausbilden lassen wollen …

Eine Kündigung des Ausbildungsverhältnisses ist nur möglich:

1. während der Probezeit oder
2. aus wichtigem Grund, d. h. eine außerordentliche Kündigung oder
3. seitens des Azubis.

Grundsätzlich endet das Ausbildungsverhältnis mit dem Bestehen der Abschlussprüfung. Während der vereinbarten Probezeit, die mindestens einen, höchstens aber vier Monate betragen darf (§ 20 BBiG), ist eine Trennung ohne jegliche Kündigungsfrist möglich. Danach kann das Ausbildungsverhältnis von Seiten des Ausbildenden nur noch durch eine außerordentliche Kündigung (aus wichtigem Grund) beendet werden. Der Azubi hat daneben auch die Möglichkeit einer ordentlichen Kündigung mit vierwöchiger Kündigungsfrist. Er soll nämlich nicht an einer Berufsausbildung festgehalten werden, bei der er im Laufe der Zeit entdeckt, dass er den Beruf gar nicht ausüben will. Kündigt der Auszubildende wegen Aufgabe der Berufsausbildung, muss er den Kündigungsgrund in seiner Kündigung angeben. In allen Fällen hat die Kündigung des Berufsausbildungsvertrags schriftlich zu erfolgen (§ 22 Absatz 3 BBiG).

5.2 Schutzbedürftige Personen

Um den Schutz besonderer Personengruppen zu gewährleisten, wurden für sie spezielle arbeitsrechtliche Schutzgesetze geschaffen. Dazu gehören das Jugendarbeitsschutzgesetz (JArbSchG) mit dem Verbot der Kinderarbeit und dem Jugendschutz; das Mutterschutzgesetz (MuSchG), das Frauen vor und nach einer Entbindung besonders schützt; das Gesetz zur Rehabilitation und Teilhabe behinderter Menschen (SGB IX), das der Eingliederung Behinderter in den Arbeitsprozess dient, sowie deren Schutz.

erhöhter Schutz für bestimmte Personengruppen

5.2.1 Schutz der arbeitenden Jugend

Das JArbSchG gilt für Personen, die noch nicht 18 Jahre alt und somit noch nicht volljährig sind, und umfasst jede Form der Beschäftigung von Jugendlichen. Es regelt die Beschäftigung von Jugendlichen in der betrieblichen Berufsausbildung, als Arbeitnehmer oder Heimarbeiter oder auch bei der Beschäftigung mit sonstigen Dienstleistungen (d. h. wenn sie nicht in einem Arbeitsverhältnis stehen, aber Dienstleistungen erbringen).

Kinder- und Jugendarbeitsschutz

> **§ 2 JArbSchG – Kinder und Jugendliche**
> (1) Kind im Sinne dieses Gesetzes ist, wer noch nicht 15 Jahre alt ist.
> (2) Jugendlicher im Sinne dieses Gesetzes ist, wer 15, aber noch nicht 18 Jahre alt ist.
> (3) Auf Jugendliche, die der Vollzeitschulpflicht unterliegen, finden die für Kinder geltenden Vorschriften Anwendung.

> **§ 5 JArbSchG – Verbot der Beschäftigung von Kindern**
> (1) Die Beschäftigung von Kindern (§ 2 Abs. 1) ist verboten. …

Kindern und Jugendlichen, die noch der Vollzeitschulpflicht unterliegen, ist es verboten zu arbeiten. Ausnahmen von diesem Verbot sind jedoch möglich.

Das Gesetz macht im Folgenden dann eine ganze Reihe von Ausnahmen vom grundsätzlichen Verbot der Kinderarbeit.

Beispiele:
Betriebspraktikum während der Vollzeitschulpflicht, Austragen von Zeitungen und Zeitschriften bis zu zwei Stunden werktäglich, Theater-, Musik-, Werbeveranstaltungen.

Da heute in der Regel eine neunjährige Schulpflicht besteht (in einigen Bundesländern 10 Jahre), fallen Jugendliche mit 15 Jahren noch unter die Regelung des §§ 2 Abs. 3, 5 JArbSchG.

> **§ 7 JArbSchG – Mindestalter für die Beschäftigung**
> Kinder, die der Vollzeitschulpflicht nicht mehr unterliegen, dürfen
> 1. im Berufsausbildungsverhältnis,
> 2. außerhalb eines Berufsausbildungsverhältnisses nur mit leichten und für sie geeigneten Tätigkeiten bis zu sieben Stunden täglich und 35h wöchentlich beschäftigt werden. Auf die Beschäftigung finden die §§ 8 bis 46 entsprechende Anwendung.

> **§ 8 JArbSchG – Dauer der Arbeitszeit**
> (1) Jugendliche dürfen nicht mehr als acht Stunden täglich und nicht mehr als 40 h wöchentlich beschäftigt werden. …

Jugendliche unter 18 Jahren dürfen nicht unbeschränkt lange arbeiten.

Bei der Gruppe der 16-jährigen ist zu beachten: Sind sie noch nicht 9 Jahre zur Schule gegangen, fallen sie unter das Beschäftigungsverbot, wobei die gleichen Ausnahmen gelten wie bei Kindern; gilt für sie keine Vollzeitschulpflicht mehr, dürfen sie trotzdem nicht uneingeschränkt beschäftigt werden.

Das JArbSchG regelt umfassend, welche Regeln bei Beschäftigung von Jugendlichen einzuhalten sind (Ruhepausen, tägliche Freizeit, 5-Tage-Woche, Urlaub usw.), damit sie in ihrer Entwicklung nicht durch die Arbeit gestört werden.

Mutterschutz

Besonderer Schutz für werdende Mütter:
– bestimmte Tätigkeiten dürfen nicht verrichtet werden und
– Sonderkündigungsschutz

5.2.2   Schutz der erwerbstätigen Mutter

Für die Zeit während und für gewisse Zeit nach einer Schwangerschaft besteht ein besonderer arbeitsrechtlicher Schutz der Mutter. Am umfassendsten ist der im Kapitel Kündigung bereits behandelte absolute Kündigungsschutz, § 9 MuSchG; danach darf einer Frau während der Schwangerschaft und bis zu einem Ablauf von vier Monaten nach der Entbindung weder ordentlich noch außerordentlich gekündigt werden. Ausnahme: In besonderen Einzelfällen kann die für den Arbeitsschutz zuständige oberste Landesbehörde oder die von ihr bestimmte Stelle ausnahmsweise die Kündigung für zulässig erklären, § 9 Abs. 3 MuSchG. Das MuSchG bezweckt darüber hinaus einen Gesundheitsschutz der Mutter: durch individuelle Beschäftigungsverbote insoweit, als eine übermäßige körperliche Anstrengung verhindert werden soll; durch ein generelles Beschäftigungsverbot, das die Freistellung von der Arbeit in den letzten sechs Wochen vor der Entbindung bis zum Ablauf von acht (bei Früh- und Mehrlingsgeburten: zwölf) Wochen nach der Geburt fordert, sowie die Gewährung von Stillzeiten.

Damit die erwerbstätige Frau durch die Beschäftigungsverbote, Schutz- und Stillfristen keinen Einkommensverlust erleidet, besteht ein besonderer Entgeltschutz. Dieser wird anteilig von der gesetzlichen Krankenversicherung und dem Arbeitgeber getragen.

In den meisten Fällen schließt sich an die nachgeburtliche Mutterschutzfrist eine Elternzeit nach dem Bundeselterngeld- und Elternzeitgesetz (BEEG) an. Die Möglichkeit, sich bis zu einer Gesamtdauer von 3 Jahren unbezahlt von der Verpflichtung zur Arbeitsleistung freistellen zu lassen, um sich der Betreuung und Erziehung des leiblichen oder eines adoptierten Kindes zu widmen, steht beiden Elternteilen zu. Mutter und Vater können sich in der Inanspruchnahme auch abwechseln oder die Elternzeit zeitgleich in Anspruch nehmen (§§ 15, 16 BEEG). Dabei kann ein Zeitraum von bis zu 24 Monaten der insgesamt 36 Monate dauernden Elternzeit über das dritte Lebensjahr des Kindes hinaus auf die Zeit bis zur Vollendung des 8. Lebensjahres des Kindes übertragen werden. Elternzeit kann längstens bis zur Vollendung des achten Lebensjahres des Kindes beansprucht werden.

Während der Elternzeit ruhen die beiderseitigen Hauptpflichten aus dem Arbeitsverhältnis, es selbst besteht jedoch unverändert weiter. Der Arbeitgeber zahlt während der Dauer der Elternzeit grundsätzlich keine Vergütung, der Arbeitnehmer erbringt keine Arbeitsleistung. Die arbeitsrechtlichen Treuepflichten des Arbeitnehmers (beispielsweise Verschwiegenheitspflicht) und die Fürsorgepflichten des Arbeitgebers als Nebenpflichten bestehen aber auch während der Elternzeit.

Der Anspruch auf Elternzeit kann weder durch eine einzelvertragliche Vereinbarung, noch durch einen Tarifvertrag, eine Betriebsvereinbarung oder einen gerichtlichen Vergleich

Elternzeit

Anspruchsberechtigt sind Mutter und Vater.

ausgeschlossen oder beschränkt werden (§ 15 Abs. 2 BEEG). Vereinbarungen, die den Arbeitnehmer besser stellen, sind jedoch zulässig.

Schriftlicher Antrag beim Arbeitgeber erforderlich; Antritt erst nach Ablauf der Antragsfrist möglich.

Die Elternzeit dauert längstens bis zur Vollendung des dritten Lebensjahres des Kindes (§ 15 Abs. 2 BEEG). Der Arbeitnehmer, der Elternzeit in Anspruch nehmen will, muss diese spätestens sieben Wochen vor Antritt beim Arbeitgeber beantragen (§ 16 Abs. 1 BEEG). Der Antrag muss schriftlich erfolgen und eine Erklärung enthalten, für welche Zeiten innerhalb von zwei Jahren Elternzeit genommen werden soll.

Kündigungsverbot für den Arbeitgeber ab Stellung des Antrags auf Elternzeit

Die Elternzeit kann erst sieben Wochen nach der Stellung des Antrags angetreten werden. Es handelt sich hierbei um eine Ausschlussfrist. Sie muss grundsätzlich immer eingehalten werden. Nur in dringenden Fällen ist ausnahmsweise eine kürzere Frist möglich.

Ab Beantragung der Elternzeit – frühestens jedoch acht Wochen vor dem Beginn einer Elternzeit bis zum vollendeten dritten Lebensjahres eines Kindes, frühestens 14 Wochen vor Beginn einer Elternzeit zwischen dem dritten Geburtstag und dem vollendeten achten Lebensjahr eines Kindes – darf der Arbeitgeber dem antragstellenden Arbeitnehmer nicht mehr kündigen. Dieses Kündigungsverbot besteht während der gesamten Elternzeit und erfasst die ordentliche und die außerordentliche Kündigung. Es gilt auch für die Arbeitnehmer, die während der Elternzeit eine Teilzeitbeschäftigung ausüben. Nur in besonderen Fällen kann die für den Arbeitsschutz zuständige oberste Landesbehörde oder die von ihr bestimmte Stelle eine Arbeitgeberkündigung ausnahmsweise für zulässig erklären (§ 18 Abs. 1 S. 4 und 5 BEEG).

Wurde der Arbeitnehmer in einem befristeten Arbeitsverhältnis beschäftigt, verlängert sich der befristete Arbeitsvertrag durch die Inanspruchnahme von Elternzeit nicht. Er endet in jedem Fall mit Ablauf der vereinbarten Befristung.

Arbeitnehmer kann fristgerecht kündigen.

Zum Ende der Elternzeit kann der Arbeitnehmer das Arbeitsverhältnis nur unter Einhaltung einer besonderen Kündigungsfrist von drei Monaten kündigen (§ 19 BErzGG). Während der Dauer der Elternzeit kann er es jederzeit unter Einhaltung der vertraglich vereinbarten, gesetzlichen oder tarifvertraglich festgelegten Kündigungsfristen kündigen. Kündigt der Arbeitnehmer während der Elternzeit und nimmt eine andere Stelle bei einem anderen Arbeitgeber an, so hat er das Recht, dort die Elternzeit fortzusetzen. Der Kündigungsschutz ist nicht auf das Arbeitsverhältnis beschränkt, das zum Zeitpunkt der Geburt bestand.

5.2.3 Schutz behinderter Arbeitnehmer

Unter den Schutz des Gesetzes zur Rehabilitation und Teilhabe behinderter Menschen (SGB IX) fallen behinderte Arbeitnehmer, jedoch muss ihre Behinderung vom Versorgungsamt festgestellt sein. Menschen sind behindert, wenn ihre körperliche Funktion, geistige Fähigkeit oder seelische Gesundheit mit hoher Wahrscheinlichkeit länger als sechs Monate von dem für das Lebensalter typischen Zustand abweichen und daher ihre Teilhabe am Leben in der Gesellschaft beeinträchtigt ist. Menschen sind von Behinderung bedroht, wenn die Beeinträchtigung zu erwarten ist (§ 2 Absatz 1 SGB IX).

Für den arbeitsrechtlichen Schutz des SGB IX mitentscheidend ist dabei der Grad der Behinderung, d. h., inwieweit die Erwerbsfähigkeit oder Leistungsfähigkeit aufgrund der Behinderung gemindert ist. Menschen gelten als schwerbehindert, wenn bei ihnen ein Grad der Behinderung von wenigstens 50 vorliegt. Personen, bei denen ein Grad der Behinderung zwischen 30 und 50 vorliegt, werden Schwerbehinderten gleichgestellt, wenn sie infolge ihrer Behinderung ohne die Gleichstellung einen geeigneten Arbeitsplatz nicht erlangen oder nicht behalten können (§ 2 Absätze 2 und 3 SGB IX). Die Gleichstellung erfolgt nur auf Antrag.

Für Schwerbehindert oder ihnen Gleichgestellte besteht in Arbeitsverhältnissen ein Sonderkündigungsschutz, § 85 SGB IX; sie können ohne Zustimmung des Integrationsamts weder ordentlich noch außerordentlich gekündigt werden.

Da das SGB IX daneben auch der Eingliederung der Behinderten in das Erwerbsleben dient, sieht es bestimmte Quoten vor, die Arbeitgeber mit durchschnittlich mindestens 20 Arbeitsplätzen verpflichten, eine bestimmte Anzahl Behinderter in seinem Betrieb zu beschäftigen (§§ 71 ff. SGB IX). Allerdings entsteht dem Behinderten daraus kein Anspruch auf Einstellung oder Beschäftigung, vielmehr hat der Arbeitgeber bei Nichterfüllung der Quote pro Pflichtplatz eine monatliche Ausgleichsabgabe zwischen 105 € und 260 € zu entrichten in Abhängigkeit der jahresdurchschnittlichen Beschäftigungsquote (§ 77 SGB IX). Die Beschäftigungsquoten werden von kaum einem Betrieb vollständig erfüllt. Die Höhe der Ausgleichsabgabe wird daher von Behindertenverbänden als zu niedrig kritisiert.

Besonderer Schutz Schwerbehinderter:
- Sonderkündigungsschutz
- Beschäftigungsquoten

5

5.3   Arbeitssicherheit, Unfallversicherung

◘ Unfall (Stefan Dinter)

Verhinderung von Unfall- und Gesundheitsgefahren für die Arbeitnehmer

Das Arbeitssicherheitsgesetz (ASiG) sieht die Bestellung von Betriebsärzten und Fachkräften für die Arbeitssicherheit vor, soweit dies wegen der Betriebsart und der damit für die Arbeitnehmer verbundenen Unfall- und Gesundheitsgefahren erforderlich ist. Die zuständige Behörde, die in diesem Zusammenhang Anordnungen trifft, Auskunfts- und Besichtigungsrechte hat, ist – je nach Bundesland – das Gewerbeaufsichtsamt oder das Amt für Arbeitssicherheit.

Die Nichtbefolgung der Pflichten des ASiG durch den Arbeitgeber stellt eine Ordnungswidrigkeit dar und kann mit Geldbußen bis zu 25.000,– € geahndet werden.

Unfallversicherung

Im Falle eines Arbeitsunfalls leistet i. d. R. die gesetzliche Unfallversicherung Ersatz.

Erleidet der Arbeitnehmer einen Arbeitsunfall, so hat er Ansprüche aus der gesetzlichen Unfallversicherung, die im 7. Buch des Sozialgesetzbuches (SGB VII) geregelt ist. Die Unfallversicherung trägt z. B. die Kosten der Krankenbehandlung, gewährt ein Verletztengeld, oder auch eine Verletztenrente, §§ 26 ff. SGB VII.

Die Beiträge zu dieser Unfallversicherung werden allein vom Arbeitgeber getragen. Sie ist eine gesetzliche Haftpflichtversicherung besonderer Art.

> **§ 2 SGB VII – Versicherung kraft Gesetzes**
> (1) Kraft Gesetzes sind versichert

1. Beschäftigte,
2. Lernende während der beruflichen Aus- und Fortbildung in Betriebsstätten, Lehrwerkstätten, Schulungskursen und ähnlichen Einrichtungen, …

Unter Arbeitsunfall versteht man einen Unfall (körperlich schädigendes, zeitlich begrenztes Ereignis), den der Arbeitnehmer bei der Arbeit erleidet und der zu einem Gesundheitsschaden oder zum Tod führt (§§ 7, 8 SGB VII). Darüber hinaus gelten als Arbeitsunfälle: Wegeunfälle (Weg von und zur Arbeit), Arbeitsgeräteunfall (bei Verwahrung, Erneuerung oder Beförderung von Arbeitsgeräten), Berufskrankheit (soweit diese anerkannt ist).

Versicherungsfälle sind Arbeitsunfälle und Berufskrankheiten.

§ 104 SGB VII – Schadensersatzpflicht des Unternehmers

(1) Unternehmer sind den Versicherten, die für ihre Unternehmen tätig sind oder zu ihren Unternehmen in einer sonstigen die Versicherung begründenden Beziehung stehen, sowie deren Angehörigen und Hinterbliebenen nach anderen gesetzlichen Vorschriften zum Ersatz des Personenschadens, den ein Versicherungsfall verursacht hat, nur verpflichtet, wenn sie den Versicherungsfall vorsätzlich oder auf einem nach § 8 Abs. 2 Nr. 1 bis 4 versicherten Weg herbeigeführt haben. Ein Forderungsübergang nach § 116 des Zehnten Buches findet nicht statt. …

Der Arbeitgeber zahlt allein die Beiträge zur gesetzlichen Unfallversicherung, dafür haftet er nicht für Personenschäden durch Arbeits- oder Wegeunfall (§ 104 SGB VII).

Diese besonderen Haftungsgrundsätze gelten nur für Personenschäden (Schaden durch Verletzung von Leben und Gesundheit), nicht für Sachschäden; für diese ist nach normalen Grundsätzen zu haften.

Verletzt ein Arbeitskollege den anderen bei der Arbeit, muss er ebenfalls nur bei Vorsatz haften, §§ 104, 105, 106 SGB VII.

Die Beiträge der gesetzlichen Unfallversicherung hat der Arbeitgeber zu tragen.

Ein ausführlicher Fall zu diesem Thema befindet sich am Ende des Buches ▶ Abschn. 7.4

5.4   Regelung der Arbeitszeit

Das Arbeitszeitgesetz dient der Sicherheit und dem Gesundheitsschutz der Arbeitnehmer bei der Arbeitszeitgestaltung und soll die Rahmenbedingungen für flexiblere Arbeitszeiten gewährleisten. Darüber hinaus bestimmt es, dass grundsätzlich an Sonn- und Feiertagen nicht gearbeitet wird; es lässt jedoch zahlreiche Ausnahmen zu.

---

§ 2 ArbZG – Arbeitszeitbegriff

(1) Arbeitszeit im Sinne dieses Gesetzes ist die Zeit vom Beginn bis zum Ende der Arbeit ohne die Ruhepausen; Arbeitszeiten bei mehreren Arbeitgebern sind zusammenzurechnen. …

---

§ 3 ArbZG – Regelmäßige Arbeitszeit

Die werktägliche Arbeitszeit der Arbeitnehmer darf acht Stunden nicht überschreiten. Sie kann auf bis zehn Stunden nur verlängert werden, wenn innerhalb von sechs Kalendermonaten oder innerhalb von 24 Wochen im Durchschnitt acht Stunden werktäglich nicht überschritten werden.

Das Gesetz bestimmt, dass Arbeitnehmer nicht länger als 10h am Tag beschäftigt werden dürfen. Daraus ergibt sich eine zulässige Höchstdauer (6 Werktage × 10h) von 60h in der Woche.

Die regelmäßig zulässige Arbeitszeit sind acht Stunden täglich, 48h wöchentlich. Über den Zeitraum von sechs Monaten darf diese Stundenzahl nicht überschritten werden.

Die über die vertraglich vereinbarte Wochenarbeitszeit hinausgehenden Überstunden (i. d. R. 39.–48. Stunde in der Woche) müssen nicht aufgrund des ArbZG ausgeglichen werden, allenfalls aufgrund vertraglicher Verpflichtung.

5.5   Verbot der Schwarzarbeit

Durch die Schwarzarbeit entgehen der Bundesrepublik jährlich Steuerbeträge in Höhe vieler Millionen. Aber nicht nur die staatliche Gemeinschaft wird dadurch geschädigt, sondern auch der Arbeitsmarkt. Die illegale Beschäftigung von Arbeitskräften gefährdet Arbeitsplätze und verschlechtert die Chancen eines Arbeitssuchenden, eine ordentliche Arbeitsstelle mit arbeitsrechtlichem Schutz zu finden. Deswegen droht das „Gesetz zur Bekämpfung der Schwarzarbeit und illegalen Beschäftigung" Personen, die selbst schwarzarbeiten oder andere schwarz beschäftigen, Geldbußen bis zu 300.000 € an. Mit Bußgeld bedroht sind auch Personen, die Sozialleistungen beziehen und die Aufnahme einer Erwerbstätigkeit nicht, nicht richtig oder zu spät anzeigen.

---

§ 1 SchwarzArbeitsG – Schwarzarbeit

(1) Zweck des Gesetzes ist die Intensivierung der Bekämpfung der Schwarzarbeit.

(2) Schwarzarbeit leistet, wer Dienst- oder Werkleistungen erbringt oder ausführen lässt und dabei

1. als Arbeitgeber, Unternehmer oder versicherungspflichtiger Selbständiger seine sich auf Grund der Dienst- und Werkleistungen ergebenden sozialversicherungsrechtlichen Melde-, Beitrags- oder Aufzeichnungspflichten nicht erfüllt,

2. als Steuerpflichtiger seine sich auf Grund der Dienst- oder Werkleistungen ergebenden steuerlichen Pflichten nicht erfüllt,

3. als Empfänger von Sozialleistungen seine sich auf Grund der Dienst- oder Werkleistungen ergebenden Mitteilungspflichten gegenüber dem Sozialleistungsträger nicht erfüllt,

4. als Erbringer von Dienst- oder Werkleistungen seiner sich daraus ergebenden Verpflichtung zur Anzeige vom Beginn des selbstständigen Betriebes eines stehenden Gewerbes (§ 14 GewO) nicht nachgekommen ist oder die erforderliche Reisegewerbekarte (§ 55 GewO) nicht erworben hat,

5. als Erbringer von Dienst- oder Werkleistungen ein zulassungspflichtiges Handwerk als stehendes Gewerbe selbstständig betreibt, ohne in der Handwerksrolle eingetragen zu sein (§ 1 HandwerksO).

(2) ...

> Ordnungswidrig handelt, wer schwarz arbeitet.

---

§ 8 SchwarzArbeitsG – Bußgeldvorschriften (auch für Beauftragung mit Schwarzarbeit)

(1) ordnungswidrig handelt, wer

1. a) entgegen § 60 Abs. 1 Satz 1 Nr. 1 SGB I eine Tatsache, die für eine Leistung nach dem Sozialgesetzbuch erheblich ist, nicht richtig oder nicht vollständig anzeigt.

   b) entgegen § 60 Abs. 1 Satz 1 Nr. 2 SGB I eine Änderung in den Verhältnissen, die für eine Leistung nach dem Sozialgesetzbuch erheblich ist, nicht, nicht richtig, nicht vollständig oder nicht rechtzeitig mitteilt,

   c) entgegen § 8a des Asylbewerberleistungsgesetzes die Aufnahme einer Erwerbstätigkeit nicht, nicht richtig, nicht vollständig oder nicht rechtzeitig meldet,

> Ordnungswidrig handelt, wer schwarz arbeiten lässt.

5

d) der Verpflichtung zur Anzeige vom Beginn des selbstständigen Betriebes eines stehenden Gewerbes.. nicht nachgekommen ist oder die erforderliche Reisegewerbekarte … nicht erworben hat oder

e) ein zulassungspflichtiges Handwerk als stehendes Gewerbe selbstständig betreibt, ohne in die Handwerksrolle eingetragen zu sein

und Dienst- oder Werkleistungen in erheblichem Umfang erbringt oder

2. Dienst- oder Werkleistungen in erheblichem Umfang ausführen lässt, indem er eine oder mehrere Personen beauftragt, die diese Leistungen unter Verstoß gegen eine in Nummer 1 genannte Vorschrift erbringen. …

Es bestehen keine vertraglichen Ansprüche.

Verträge zwischen Auftraggeber und Schwarzarbeiter sind nichtig (§ 138 BGB). Daraus folgt, dass ein Schwarzarbeiter grundsätzlich seinen Entgeltanspruch nicht durchsetzen kann, d. h., zahlt der Auftraggeber nicht freiwillig, kann die Zahlung nicht erfolgreich vor Gericht eingeklagt werden. Der Auftraggeber hat dafür gegen den Schwarzarbeiter keine Schadensersatzansprüche, wenn dieser seiner vereinbarten Arbeitspflicht nicht nachkommt oder das versprochene Werk nicht erstellt, denn der Vertrag ist unwirksam.

5.6   Wiederholungsfragen

1. Welche Folgen kann es haben, wenn der Auszubildende seine gesetzlichen Pflichten verletzt? ▶ Abschn. 5.1.2
2. Was versteht man unter Ausbildendem und Ausbilder? ▶ Abschn. 5.1.1
3. In welchen Fällen ist eine Kündigung des Ausbildungsverhältnisses möglich? ▶ Abschn. 5.1.3
4. Welche sind die im Arbeitsrecht besonders schutzbedürftigen Personengruppen? ▶ Abschn. 5.2
5. Was versteht man unter einem „Arbeitsunfall"? ▶ Abschn. 5.3
6. Wer haftet im Falle eines Arbeitsunfalls? ▶ Abschn. 5.3
7. Was regelt das Arbeitszeitgesetz (ArbZG)? ▶ Abschn. 5.4
8. Was versteht man unter Schwarzarbeit? ▶ Abschn. 5.5
9. Welche Ansprüche bestehen zwischen Auftraggeber und Schwarzarbeiter? ▶ Abschn. 5.5

Tarifautonomie und Mitbestimmung

© Springer-Verlag GmbH Deutschland 2018
U. Teschke-Bährle, *Arbeitsrecht – Schnell erfasst,* Recht – Schnell erfasst,
https://doi.org/10.1007/978-3-662-55312-1_6

6.1   Vertretungsorgane der Arbeitnehmer

Das kollektive Arbeitsrecht ist das Recht der Arbeitsverbände.

Das kollektive Arbeitsrecht ist das Recht der Arbeitsverbände. Zu den Arbeitsverbänden gehören die Gewerkschaften, die Arbeitgeberverbände und der Betriebsrat.

Der Inhalt des kollektiven Arbeitsrechts umfasst die innere Organisation dieser Verbände, das Tarifvertragsrecht, das Arbeitskampfrecht und das Mitbestimmungsrecht (im öffentlichen Dienst das Personalvertretungsrecht).

Die Unterscheidung des Arbeitsrechts in Individual- und Kollektivarbeitsrecht ruft leicht den Irrtum hervor, es handle sich dabei um zwei voneinander unabhängige Bereiche. In Wirklichkeit jedoch waren die Entwicklungen im kollektiven Bereich, insbesondere die Anstrengungen der Gewerkschaften, Grund und Voraussetzung für den gegenwärtigen Stand des Individualarbeitsrechts mit seinem ausgeprägten Arbeitnehmerschutz.

Im Folgenden geht es um die Vertretung der Arbeitnehmerinteressen, die in unterschiedlicher Form und auf verschiedenen Wirkungsebenen wahrgenommen wird.

Gewerkschaften – tarifliche Mitbestimmung

Die Gewerkschaften nehmen die Interessen der Arbeitnehmer auf überbetrieblicher Ebene gegenüber den Arbeitgeberverbänden wahr. Überbetrieblich bedeutet dabei, dass die Gewerkschaften grundsätzlich nicht Arbeitnehmer bestimmter einzelner Betriebe, sondern vielmehr – nach Wirtschaftsbranchen aufgeteilt – die Arbeitnehmer einer Branche vertreten.

Betriebsrat – betriebliche Mitbestimmung

Der Betriebsrat dagegen vertritt die Interessen der Arbeitnehmer seines Betriebes gegenüber dem Arbeitgeber dieses Betriebes. Der Betriebsrat wirkt daher nur in den Grenzen seines Betriebes. Aus dieser „beschränkten" Zuständigkeit erklärt sich auch der unterschiedliche Aufgabenbereich des Betriebsrats im Gegensatz zur Gewerkschaft.

Arbeitnehmervertreter im Aufsichtsrat – unternehmerische Mitbestimmung

Bei der Mitbestimmung im engeren Sinne findet die Vertretung von Arbeitnehmerinteressen auf unternehmerischer Ebene in sehr großen Unternehmen oder Konzernen statt. Die Arbeitnehmervertreter bilden dabei kein eigenes Gremium oder einen eigenen Verband, sondern sind zusammen mit Arbeitgebervertretern in einem Gremium, dem Aufsichtsrat.

6.1.1   Gewerkschaften

Gewerkschaften: Vereinigungen von Arbeitnehmern, die sich zur Verbesserung ihrer wirtschaftlichen, sozialen und kulturellen Lage zusammengeschlossen haben

Die Gewerkschaften sind Vereinigungen von Arbeitnehmern, die sich zur Verbesserung ihrer wirtschaftlichen, sozialen und kulturellen Lage zusammengeschlossen haben. Ihre Geschichte reicht ins 19. Jahrhundert zurück, als im Zeitalter der Industrialisierung Massen von Arbeitnehmern den kapitalistischen

Arbeitgebern auf Gedeih und Verderb ausgeliefert waren. Um sich eine Stimme und ein gewisses Gewicht zu verschaffen, organisierten sie sich.

Heute gibt es in der Bundesrepublik eine Reihe von Einzelgewerkschaften, die jeweils die Interessen bestimmter Branchen vertreten.

Beispiele:
IG Metall; Vereinte Dienstleistungsgewerkschaft (ver.di); Gewerkschaft Nahrung, Genuss, Gaststätten (NGG).

Art. 9 Abs. 3 GG – Koalitionsfreiheit
(3) Das Recht, zur Wahrung und Förderung der Arbeits- und Wirtschaftsbedingungen Vereinigungen zu bilden, ist für jedermann und für alle Berufe gewährleistet. Abreden, die dieses Recht einschränken oder zu behindern suchen, sind nichtig, hierauf gerichtete Maßnahmen sind rechtswidrig. Maßnahmen … dürfen sich nicht gegen Arbeitskämpfe richten, die zur Wahrung und Förderung der Arbeits- und Wirtschaftsbedingungen von Vereinigungen im Sinne des Satzes 1 geführt werden.

Unter dem Koalitionsrecht versteht man das Recht, sich in Arbeitsverbänden zusammenzuschließen. Art. 9 Abs. 3 GG enthält sowohl ein Individualgrundrecht, nämlich das Recht jedes Einzelnen, einem solchen Verband beizutreten, sich darin zu betätigen oder ihn zu gründen. Ebenso gehört dazu, dass man keinem Verband beizutreten braucht oder einem Verband seiner Wahl beitreten kann. Darüber hinaus enthält Art. 9 Abs. 3 GG auch eine Bestands- und Betätigungsgarantie, die dem Verband selbst das Recht auf Bestehen und auf Betätigung einräumt.

"Positive" Koalitionsfreiheit umfasst das Recht, Vereinigungen zu gründen, beizutreten oder sich darin zu betätigen, sowie das Recht der Vereinigung selbst auf Bestand und Betätigung

Die Koalition hat das vom Grundgesetz garantierte Recht zu bestehen und sich spezifisch koalitionsmäßig zu betätigen. Dazu gehört die Tarifautonomie mit dem Arbeitskampf, die Mitbestimmung, Mitgliederwerbung und Informationstätigkeit.

"Negative" Koalitionsfreiheit garantiert das Recht, einer bestimmten oder gar keiner Vereinigung beizutreten.

Für die Betätigung der Gewerkschaften existieren kaum gesetzliche Regelungen. Das Kollektivarbeitsrecht ist das klassische Beispiel für eine Gestaltung durch Richterrecht, denn nahezu alle wichtigen Entscheidungen in diesem Bereich wurden durch oberste Bundesgerichte, das Bundesarbeitsgericht und das Bundesverfassungsgericht, getroffen. Der Gesetzgeber hat sich bis heute seiner Aufgabe entzogen, diesen Rechtsbereich gesetzlich zu regeln. Der Grund dafür darf darin vermutet werden, dass es sich keine der politischen Parteien mit den beteiligten mächtigen Interessengruppen verderben will.

Die Gewerkschaften sind privatrechtliche Vereinigungen ohne eigene Rechtsfähigkeit.

Die Gewerkschaften sind rechtlich private Vereinigungen ohne eigene Rechtsfähigkeit. Sie geben sich eine Satzung, und ihre Organe sind die Mitgliederversammlung und der Vorstand. Die Gewerkschaftsmitglieder haben Beiträge zu zahlen. Das Vermögen, das dadurch gebildet wird, verwalten Treuhänder, da die Gewerkschaft selbst, mangels Rechtsfähigkeit, keine Rechtsgeschäfte vornehmen kann. Meist werden GmbHs gegründet, das Geld in der Wirtschaft investiert. Vornehmlich dient das Vermögen jedoch dazu, die Gewerkschaftsmitglieder zu unterstützen: z. B. bei Rechtsstreitigkeiten wegen Kündigung; durch Unterhaltszahlungen bei Streik; mit Hilfen bei Erwerbslosigkeit, Invalidität oder bei Sterbefällen. Darüber hinaus unterhalten die Gewerkschaften zahlreiche Bildungseinrichtungen.

Die Koalitionstätigkeit der Gewerkschaften ist durch Art. 9 Abs. 3 GG geschützt.

Um ihre Koalitionstätigkeit wirksam ausüben zu können, dürfen die Gewerkschaften in den Betrieben Werbe- und Informationsmaterial verteilen und Plakate aufhängen, denn nur so können Mitglieder geworben und Informationen verbreitet werden. Allerdings darf der regelmäßige Arbeitsablauf nicht gestört werden, d. h., Verteilen von Material oder das Abhalten von Informationsveranstaltungen ist nur in Arbeitspausen oder außerhalb der Arbeitszeit zulässig.

Innerhalb eines Betriebes können gewerkschaftliche Vertrauensleute bestimmt werden. Sie sind Gewerkschaftsmitglieder und sollen für die Wahrung und Vertretung der Interessen der Gewerkschaft und ihrer Mitglieder in den Betrieben eintreten.

6.1.2 Betriebsrat

Der Betriebsrat wirkt nur auf betrieblicher Ebene und ist ein eigenständiges Gremium.

Betriebsversammlung: Zusammenkunft aller Arbeitnehmer eines Betriebes, bei der der Betriebsrat den Vorsitz führt

Der Betriebsrat ist das Vertretungsorgan der Arbeitnehmer im Bereich der betrieblichen Mitbestimmung. Im Gegensatz zu den Gewerkschaften sind Zusammensetzung, Wahl und Rechte des Betriebsrats im Gesetz (Betriebsverfassungsgesetz) ausführlich geregelt. Der Betriebsrat stellt den gesetzlichen Interessenvertreter der Belegschaft dar. Er wird von der Belegschaft gewählt; die Mitglieder des Betriebsrats sind Träger eines freien Mandats, d. h., sie sind während ihrer Amtszeit nur ihrem Gewissen verpflichtet und nicht abhängig von Weisungen der Belegschaft oder der Betriebsversammlung. Der Betriebsrat ist kein Organ der Gewerkschaft, obwohl die Mitglieder des Betriebsrats in der Praxis häufig auch Gewerkschaftsmitglieder sind.

> **§ 2 BetrVG – Stellung der Gewerkschaften/ Arbeitgebervereinigungen**
> (1) Arbeitgeber und Betriebsrat arbeiten unter Beachtung der geltenden Tarifverträge vertrauensvoll und im Zusammenwirken mit den im Betrieb vertretenen Gewerkschaften und Arbeitgebervereinigungen zum Wohl der Arbeitnehmer und des Betriebes zusammen ....

Dieser so genannte Grundsatz der vertrauensvollen Zusammenarbeit zwischen dem Arbeitgeber und dem Betriebsrat bestimmt eindeutig, dass Kooperation und nicht Konfrontation zu praktizieren ist. Arbeitskampfmaßnahmen zwischen dem Betriebsrat und dem Arbeitgeber sind unzulässig, es besteht eine so genannte ständige absolute Friedenspflicht. Der Arbeitskampf ist Sache der Gewerkschaften. Zwar dürfen Mitglieder des Betriebsrats – wie andere Arbeitnehmer auch – an Arbeitskampfmaßnahmen teilnehmen, für den Betriebsrat selbst besteht jedoch eine strenge Neutralitätspflicht. Ebenso besteht ein Verbot jeglicher parteipolitischer Betätigung.

Bei groben Verletzungen seiner Pflichten kann ein einzelnes Mitglied des Betriebsrats ausgeschlossen werden, aber auch der gesamte Betriebsrat kann aufgelöst werden. Die Entscheidung darüber trifft auf Antrag das Arbeitsgericht. Verletzt umgekehrt der Arbeitgeber seine Pflichten gegenüber dem Betriebsrat in erheblicher Weise, so hat der Betriebsrat einen Unterlassungsanspruch gegen den Arbeitgeber, § 23 Absatz 3 BetrVG.

Es gilt der Grundsatz der vertrauensvollen Zusammenarbeit zwischen dem Arbeitgeber und dem Betriebsrat.

kein Recht auf Arbeitskampf

6.1.3 Aufsichtsrat

Die unternehmerische Mitbestimmung wird von Arbeitnehmervertretern im Aufsichtsrat größerer Betriebe ausgeübt.

Anders als bei den Gewerkschaften und dem Betriebsrat geht es hier nicht um das Aushandeln von Arbeitsbedingungen, sondern um eine Teilnahme an wesentlichen unternehmerischen Entscheidungen. Dabei wird dem Arbeitgeber nicht wie bei dem Betriebsrat ein eigenes Gremium gegenübergestellt, sondern Arbeitnehmer und Arbeitgeber sitzen in einem einzigen Gremium zusammen, nämlich im Aufsichtsrat dieses Unternehmens.

Voraussetzung für die Mitbestimmung der Arbeitnehmer an Unternehmerentscheidungen ist die Anwendbarkeit eines der Mitbestimmungsgesetze (Mitbestimmungsgesetz 1976, Mitbestimmungsergänzungsgesetz, Montanmitbestimmungs-

unternehmerische Mitbestimmung der Arbeitnehmer durch die Mitgliedschaft im Aufsichtsrat

gesetz). Diese bestimmen für Großunternehmen, die in aller Regel als Aktiengesellschaften organisiert sind, ein Mitbestimmungsrecht der Arbeitnehmer durch gewählte Vertreter im Aufsichtsrat des Unternehmens. In Unternehmen, in denen das MitbestG 1976 zur Anwendung kam, ist z. B. die Anzahl der Arbeitnehmerverbände und der Anteilseigner gleich groß (paritätische Besetzung).

Dadurch haben die Arbeitnehmer ein Mitbestimmungsrecht an wirtschaftlich-unternehmerischen Entscheidungen, wozu vor allem gehören: Art und Umfang der Produktion, Investitionen, Finanzierungen.

Ziele dieser unternehmerischen Mitbestimmung sind: die Kontrolle der Unternehmensmacht, Zusammenarbeit von Kapital und Arbeit, Demokratisierung von Unternehmen, Verringerung der Fremdbestimmung der Arbeitnehmer, Verbesserung des Arbeitnehmerschutzes.

6.2   Tarifvertragsrecht

Der Tarifvertrag ist ein schriftlicher Vertrag zwischen einem Arbeitgeber oder einem Arbeitgeberverband und einer Gewerkschaft.

---

§ 1 TVG – Inhalt und Form des Tarifvertrags
(1) Der Tarifvertrag regelt die Rechte und Pflichten der Tarifvertragsparteien und enthält Rechtsnormen, die den Inhalt, den Abschluß und die Beendigung von Arbeitsverhältnissen sowie betriebliche und betriebsverfassungsrechtliche Fragen ordnen können.
(2) Tarifverträge bedürfen der Schriftform.

Wirksamkeitsvoraussetzungen des Tarifvertrags:
- wirksamer Vertrag
- Schriftform
- Tariffähigkeit
- Tarifzuständigkeit
- zulässiger Inhalt des Tarifvertrags

Der Tarifvertrag besteht aus einem schuldrechtlichen und einem normativen Teil.

Tariffähig, d. h. berechtigt zum Abschluss von Tarifverträgen, sind nur Gewerkschaften, Arbeitgeberverbände oder ein einzelner Arbeitgeber. Die Tarifzuständigkeit ist Wirksamkeitsvoraussetzung des Tarifvertrags. Verbände können nur über Bereiche Vereinbarungen treffen, für die sie räumlich und sachlich zuständig sind.

Der Inhalt des Tarifvertrags ist zweigeteilt:

1. Der sog. schuldrechtliche Teil des Tarifvertrags regelt Rechte und Pflichten der Vertragsparteien, d. h. der Gewerkschaft und des Arbeitgebers oder Arbeitgeberverbandes. Dazu gehört z. B. die Friedenspflicht (Pflicht, während der Laufzeit und im Geltungsbereich des Tarifvertrags keinen Arbeitskampf durchzuführen), oder die Verpflichtung, Schadensersatzansprüche, die infolge eines Arbeitskampfes entstanden sind, nicht geltend zu machen.

2. Der sog. normative Teil des Tarifvertrags umfasst vereinbarte Regelungen zu Inhalt, Abschluss, Beendigung von Arbeitsverhältnissen und zu betrieblichen und betriebsverfassungsrechtlichen Fragen. Konkret sind dies Vereinbarungen über Lohnhöhe, Lohnformen, Urlaub, Arbeitszeit (Inhaltsnormen), Formvorschriften für den Abschluss des Arbeitsvertrags (Abschlussnormen) sowie Regelungen zu Kündigung oder Befristung (Beendigungsnormen), zur betrieblichen Ordnung oder Betriebsgestaltung (Betriebsnormen). Dieser Teil des Tarifvertrags ist „normativ", denn mit dem Tarifvertragsabschluss gelten die Vereinbarungen direkt und zwingend für alle Tarifgebundenen. Tarifgebunden sind alle Mitglieder der Gewerkschaft und der Arbeitgeberverbände, ebenso der Arbeitgeber, der mit einer Gewerkschaft einen Tarifvertrag abgeschlossen hat.

> **§ 3 TVG – Tarifgebundenheit**
> (1) Tarifgebunden sind die Mitglieder der Tarifvertragsparteien und der Arbeitgeber, der selbst Partei des Tarifvertrages ist. …

> **§ 4 Abs. 1 TVG – Wirkung der Rechtsnormen**
> (1) Die Rechtsnormen des Tarifvertrages, die den Inhalt, den Abschluß oder die Beendigung von Arbeitsverhältnissen ordnen, gelten unmittelbar und zwingend zwischen den beiderseits Tarifgebundenen, die unter den Geltungsbereich des Tarifvertrages fallen. Diese Vorschrift gilt entsprechend für Rechtsnormen des Tarifvertrags über betriebliche und betriebsverfassungsrechtliche Fragen.

Scheint es im öffentlichen Interesse geboten, kann das Bundesministerium für Wirtschaft und Arbeit einen Tarifvertrag auch für allgemeinverbindlich erklären, § 5 TVG. Im öffentlichen

Allgemeinverbindlichkeit eines Tarifvertrags durch Erklärung des Bundesarbeitsministers, § 5 TVG

Interesse ist eine Allgemeinverbindlichkeitserklärung, wenn der Tarifvertrag in seinem Geltungsbereich für die Gestaltung der Arbeitsbedingungen überwiegende Bedeutung erlangt hat oder die Absicherung der Wirksamkeit der tarifvertraglichen Normsetzung gegen die Folgen wirtschaftlicher Fehlentwicklung eine Allgemeinverbindlicherklärung verlangt.

Wird ein Tarifvertrag für allgemeinverbindlich erklärt, gelten die normativen Bestimmungen dieses Tarifvertrages für alle Arbeitnehmer und Arbeitgeber, auch wenn sie nicht tarifgebunden sind. Ab wann die normativen Bestimmungen des Tarifvertrags gelten, wird entweder im Tarifvertrag ausdrücklich bestimmt, oder er gilt ab dem Zeitpunkt des Abschlusses. Der Tarifvertrag endet mit Fristablauf, Kündigung, Aufhebung oder Abschluss eines neuen Tarifvertrags (es sei denn, aus dem Günstigkeitsprinzip ergibt sich etwas anderes).

> **§ 4 Abs. 5 TVG – Wirkung der Rechtsnormen**
> (5) Nach Ablauf des Tarifvertrages gelten seine Rechtsnormen weiter, bis sie durch eine andere Abmachung ersetzt werden.

Nachwirkung des Tarifvertrags

Dies ist die sogenannte Nachwirkung des Tarifvertrags, um während eines tariflosen Zustands Vertragslücken zu vermeiden.

6.3   Arbeitskämpfe

Mittel des Arbeitskampfes:
– seitens der Arbeitnehmer –
  Streik oder Boykott
– seitens der Arbeitgeber –
  Aussperrung

Der Arbeitskampf ist Teil der Tarifautonomie, den Art. 9 Abs. 3 GG verfassungsrechtlich gewährleistet. Man versteht darunter kollektive Maßnahmen der Arbeitgeber oder Arbeitnehmer zur Durchsetzung tarifvertraglich regelbarer Ziele. Die einzelnen Kampfmittel sind Streik (Arbeitnehmer), Aussperrung (Arbeitgeber) und Boykott. Der Boykott ist von relativ geringer Bedeutung und richtet sich darauf, während eines Arbeitskampfes den Abschluss von Arbeitsverträgen zu verhindern oder die Auflösung von Arbeitsverträgen mit Nichtstreikenden zu erreichen.

Rechtmäßigkeit des Arbeitskampfes:
- Beachtung der tarifrechtlichen Grenzen
- Beachtung der Grundsätze der Kampfführung
- kein gesetzliches Kampfverbot
- Suspendierung der arbeitsvertraglichen Hauptpflichten

Die Frage der Rechtmäßigkeit von Arbeitskampfmaßnahmen hat enorme Bedeutung für die Pflichten aus dem Arbeitsvertrag.

Unter Suspendierung versteht man das Ruhen der Pflichten. Zwar besteht das Arbeitsverhältnis fort, aber keine der Vertragsparteien kann vom anderen die Erfüllung der Pflichten verlangen. Ist eine Arbeitskampfmaßnahme rechtswidrig, tritt keine Suspendierung ein, vielmehr entstehen Schadensersatzpflichten wegen Verletzung des Arbeitsvertrags und auch Kündigungsmöglichkeiten.

Im Falle des rechtmäßigen Arbeitskampfes werden die Hauptpflichten des Arbeitsvertrags „suspendiert", d. h. sie ruhen:
– keine Arbeitspflicht
– keine Lohnzahlungspflicht

Bei Beendigung des Arbeitskampfes leben sie wieder auf.

> **Wirkung des Arbeitskampfes**
> ▬ Rechtmäßiger Streik/Aussperrung ⇨ Suspendierung des Hauptpflichten des Arbeitsvertrags: Die Hauptpflichten (Arbeitspflicht und Lohnfortzahlungspflicht) ruhen, nicht aber die Nebenpflichten
> ▬ Rechtswidriger Streik/Aussperrung ⇨ Keine Suspendierung des Hauptpflichten des Arbeitsvertrags: Arbeitsverweigerung/Nichtbeschäftigung sind Arbeitsvertragsverletzungen.

6.3.1 Streik

◘ Streik (Stefan Dinter)

1. Beachtung der tarifrechtlichen Grenzen:
   Ein Streik muss sich innerhalb der tarifrechtlichen Grenzen halten, damit er rechtmäßig ist. Darunter versteht man, dass

Rechtmäßigkeit eines Streiks:
– Beachtung der tariflichen Grenzen
– Beachtung allgemeiner Grundsätze der Kampfführung
– Beachtung gesetzlicher Verbote

ein Streik nur von einer Tarifvertragspartei geführt werden darf mit dem Kampfziel, einen Tarifvertrag abzuschließen. Ein Streik darf also nur von einer Gewerkschaft geführt werden; ist dies nicht der Fall, handelt es sich um einen „wilden Streik", der rechtswidrig ist. Die Gewerkschaft kann jedoch die Führung eines wilden Streiks übernehmen und ihn damit von Anfang an rechtmäßig machen.

Ziel des Streiks muss der Abschluss eines Tarifvertrags sein, d. h., der Streik darf nur geführt werden, wenn ein tariflich regelbarer Punkt strittig ist und die Gewerkschaft Druck auf die Arbeitgeberseite ausüben will. Nicht zulässig sind Streiks zur Durchsetzung politischer Ziele, Demonstrationsstreiks, um Druck auf die Regierung auszuüben, oder Sympathiestreiks. Bei einem Sympathiestreik legen die Arbeitnehmer eines Betriebes, der einer ganz anderen Tarifzuständigkeit angehört als der streikende Betrieb, die Arbeit aus Solidarität nieder. Kampfziel ist dann nicht der Abschluss eines Tarifvertrags, denn der Arbeitgeber kann den Tarifvertrag ja gar nicht abschließen. Zulässig dagegen sind kurze Warnstreiks.

Friedenspflicht

Der Streik ist nur zulässig, wenn die Friedenspflicht nicht mehr besteht. Die Friedenspflicht ergibt sich aus dem Tarifvertrag. Sie gehört zum schuldrechtlichen Teil, denn sie regelt eine Pflicht der Vertragsparteien. Solange der Tarifvertrag Gültigkeit hat, sind daher Arbeitskampfmaßnahmen verboten.

2. Beachtung allgemeiner Grundsätze der Kampfführung:
   Für die Gewerkschaften gilt als Grundsatz das „ultima ratio"-Prinzip. Gestreikt werden darf erst dann, wenn die Tarifverhandlungen gescheitert sind, sich die Gewerkschaften nicht mit den Arbeitgebern einigen konnten. Bereits vor dem Scheitern der Verhandlungen darf ein kurzer Warnstreik abgehalten werden, sozusagen als Drohgebärde, dass man es ernst meint.

Der Betriebsrat als Gremium darf nicht streiken. Die einzelnen Betriebsratsmitglieder dürfen am Streik teilnehmen.

3. Beachtung gesetzlicher Kampfverbote
   Sie bestehen für den Betriebsrat als Gremium, § 74 Abs. 2 BetrVG, und für Beamte, Art. 33 Abs. 5 GG.

Aussperrung ist die Kampfmaßnahme der Arbeitgeber. Dabei wird den Arbeitnehmern der Zutritt zu ihrem Arbeitsplatz versperrt.

6.3.2   Aussperrung

Die Aussperrung ist die Kampfmaßnahme der Arbeitgeber, wenn die Gewerkschaften den Streik ausgerufen haben. Der Arbeitgeber verweigert dann allen Arbeitnehmern den Zutritt zu dem Betrieb. Nichtstreikende Arbeitnehmer können dann nicht mehr an ihren Arbeitsplatz, streikende Arbeitnehmer können womöglich trotz Beendigung des Streiks nicht arbeiten.

Während des rechtmäßigen Arbeitskampfes sind die Hauptpflichten aus dem Arbeitsvertrag suspendiert, sie ruhen. Der Arbeitgeber ist nicht zur Lohnzahlung verpflichtet. Dennoch brauchen Arbeitnehmer auch während des Streiks ihren Unterhalt. Diese Kosten werden von der Gewerkschaft aus den Beiträgen ihrer Mitglieder getragen. Streiks können damit extrem teuer werden, besonders wenn die Gewerkschaften auch an Nichtmitglieder eine Entschädigung zahlen müssen. Die Aussperrung ist daher nur insoweit zulässig, als sie das Kampfgleichgewicht aufrechterhält. Die Arbeitgeber dürfen die Aussperrung nicht dazu benutzen, die Gewerkschaften zu ruinieren; das ergibt sich aus dem Verhältnismäßigkeitsgrundsatz. Es dürfen maximal 50 % der Arbeitnehmer des umkämpften Tarifgebietes ausgesperrt werden.

Parteien	Ansprüche
Ansprüche des Arbeitgebers gegen einen Arbeitnehmer bei Teilnahme an einem rechtwidrigen Streik	• auf Arbeitsleistung, § 611 a BGB (Arbeitsvertrag) • auf Schadensersatz wegen Nichterfüllung, §§ 326, 275, 280, 611 a BGB (Arbeitsvertrag) • auf Schadensersatz aus §§ 280 ff., 611 a BGB (Arbeitsvertrag) • auf Schadensersatz aus § 823 BGB • Der Arbeitgeber kann außerdem dem Arbeitnehmer nach einer Abmahnung ordentlich oder außerordentlich kündigen
Ansprüche des Arbeitnehmers gegen den Arbeitgeber im Falle einer rechtswidrigen Aussperrung	• auf Lohn ohne Arbeit, § 611 a BGB (Arbeitsvertrag) § 615 BGB • auf Schadensersatz aus §§ 280 ff., 611 a BGB (Arbeitsvertrag) • auf Schadensersatz aus § 823 BGB • Der Arbeitnehmer kann außerdem ordentlich oder außerordentlich kündigen
Ansprüche einer Tarifpartei gegen die andere Tarifpartei, deren Arbeitskampfmaßnahme rechtswidrig ist	• auf Schadensersatz, § 280 Abs. 1 BGB, wegen Verletzung der Friedenspflicht • auf Schadensersatz aus § 823 BGB
Ansprüche eines unbeteiligten Dritten (also nicht der Arbeitgeber- oder Arbeitnehmerseite Zugehörigen) gegen denjenigen, der einen rechtswidrigen Arbeitskampf führt	• auf Schadensersatz aus § 823 BGB, Verletzung des eingerichteten und ausgeübten Gewerbebetriebs, wenn dem Dritten durch die rechtswidrige Arbeitskampfmaßnahme ein Schaden entsteht

◘ Ansprüche bei rechtswidrigen Arbeitskampfmaßnahmen

6.4   Betriebsverfassungsrecht

■ Mitwirkung (Stefan Dinter)

BetrVG:
- Betriebsrat
- Mitbestimmungs- und
  Mitwirkungsrechte

Die Mitwirkung und Mitbestimmung nach dem Betriebsverfassungsgesetz (BetrVG) ermöglicht den Arbeitnehmern eine Beteiligung an Entscheidungen auf Betriebsebene. Dabei geht es meist um arbeitstechnische Fragen; wirtschaftliche Fragen sind der Mitbestimmung weit gehend entzogen (Anders in den Mitbestimmungsgesetzen, deren Anwendungsbereich in Punkt 5 dieses Kapitels erklärt wird.).

Das Betriebsverfassungsgesetz regelt Wahl, Amtszeit, Organisation und Geschäftsführung des Betriebsrats. Zusätzlich bestimmt es Art und Ausmaß der Mitwirkung und Mitbestimmung des Betriebsrats in sozialen, personellen und wirtschaftlichen Angelegenheiten.

Eine gesonderte Jugend- und Auszubildendenvertretung sieht das Betriebsverfassungsrecht für diese Personengruppen vor.

Für leitende Angestellte findet das Betriebsverfassungsgesetz keine Anwendung. Aufgrund ihrer besonderen Stellung im Betrieb gilt für sie das Sprecherausschussgesetz.

6.4.1   Wahl des Betriebsrats

Ob in einem Betrieb ein Betriebsrat gebildet werden kann, hängt von seiner Größe ab. Arbeitnehmer haben das Recht, einen Betriebsrat zu bilden, eine Verpflichtung dazu besteht

nicht. Sie können daher bei Vorliegen der betrieblichen Min-
destvoraussetzungen entscheiden, ob sie einen Betriebsrat
haben wollen. Bei kleineren Betrieben mit einem verständnis-
vollen Arbeitgeber ist dies doppelt zu überlegen, da manch ein
Chef dies schon als Kriegserklärung aufgefasst hat.

§ 1 BetrVG – Bildung eines Betriebsrats
In Betrieben mit in der Regel mindestens fünf ständigen
wahlberechtigten Arbeitnehmern, von denen drei wählbar
sind, werden Betriebsräte gewählt. …

§ 7 BetrVG – Wahlberechtigung
Wahlberechtigt sind alle Arbeitnehmer, die das 18. Lebensjahr vollendet haben. …

§ 8 BetrVG – Wählbarkeit
(1) Wählbar sind alle Wahlberechtigten, die sechs Monate
dem Betrieb angehören …

Ein Betriebsrat kann von der Belegschaft gewählt werden,
wenn in dem Betrieb fünf festangestellte Arbeitnehmer beschäftigt sind, die über 18 Jahre alt sind, und drei davon bereits
sechs Monate dem Betrieb angehören (diese können sich zur
Wahl stellen). Dabei gelten hier als Arbeitnehmer Arbeiter,
Angestellte (nicht die leitenden Angestellten, § 5 Abs. 3 BetrVG) und Auszubildende.

§ 9 BetrVG – Zahl der Betriebsratsmitglieder
Der Betriebsrat besteht in Betrieben mit in der Regel
5 bis 20 wahlberechtigten Arbeitnehmern aus einer Person,
21 bis 50 wahlberechtigten Arbeitnehmern aus 3 Mitgliedern,
51 wahlberechtigten Arbeitnehmern bis 100 Arbeitnehmern aus 5 Mitgliedern,
101 bis 200 Arbeitnehmern aus 7 Mitgliedern,
201 bis 400 Arbeitnehmern aus 9 Mitgliedern …

Die Größe des Betriebsrats
richtet sich nach der Zahl der
Beschäftigten.

Je größer der Betrieb, desto größer wird der Betriebsrat. Er
wird in geheimer und unmittelbarer Wahl gewählt. Im Nor-

malfall erfolgt die Wahl nach den Grundsätzen der Verhältniswahl. Nach dem Mehrheitswahlprinzip wird gewählt, wenn nur ein Wahlvorschlag eingereicht wird oder der Betriebsrat im vereinfachten Wahlverfahren in Kleinbetrieben gewählt wird (§ 14 BetrVG). Das Wahlverfahren für Kleinbetriebe ist in § 14a BetrVG geregelt.

normales Wahlverfahren

Zur Vorbereitung und Durchführung der Wahl wird ein Wahlvorstand bestellt (§§ 16, 17 BetrVG). Der Wahlvorstand stellt unverzüglich eine Wählerliste auf und macht die bevorstehende Wahl und deren Termin im Betrieb bekannt. Er nimmt Einsprüche gegen die Wählerliste und Wahlvorschläge entgegen und entscheidet darüber. Spätestens eine Woche vor Beginn der Stimmabgabe macht er die gültigen Wahlvorschläge bekannt. Bei der Wahl zählt er die Stimmen aus und gibt das Ergebnis unverzüglich bekannt. Dann beruft er innerhalb derselben Woche den neuen Betriebsrat zu seiner ersten Sitzung ein und löst sich anschließend auf.

§§ 14, 14a Wahlvorschriften

Das BetrVG unterscheidet nicht mehr zwischen Arbeitern und Angestellten.

Die Wahl erfolgt grundsätzlich nach den Grundsätzen der Verhältniswahl. Wenn nur ein Wahlvorschlag eingereicht wird oder wenn der Betriebsrat im vereinfachten Wahlverfahren nach § 14a BetrVG zu wählen ist, erfolgt die Wahl nach den Grundsätzen der Mehrheitswahl.

In Betrieben mit 5 bis 50 Arbeitnehmern gelten vereinfachte Wahlvorschriften.

Als Kleinbetriebe im Sinne des BetrVG gelten Betriebe mit in der Regel fünf bis fünfzig wahlberechtigten Arbeitnehmern. In diesen Betrieben besteht der Betriebsrat aus 1 bis 3 Mitgliedern. Damit in kleineren Betrieben vermehrt Betriebsräte gebildet werden, hat man speziell für Kleinbetriebe ein vereinfachtes Wahlverfahren eingeführt, das Wahlvorstand und Arbeitgeber aber mittels einer Vereinbarung auch auf Betriebe mit bis zu 100 wahlberechtigten Arbeitnehmern anwenden können.

Das vereinfachte Wahlverfahren ist in zwei Schritte zerlegt:

▪ 1. Schritt: Erste Wahlversammlung

In dieser ersten Wahlversammlung wird ein Wahlvorstand von der Mehrheit der anwesenden Arbeitnehmer gewählt (§ 17a Nr. 3 BetrVG). Einladungen zu dieser Wahlversammlung müssen mindestens 7 Tage vor dem Termin der Wahlversammlung erfolgen. Näheres ist in der Wahlverordnung zum BetrVG geregelt.

In der ersten Wahlversammlung wird der Wahlvorstand gewählt, es werden aber auch Vorschläge für die Wahl des Betriebsrats gemacht. Diese Wahlvorschläge müssen nach § 14 Abs. 4 BetrVG von mindestens 1/20 der wahlberechtigten Arbeitnehmer, mindestens jedoch von drei Wahlberechtigten (in Betrieben mit bis zu 20 Wahlberechtigten von 2 Wahlberechtigten) unterzeichnet sein. Daneben können ohne Einhaltung der Schriftform auch auf der ersten Wahlversammlung selbst noch Wahlvorschläge gemacht werden; hierbei erfolgt die Unterstützung des Wahlvorschlags entsprechend § 14 Abs. 4 BetrVG z. B. durch Handzeichen.

■ **2. Schritt: Zweite Wahlversammlung**
Eine Woche nach der ersten Wahlversammlung findet in der zweiten Wahlversammlung die Wahl des eigentlichen Betriebsrats statt. Dieser wird in geheimer und unmittelbarer Wahl gewählt. Wahlberechtigte, die an der zweiten Wahlversammlung nicht persönlich teilnehmen können, können ihre Stimme schriftlich abgeben.

Die Aufgaben des Wahlvorstandes sowie die Vorschriften zur Durchführung der Betriebsratswahlen blieben ebenso inhaltlich unverändert wie die Regelungen zur Kostentragung der Betriebsratswahlkosten durch den Arbeitgeber.

Wird bei der Durchführung der Betriebsratswahl gegen Rechtsvorschriften verstoßen, dann kann dies die Nichtigkeit oder die Anfechtbarkeit der Wahl begründen. Nichtig und damit ohne weiteres unwirksam ist eine Wahl nur in besonderen Ausnahmefällen; nämlich dann, wenn gegen wesentliche Wahlvorschriften so grob und offensichtlich verstoßen wurde, dass man nicht mehr von einer gesetzmäßigen Wahl sprechen kann (z. B. Wahl ohne Wahlvorstand, keine Bekanntgabe der Wahl, offene statt geheime Abstimmung). Die Anfechtbarkeit der Wahl besteht, wenn gegen wesentliche Vorschriften über das Wahlverfahren verstoßen und dadurch das Wahlergebnis geändert oder beeinflusst wurde, § 19 BetrVG. Dazu gehören die Fälle, in denen z. B. die Anzahl der zu wählenden Betriebsratsmitglieder falsch angegeben wurde oder ein aufgestellter Bewerber seiner Aufstellung nicht schriftlich zugestimmt hat. Die Wahl ist beim Amtsgericht anzufechten.

> Wahlanfechtung

Die regelmäßige Amtszeit des Betriebsrats beträgt vier Jahre, dann ist erneut zu wählen, § 21 BetrVG. Der Zeitpunkt der Betriebsratswahlen ist für alle Betriebe einheitlich festgelegt, die nächste, turnusgemäße Wahl findet in der Zeit vom 1. März bis 31. Mai 2018 statt.

> Die Amtszeit des Betriebsrats beträgt vier Jahre.

6.4.2 Rechte des Betriebsrats

Um ganz genau zu sein, geht es im Folgenden um die Rechte der Mitglieder des Betriebsrats, denn „Betriebsrat" selbst

> Besondere Rechte hat ein Arbeitnehmer in Zusammenhang mit seiner Betriebsratstätigkeit. Die Pflichten aus dem Arbeitsvertrag bleiben jedoch unverändert bestehen.

meint das Gremium, das Mitwirkungs- und Mitbestimmungsrechte hat.

Rechte des Betriebsratsmitglieds:

- Anspruch auf Freistellung von der Arbeitspflicht
- besonderer Kündigungsschutz
- Aufwendungsersatzanspruch gegen den Arbeitgeber

1. Grundsätzlich ändern sich durch die Wahl zum Betriebsratsmitglied die Rechte und Pflichten aus dem Arbeitsverhältnis für den einzelnen Arbeitnehmer nicht. Ab 200 Arbeitnehmern ist ein Betriebsratsmitglied völlig von der
   Arbeit freizustellen, bei mehr als 501 Arbeitnehmern er-
   höht sich diese Zahl auf zwei usw., § 38 BetrVG. Darüber
   hinaus ist ein Betriebsratsmitglied auch für Schulungsver-
   anstaltungen von der Arbeit freizustellen, soweit diese für
   die Arbeit als Betriebsrat erforderlich sind, § 37 Abs. 6, 7
   BetrVG. Trotz Freistellung von der Arbeit behält das Betriebsratsmitglied seinen Vergütungsanspruch.

> **§ 37 BetrVG – Ehrenamt, Freistellungsanspruch**
> (1) Die Mitglieder des Betriebsrats führen ihr Amt unent-
> geltlich als Ehrenamt.
> (2) Mitglieder des Betriebsrats sind von ihrer beruflichen
> Tätigkeit ohne Minderung des Arbeitsentgelts zu befreien,
> wenn und soweit es nach Umfang und Art des Betriebs
> zur ordnungsgemäßen Durchführung ihrer Aufgaben
> erforderlich ist.

besonderer Kündigungsschutz

2. Betriebsratsmitglieder genießen einen besonderen Kündigungsschutz nach § 15 KSchG. Ihnen kann danach
   während und ein Jahr nach Beendigung ihres Amtes nicht
   ordentlich gekündigt werden. Eine außerordentliche Kündigung bedarf der Zustimmung des Betriebsrats.

§ 40 BetrVG

3. Der Arbeitgeber hat die Kosten der Tätigkeit des Betriebsrats zu tragen. Dazu gehören die Kosten der sachlichen
   Mittel (Büro, Schreibmaterial, Telefon, PC, usw.) und erforderliche Schulungskosten. Die Kosten für die Betriebsratswahl trägt ebenfalls der Arbeitgeber.

6.4.3 Mitbestimmung des Betriebsrats

Das BetrVG regelt die Mitwirkung und Mitbestimmung in
sozialen (§§ 87–91 BetrVG), personellen (§§ 92–105 BetrVG)

und wirtschaftlichen (§§ 106–113 BetrVG) Angelegenheiten sehr ausführlich. Es ist daher sinnvoll, sich dieses Gesetz durchzulesen; nur die wichtigsten Paragraphen können hier auszugsweise abgedruckt werden.

Maßnahmen des Arbeitskampfes zwischen Arbeitgeber und Betriebsrat sind unzulässig (§ 74 Abs. 2 BetrVG); aufgrund dieser ständigen „Betriebsfriedenspflicht" wird für den Fall von Meinungsverschiedenheiten die Einigungsstelle geschaffen (§ 76 BetrVG). Sie wird mit Personen besetzt, die je zur Hälfte vom Arbeitgeber und vom Betriebsrat bestellt werden, hinzu kommt ein unparteiischer Vorsitzender, über dessen Person sich beide Seiten einigen müssen.

> Betriebsfriedenspflicht: Arbeitskampfmaßnahmen des Betriebsrats sind verboten. Bei Unstimmigkeit entscheidet die Einigungsstelle.

Kommt nun zwischen Arbeitgeber und Betriebsrat in einer Angelegenheit keine Einigung zustande, wird die Einigungsstelle angerufen; diese trifft dann die verbindliche Entscheidung. Die Fälle, in denen die Einigungsstelle entscheidet, sind im BetrVG in den einzelnen Mitbestimmungsvorschriften ausdrücklich bestimmt („Kommt eine Einigung … nicht zustande, so entscheidet die Einigungsstelle. Der Spruch der Einigungsstelle ersetzt die Einigung zwischen Arbeitgeber und Betriebsrat." z. B. in §§ 87 II, 91, 94, 95, 102 Abs. 6 BetrVG). Ist eine der beiden Seiten mit der Entscheidung nicht einverstanden, z. B. weil die Einigungsstelle die Argumente der einen Seite nicht berücksichtigt hat (Überschreitung der Ermessensgrenzen), dann kann das Arbeitsgericht angerufen werden.

Mitbestimmung
▬ in sozialen Angelegenheiten
▬ in personellen Angelegenheiten
▬ in wirtschaftlichen Angelegenheiten

---

§ 87 BetrVG – Mitbestimmungsrechte

(1) Der Betriebsrat hat, soweit eine gesetzliche oder tarifliche Regelung nicht besteht, in folgenden Angelegenheiten mitzubestimmen:

1. Fragen der Ordnung des Betriebs und des Verhaltens der Arbeitnehmer im Betrieb;
2. Beginn und Ende der täglichen Arbeitszeit einschließlich der Pausen sowie Verteilung der Arbeitszeit auf die einzelnen Wochentage;
3. vorübergehende Verkürzung oder Verlängerung der betriebsüblichen Arbeitszeit;
4.–9.…
10. Fragen der betrieblichen Lohngestaltung, insbesondere die Aufstellung von Entlohnungsgrundsätzen und die

> soziale Angelegenheiten

> Einführung und Anwendung von neuen Entlohnungs-
> methoden sowie deren Änderung.
> 11.–13.…

Mitbestimmung bei:
– Arbeitszeit
– Arbeitsentgelt
– Arbeitssicherheit
– Urlaubsfragen
– Arbeitsablauf
– Arbeitsumgebung

Der Betriebsrat hat hier ein Mitbestimmungsrecht in Angelegenheiten, die ansonsten der Arbeitgeber in der Regel aufgrund seines Direktionsrechts bestimmen kann.

Die „sozialen" Angelegenheiten beziehen sich auf Arbeitszeit, Formen des Arbeitsentgelts, Arbeitssicherheitseinrich-
tungen (Unfallschutz, Gesundheitsschutz), Urlaubsfragen,
Arbeitsablauf und Arbeitsumgebung. Besteht hier weder eine
gesetzliche noch tarifliche Regelung, so hat der Betriebsrat ein
Recht, diese Angelegenheiten mitzubestimmen. Kommt keine
Einigung zustande, so entscheidet die Einigungsstelle.

personelle Angelegenheiten

Dieser Abschnitt sieht eine Reihe von Mitbestimmungs-
rechten vor, die sich auf die Begründung von Arbeitsverhältnissen, berufsbildende Maßnahmen der Arbeitnehmer
innerhalb des Betriebs, Versetzung oder Beförderung von Arbeitnehmern und die Beendigung von Arbeitsverhältnissen
beziehen.

> **§ 93 BetrVG – Stellenausschreibung**
> Der Betriebsrat kann verlangen, dass Arbeitsplätze, die
> besetzt werden sollen, allgemein oder für bestimmte Arten
> von Tätigkeiten vor ihrer Besetzung innerhalb des Betriebs
> ausgeschrieben werden.

So kann eine Art innerbetrieblicher Arbeitsmarkt geschaffen
werden, der die Arbeitnehmer dieses Betriebs immer darüber
in Kenntnis setzt, ob sich für sie die Möglichkeit eines besseren
oder höher dotierten Postens ergibt.

> **§ 99 BetrVG – Mitbestimmung bei personellen
> Einzelmaßnahmen**
> (1) In Unternehmen mit in der Regel mehr als zwanzig
> wahlberechtigten Arbeitnehmern hat der Arbeitgeber den
> Betriebsrat vor jeder Einstellung, Eingruppierung, Umgrup-
> pierung und Versetzung zu unterrichten, ihm die erforder-
> lichen Bewerbungsunterlagen vorzulegen und Auskunft
> über die Person der Beteiligten zu geben; …

Unter Eingruppierung versteht man die Zuteilung eines Arbeitnehmers zu einer bestimmten Vergütungsgruppe (bestimmte Lohnhöhe für bestimmte Tätigkeit), Umgruppierung bedeutet demnach die Zuteilung von einer Vergütungsgruppe in eine andere. Vereinbarungen des Arbeitnehmers und des Arbeitgebers, die diese individuell ausgehandelt haben, z. B. über zusätzliche Lohnzahlungen, gehen den Betriebsrat dagegen nichts an.

Der Betriebsrat muss der geplanten Maßnahme zustimmen. Diese Zustimmung ist Voraussetzung für die Wirksamkeit der geplanten Einstellung, Eingruppierung usw. Verweigert der Betriebsrat seine Zustimmung, muss der Arbeitgeber das Arbeitsgericht anrufen, das die Zustimmung ersetzen kann.

Mitbestimmung bei:
– Arbeitsplatzausschreibungen
– Einstellungen, Versetzungen
– Anhörungsrecht bei Kündigung

---

§ 102 BetrVG – Mitbestimmung bei Kündigung
(1) Der Betriebsrat ist vor jeder Kündigung zu hören. Der Arbeitgeber hat ihm die Gründe für die Kündigung mitzuteilen. Eine ohne Anhörung des Betriebsrats ausgesprochene Kündigung ist unwirksam. ...

Egal ob ordentliche oder außerordentliche Kündigung, der Betriebsrat ist vor der Erklärung der Kündigung anzuhören, damit diese wirksam ist. Zustimmen braucht der Betriebsrat der Kündigung nicht, doch widerspricht er ihr, und hat der Arbeitnehmer fristgemäß Kündigungsschutzklage nach dem KSchG erhoben, so hat der Arbeitnehmer einen Anspruch auf Weiterbeschäftigung (bis zum Ende des Kündigungsschutzprozesses, wenn die Kündigung wirksam war), § 102 Abs. 5 BetrVG.

Eine Mitbestimmung in wirtschaftlichen Angelegenheiten ist im BetrVG nicht vorgesehen, eine Teilnahme an unternehmerischen Entscheidungen bleibt vielmehr den Arbeitnehmern solcher Unternehmen vorbehalten, für die die Mitbestimmungsgesetze gelten (Punkt 5). In Unternehmen mit in der Regel mehr als 100 ständigen Arbeitnehmern ist nach § 106 BetrVG ein Wirtschaftsausschuss zu bilden, der jedoch nur beratende Kompetenzen hat. Bei konkreten wesentlichen Betriebsänderungen, vor allem Stilllegungen, bestehen weitergehende Beteiligungsrechte, §§ 111 – 113 BetrVG. Hier ist ein Interessenausgleich zu versuchen. Scheitert dieser jedoch, kann das Unternehmen dessen ungeachtet die geplante Maßnahme durchführen.

Das „Wie" der Betriebsänderung allerdings, vor allem der Ausgleich sozialer Folgewirkungen (Entlassungen, Arbeits-

Für die Wirksamkeit einer Kündigung ist die Anhörung des Betriebsrats ausreichend und notwendig. Stimmt der Betriebsrat jedoch nicht zu, hat der gekündigte Arbeitnehmer einen Weiterbeschäftigungsanspruch, § 102 Abs. 5 BetrVG.

wirtschaftliche Angelegenheiten

kein Mitspracherecht in Unternehmerentscheidungen

platzvernichtung), kann vom Betriebsrat mitbestimmt werden. In diesem Fall kann der Betriebsrat einen Sozialplan verlangen, d. h. eine Vereinbarung über den Ausgleich oder die Milderung der wirtschaftlichen Nachteile, die den Arbeitnehmern infolge der geplanten Betriebsänderung entstehen.

Weicht der Unternehmer von einem Interessenausgleich über die geplante Betriebsänderung ohne zwingenden Grund ab, können gemäß § 113 BetrVG solche Arbeitnehmer, die infolge der Abweichung entlassen werden, eine Abfindung vom Arbeitgeber verlangen. Gleiches gilt dann, wenn der Unternehmer, der eine Betriebsänderung nach § 111 BetrVG durchführt, einen Interessenausgleich mit dem Betriebsrat nicht versucht hat.

Zuständig für eine solche Abfindungsklage ist das Arbeitsgericht.

6.4.4   Betriebsvereinbarung

> **§ 77 BetrVG – Betriebsvereinbarungen**
> … (2) Betriebsvereinbarungen sind von Betriebsrat und Arbeitgeber gemeinsam zu beschließen und schriftlich niederzulegen. …
> (3) Arbeitsentgelte und sonstige Arbeitsbedingungen, die durch Tarifvertrag geregelt sind oder üblicherweise geregelt werden, können nicht Gegenstand einer Betriebsvereinbarung sein. Dies gilt nicht, wenn ein Tarifvertrag den Abschluss ergänzender Betriebsvereinbarungen ausdrücklich zulässt.
> (4) Betriebsvereinbarungen gelten unmittelbar und zwingend. …

Betriebsvereinbarung: Schriftlicher Vertrag zwischen Arbeitgeber und dem Betriebsrat. Die Bestimmungen darin gelten unmittelbar und zwingend.

Die Betriebsvereinbarung ist ein schriftlicher Vertrag zwischen Arbeitgeber und dem Betriebsrat. Die Bestimmungen darin gelten unmittelbar und zwingend, d. h., dass der einzelne Arbeitnehmer in Verbindung mit seinem Arbeitsvertrag und § 611 BGB einen Anspruch daraus herleiten kann. Umgekehrt können für den Arbeitnehmer auch Pflichten aus der Betriebsvereinbarung entstehen, auf deren Einhaltung der Arbeitgeber einen Anspruch hat.

Die Betriebsvereinbarung darf nur solche Regelungen enthalten, die dem Aufgabenbereich des Betriebsrats unterliegen.

Grundsatz: Sperrwirkung des Tarifvertrags

Ausnahme: Öffnungsklausel

Durch Betriebsvereinbarung kann nur das geregelt werden, was dem Aufgabenbereich des Betriebsrats unterliegt (§§ 87 ff. BetrVG) und nicht schon durch Tarifvertrag geregelt ist oder üblicherweise durch ihn geregelt wird. Diese sog. Sperrwirkung soll die Tarifautonomie schützen. Sie entfällt dann, wenn der Tarifvertrag eine Öffnungsklausel enthält § 4 Abs. 3 TVG, d. h. eine anderweitige Regelung ausdrücklich zulässt.

Typischer Gegenstand einer Betriebsvereinbarung ist z. B. der Betrieb einer Werkskantine, mit Regelungen zur Art des angebotenen Essens, zum sonstigen Warenangebot, zur Höhe der Preise; aber auch Weihnachtsgeld oder sonstige freiwillige Leistungen (z. B. Umzugsurlaub) des Arbeitgebers können Gegenstand einer Betriebsvereinbarung sein.

Ist eine Betriebsvereinbarung für einen Arbeitnehmer ungünstig, weil er selbst mit seinem Arbeitgeber speziell für sich etwas anderes ausgehandelt hat, so findet das Günstigkeitsprinzip Anwendung. Danach geht die individuelle Regelung der Betriebsvereinbarung vor, obwohl der Arbeitsvertrag der Betriebsvereinbarung im Rang nachgeht.

6.5 Unternehmerische Mitbestimmung

◩ Mitbestimmung (Stefan Dinter)

Die unternehmerische Mitbestimmung ist den Arbeitnehmern von Großunternehmen vorbehalten. Folgende Gesetze regeln die Mitbestimmung: Montanmitbestimmungsgesetz von 1951, Mitbestimmungsgesetz von 1976 und das Betriebsverfassungsgesetz von 1952. Prüft man die Anwendbarkeit der Mitbestimmung auf ein Unternehmen, ist mit dem MontanmitbestG als dem speziellsten Gesetz zu beginnen, darauf folgt das MitbestG von 1976 und zuletzt kommt das BetrVG 1952 – sozu-

keine Mitbestimmung in Tendenzunternehmen

sagen als Auffanggesetz.Grundsätzlich keiner Mitbestimmung
unterliegen sogenannte Tendenzunternehmen, auch wenn es
sich dabei um Großunternehmen handelt. Darunter versteht
man Unternehmen, die überwiegend oder unmittelbar eine
politische, konfessionelle, karitative, erzieherische oder künst-
lerische Bestimmung haben oder zu Zwecken der Berichterstattung oder Meinungsäußerung dienen. Das betrifft z. B. die
Kirchen, Gewerkschaften, Zeitungsverlage und Privatschulen.

Montanmitbestimmungs-
gesetz für:
– Montanindustrie
– mit mehr als 1000 Beschäftigten

1. Das MontanmitbestG gilt für den Bereich der Montanindustrie. Darunter fallen Aktiengesellschaften (AG),
Gesellschaften mit beschränkter Haftung (GmbH) und
bergrechtliche Gesellschaften des Bergbaus sowie der
Stahl- und Eisenindustrie mit mehr als 1000 Beschäftigten.
In diesem ältesten Mitbestimmungsgesetz wurde zuerst die
paritätische Mitbestimmung festgelegt. Danach entsenden
die Arbeitnehmer ebenso viele Vertreter in den Aufsichtsrat wie die Arbeitgeberseite, die Anteilseigner. Die Zahl
der Vertreter im Aufsichtsrat ist abhängig von der Zahl
der insgesamt beschäftigten Mitarbeiter. Zusätzlich wird
eine neutrale Person mit beidseitiger Mehrheit der Gruppen im Aufsichtsrat bestimmt; darüber hinaus wird noch
ein „Arbeitsdirektor" gewählt, der sich hauptsächlich mit
Personal- und Sozialfragen befasst. Diese Personen zusammen (Arbeitnehmervertreter, Anteilseigner, neutrale
Person, Arbeitsdirektor) bilden dann den Aufsichtsrat.

Mitbestimmungsgesetz:
– nicht dem Montanbereich
  zugehörig
– mehr als 2000 Arbeitnehmer

2. Das MitbestG bezieht sich auf Aktiengesellschaften, Kommanditgesellschaften auf Aktien (KGaA), Gesellschaften
mit beschränkter Haftung und bergrechtliche Gesellschaften, die nicht dem Montanbereich angehören, aber
mehr als 2000 Mitarbeiter beschäftigen. Auch hier ist der
Aufsichtsrat paritätisch zu besetzen, aus der Gruppe der
Anteilseigner wird ein Vorsitzender des Aufsichtsrats gewählt. Da aufgrund der gleichen Vertreterzahl auf beiden
Seiten bei Abstimmung oft ein Unentschieden droht, hat
der Vorsitzende bei Pattsituationen ein doppeltes Stimm-
recht. Dadurch hat die Arbeitgeberseite ein Übergewicht.

Drittelbeteiligungsgesetz:
– nicht dem Montanbereich
  zugehörig
– mehr als 500 Arbeitnehmer

3. Greift bisher kein Gesetz ein, ist das Drittelbeteiligungsgesetz zu prüfen, das die Bestimmungen des BetrVG 1952
abgelöst hat. Es findet Anwendung auf Aktiengesellschaften und Kommanditgesellschaften auf Aktien außerhalb
des Montanbereichs mit mehr als 500 Mitarbeitern, außerdem auf Gesellschaften mit beschränkter Haftung und
bergrechtliche Gesellschaften außerhalb des Montanbereichs mit einer Beschäftigungszahl von mehr als 500 Arbeitnehmern. Diese Gesellschaften werden zur Bildung
eines Aufsichtsrats verpflichtet, der zu einem Drittel aus
Arbeitnehmervertretern besteht (Drittelparität).

6.6   Zusammenfassung

Die Rechte der Arbeitnehmer gegenüber dem Arbeitgeber können wahrgenommen werden durch

- Gewerkschaften ⇨ tarifliche Mitbestimmung
- Betriebsrat ⇨ betriebliche Mitbestimmung
- Arbeitnehmervertreter im Aufsichtsrat ⇨ unternehmerische Mitbestimmung

Gewerkschaften und die Mitgliedschaft in Gewerkschaften sind durch Art. 9 GG geschützt.

Das Tarifvertragsgesetz regelt die Voraussetzungen und Zulässigkeit von Tarifverträgen sowie deren Wirkung auf Arbeitgeber und Arbeitnehmer.

Arbeitskämpfe (Streik auf Arbeitnehmerseite/Aussperrung auf Arbeitgeberseite) sollen das letzte Mittel zur Durchsetzung tarifvertraglich regelbarer Ziele sein. Der Inhalt von Tarifverträgen soll in erster Linie im Verhandlungswege ausgehandelt werden.

Das Betriebsverfassungsgesetz regelt die Mitwirkung und Mitbestimmung von Arbeitnehmervertretern auf betrieblicher Ebene. Dem Betriebsrat stehen Mitwirkungs- und Mitbestimmungsrechte in sozialen, personellen und wirtschaftlichen Angelegenheiten zu. Bei Streitigkeiten zwischen Betriebsrat und Arbeitgeber kann die Einigungsstelle verbindlich entscheiden.

6.7   Wiederholungsfragen

1. Was ist der Unterschied zwischen einer Gewerkschaft und dem Betriebsrat? ▶ Abschn. 6.1
2. Welche Rechte sind von der Koalitionsfreiheit, Art. 9 Abs. 3 GG, umfasst? ▶ Abschn. 6.1.1
3. Nennen Sie die Wirksamkeitsvoraussetzungen eines Tarifvertrags und seinen Inhalt. ▶ Abschn. 6.2
4. Welche Auswirkung hat ein rechtmäßiger Arbeitskampf auf den Arbeitsvertrag? ▶ Abschn. 6.3
5. Welche Schadensersatzpflichten können sich aus einem rechtswidrigen Arbeitskampf ergeben? ▶ Abschn. 6.3
6. Wann handelt es sich um einen rechtmäßigen Streik? ▶ Abschn. 6.3.1
7. In welchen Betrieben kann ein Betriebsrat gebildet werden? ▶ Abschn. 6.4.1
8. Auf welche betrieblichen Angelegenheiten erstreckt sich die Mitbestimmung durch den Betriebsrat? ▶ Abschn. 6.4.3

9. Was versteht man unter einer „Betriebsvereinbarung"?
   ► Abschn. 6.4.4
10. Was kann Gegenstand einer Betriebsvereinbarung
   sein? ► Abschn. 6.4.4

6

Klausurfälle

© Springer-Verlag GmbH Deutschland 2018

U. Teschke-Bährle, *Arbeitsrecht – Schnell erfasst,* Recht – Schnell erfasst,

https://doi.org/10.1007/978-3-662-55312-1_7

7.1   Tipps für Klausuren und Hausarbeiten

Bereits in der Einführung dieses Buches wurden die wichtigsten Schritte zur erfolgreichen Fallbearbeitung dargestellt. In einer Klausur oder Hausarbeit kommen aber noch weitere Schwierigkeiten auf einen zu. Dabei ist vor allem darauf zu achten, dass man die treffenden Antworten ordentlich und schnell zu Papier bringt.

Treffende Antworten: Um eine erfreuliche Note zu erlangen, ist es erforderlich, seinen juristischen Sachverstand in geeigneter Weise umzusetzen. Auch enzyklopädisches Wissen garantiert keinen Erfolg, vielmehr wird die Transferleistung honoriert. Die Bewertung der Leistung liegt beim Korrektor. Infolgedessen sollte man das zu Papier bringen, was der Korrektor vermutlich positiv bewerten wird – nicht mehr und nicht weniger. Positiv bewerten wird er nur das juristische Wissen, das aufgrund des vorgegebenen Falles verlangt ist, nicht aber ungefragtes Lehrbuchwissen.

Ordentliche Form: Der Korrektor wird immer – zumindest unterbewusst – von der äußeren Form beeinflusst: Dem sollte ausreichend Rechnung getragen werden.

Tempo: Zumindest in Klausuren herrscht erheblicher Zeitdruck. Damit ist präzises, aber auch schnelles Arbeiten gefordert. Jeder wird im Laufe der Zeit seine eigenen Methoden entwickeln. Die folgenden Hinweise sind als erste Orientierung gedacht.

7.1.1   Die Situation in der Klausur

Erfassen des Sachverhalts

Der Schlüssel zur guten Klausur ist die wirkliche Durchdringung des Sachverhalts, die nur durch mehrfaches, analytisches Lesen möglich ist. Gehen Sie grundsätzlich davon aus, dass alle Sachverhaltsangaben wichtig sind, auch wenn sie auf den ersten Blick unbedeutend erscheinen.

Schon beim ersten Lesen sollte man sich eine Skizze über die rechtlichen Beziehungen der Personen untereinander anfertigen. Eine graphische Darstellung ist nützlich, sobald mehrere Personen beteiligt sind. Die Namen der Personen kürzt man mit ihrem Anfangsbuchstaben ab. Die rechtlichen Beziehungen werden durch die einschlägigen Paragraphen symbolisiert. Im Sachverhalt angegebene Daten sind in einer Zeittafel aufzulisten.

Bearbeitervermerk

Nun kann zur Lösung des Falles geschritten werden. Dabei ist dem Bearbeitervermerk größte Aufmerksamkeit zu schenken. Beantworten Sie wirklich nur das, was gefragt ist. Sehr häufig gibt der Bearbeitervermerk Hilfestellungen, indem die einzelnen Fragen schon eine Grobgliederung vorzeichnen. Deshalb sollte bei der Beantwortung auch nicht von der Reihenfolge der Fragen abgewichen werden, es sei denn, es besteht offensichtlich kein Zusammenhang zwischen den Fragen.

Wird im Bearbeitervermerk nach bestimmten Ansprüchen gefragt, ist grundsätzlich zunächst die Frage zu stellen: „Wer will was von wem woraus?". Anschließend ist die passende Anspruchsgrundlage zu suchen. Im Arbeitsrecht ist dies in aller Regel § 611 a BGB (Arbeitsvertrag); eventuell ist diese Anspruchsgrundlage auch noch zu ergänzen, z. B. mit Tarifvertrag, Betriebsvereinbarung. Des Weiteren sind gleichzeitig arbeitsrechtliche Vorschriften herauszusuchen, aus denen sich die besonderen Ansprüche des Arbeitnehmers ergeben (z. B. Urlaub, Entgeltfortzahlung).

Es folgt die Subsumtion, auf die bei der Lösung größten Wert gelegt werden muss. Zu prüfen ist dabei, ob alle gesetzlichen Voraussetzungen der zu prüfenden Norm im Sachverhalt gegeben sind. Nur wenn alle Voraussetzungen tatsächlich erfüllt sind, können Sie die Rechtsfolge bejahen.

Das Hin- und Hergeblätter im BGB und den in vielen Einzelgesetzen verstreuten arbeitsrechtlichen Sonderbestimmungen ist zeitintensiv; schnelles Arbeiten ist daher ein Schlüssel zum Erfolg. Ein gewisser Zeitdruck für die Falllösung ist von den Prüfungsstellern beabsichtigt. Die Zeit ist so bemessen, dass sie gerade reicht, um die gestellten Fragen zu beantworten. Auch aus diesem Grund sind überflüssige Ausführungen zu vermeiden.

Markieren Sie sich die wichtigsten Paragraphen der Textausgabe durch Registeretiketten und versehen Sie die in der konkreten Klausur immer wieder benötigten Stellen mit Klebezetteln.

Kontrolllesen: Bevor Sie sich daran machen die Niederschrift zu Papier zu bringen, sollten Sie nach allen Vorüberlegungen und mit der Lösungsskizze im Kopf noch einmal den Sachverhalt durchlesen. Denn nach der juristischen Durchdringung des Falles wird so manches klarer oder es zeigt sich, dass vermeintliche Nebensächlichkeiten doch eine tiefere Bedeutung haben. Möglich ist auch, dass Sie Probleme übersehen haben. Das jetzige Durchlesen sollte der Kontrolle dienen, ob Sie jede Sachverhaltsinformation in Ihrer Lösungsskizze untergebracht haben.

Denken Sie daran, dass der Klausurensteller den Sachverhalt so konstruiert und formuliert hat, dass alle Angaben im Sachverhalt in der Falllösung von Bedeutung sind („Echoprinzip").

Hat man den Fall gedanklich gelöst, kann die Gliederung erstellt werden, die das Fundament einer guten Arbeit ist. Alles, was später aufs Papier gebracht wird, kann nur so gut sein,

Lösungsskizze

Gliederung

wie die Gliederung es vorgibt. Die Gliederung ist zwingende Voraussetzung für ein strukturiertes Vorgehen, das in Jura unerlässlich ist.

In der Regel ergibt sich der grobe Aufbau der Gliederung aus den im Bearbeitervermerk gestellten Fragen. Aus den zu prüfenden Anspruchsgrundlagen oder dem Prüfungsschema einer Kündigungsschutzklage ergeben sich dann die Feinheiten der Gliederung. Welche Form der Untergliederung man wählt (ob Buchstaben und Zahlen kombiniert: A, I, 1, a) aa) oder ob nur ein Zahlensystem: 1, 1.1, 1.1.1) ist gleichgültig; wichtig ist, dass man die einmal gewählte Form konsequent beibehält.

Niederschrift

Nach einem Drittel der Arbeitszeit sollten die Lösungsskizze und die Gliederung stehen, dann empfiehlt es sich, mit der Niederschrift zu beginnen. Nehmen Sie sich auf jeden Fall diese Zeiteinteilung vor! Abstriche in Richtung auf einen späteren „Schreibstart" stellen sich meistens von ganz alleine ein. Zu vermeiden ist jedenfalls das Ärgernis, die Klausur vorzüglich gelöst und durchdacht zu haben, aber dann nur die Hälfte hinschreiben zu können. Wenn Sie an irgendeinem Problem nicht weiterkommen, das nicht unabdingbar für die Gesamtlösung ist, schieben Sie es lieber auf. Wenn Sie die Niederschrift des Restes beendet und noch Zeit übrig haben, können Sie sich noch immer näher damit befassen.

Der Zeitdruck sollte auch bei der Ausführlichkeit der Niederschrift im Hinterkopf bleiben. Natürlich muss der Subsumtionsvorgang wiedergegeben werden, aber das darf nicht dazu führen, jede Selbstverständlichkeit auszubreiten. Wenn der Sachverhalt die Tatsache mitteilt, dass ein Arbeitsvertrag geschlossen wurde, dann darf nicht über die vorangegangenen Willenserklärungen nach §§ 145 ff. BGB spekuliert werden, denn dann liegen die wirklichen Probleme ganz woanders. Das „Echoprinzip" schlägt sich insoweit wieder bei der Benotung nieder – nur die sachgemäße Gewichtung in der Klausurlösung führt zum Bestehen bzw. zu guten Noten. Darüber hinaus führt eine falsche Schwerpunktbildung unweigerlich zu neuen Zeitproblemen.

Von Vorbemerkungen welcher Art sie auch seien mögen, ist prinzipiell abzusehen. Aufbau und System einer Arbeit müssen aus sich heraus verständlich sein. Vorbemerkungen sind meistens ein Zeichen dafür, dass der Verfasser die Arbeit ungenügend strukturiert hat.

Zeichnen Sie Ihre Klausur durch die Verwendung der gebotenen juristischen Terminologie aus und vermeiden Sie alle laienhaften Ausdrücke. Formulieren Sie knapp und präzise.

Unerlässlich ist der Gutachtenstil. Das heißt: Man darf nie das Ergebnis vorwegnehmen, sondern es muss im Konjunktiv darauf hingeführt werden. Andererseits sollte bei Selbstverständlichkeiten die Subsumtion auf ein Minimum reduziert werden.

Alle Behauptungen, Zwischen- und Endergebnisse sollten mit betreffenden Paragraphenzitaten versehen werden. Die beste Argumentation hilft nichts, wenn sie „in der Luft hängt". Außerdem geben Sie dem Korrektor die Gelegenheit, hinter Ihre so untermauerten Ergebnisse ein Häkchen machen zu können.

Bemühen Sie sich um eine leserliche Schrift. Die Bedeutung der äußeren Form bei Klausuren wird häufig unterschätzt, doch kann man ihren Stellenwert gar nicht hoch genug ansetzen. Denn ein Korrektor, der mitunter Hunderte von Klausuren zu bewerten hat, wird zumindest unbewusst von der Form beeinflusst.

Formalien

Achten Sie stets auf Übersichtlichkeit der Falllösung und stellen Sie Gliederungspunkte deutlich als Überschriften heraus. So merkt auch der Korrektor, dass die Linie stimmt und dass die Schlüsselbegriffe vorhanden sind.

Geizen Sie nicht mit den Absätzen – der Korrektor will nicht 10 oder 20 Seiten Fließtext lesen. Beschreiben Sie das Papier nur einseitig und lassen Sie ein Drittel Rand. So können Sie auf der Rückseite noch Zusätze anfügen.

Nummerieren Sie die Seiten, damit der Korrektor auch beim Auseinanderfallen der Klausur die Reihenfolge nachvollziehen kann. Um letzteres zu vermeiden, ist es sinnvoll, die Klausur mit einem Schnellhefter zusammenzuklammern.

7.1.2 Die Hausarbeit

Normalerweise stehen für eine Hausarbeit vier bis acht Wochen zur Verfügung. Das erscheint anfänglich als großzügiger Zeitrahmen, endet jedoch oft in einer der berühmten Fünf-vor-zwölf-Aktionen. Stellen Sie sich selbst einen realistischen Zeitplan auf.

Der große Unterschied zur Klausur ist, dass bei der Hausarbeit der Zeitdruck nicht in diesem Maße auf dem Bearbeiter lastet. Dem müssen Sie in der Weise Rechnung tragen, dass Sie umso sorgfältiger bei der Ausarbeitung vorgehen.

Literatur – der Unterschied zur Klausur

Es genügt nicht die nackte – wenn auch richtige – Lösung des Falles, gefordert sind Quellennachweise. Das bedeutet zum einen, dass auch relativ eindeutige juristische Bewertungen mit Verweisen auf Lehrbücher (z. B. Larenz: Allgemeiner Teil des BGB), Kommentare (z. B. der „Palandt" zum BGB) oder Zeitschriften (z. B. Neue juristische Wochenschrift – NJW) untermauert werden. Zum anderen wird man aber auf Probleme stoßen, die ohne Literaturstudium überhaupt nicht lösbar sind. Diese Rechtsprobleme sind dann auch meistens umstritten. Nicht sinnvoll ist es, nach dem ersten Lesen der Angabe gleich in die Bibliothek zu stürzen, um Berge von Entscheidungen und Aufsätzen zu kopieren, die entweder gar nichts mit dem Thema zu tun haben oder letztendlich gar nicht gelesen werden.

Versuchen Sie sich zuerst nur mit dem Gesetz und eventuell mit einem Standardkommentar. Zu diesem Zeitpunkt werden häufig die besten Ideen entwickelt. Prüfen Sie stets, ob eine Literaturstelle den zu lösenden Fall betrifft. Auch von „heißen" Ideen der Studienkollegen sollten Sie sich nicht verrückt machen lassen. Setzen Sie auf sich selbst!

Formalien

Dass Hausarbeiten mit Computer angefertigt werden, ist inzwischen Standard. Außerdem ermöglichen Textverarbeitungssysteme eine ansprechende Textformatierung, Seitenaufteilung, Fehlerkorrekturen und vieles mehr.

Jeder Hausarbeit ist das Deckblatt, die Gliederung und das Literaturverzeichnis voranzustellen. Das Deckblatt enthält Namen, Vornamen und Anschrift des Verfassers. Es folgt das Semester, die Bezeichnung der Übung, der Name des Dozenten etc.

Nach dem Deckblatt kommt die Gliederung. Sie sollte keine ausformulierten Sätze, aber aussagekräftige Überschriften enthalten. Der Korrektor sollte schon aus der Gliederung die Lösung in groben Zügen entnehmen können. Am rechten Rand sind die Seitenzahlen der einzelnen Gliederungspunkte anzugeben.

Auf die Gliederung folgt das Literaturverzeichnis. Es muss alle Quellen enthalten. Lehrbücher und Kommentare müssen mit Autor, Titel, Auflage, Erscheinungsort und -datum zitiert werden. Beispiel: Palandt, Kommentar zum Bürgerlichen Gesetzbuch, 70. Auflage, München, 2016.

Im eigentlichen Gutachten werden die dargelegten Auffassungen mit Fußnoten, die auf die Literaturquellen verweisen, belegt. Gerade bei Kommentaren arbeiten häufig mehrere Autoren mit, so dass auch deren Name auftauchen muss. Beispiel: Palandt-Bassenge § 989 Rn. 3.

Die fertig gestellte Hausarbeit sollte in dem geforderten Format abgegeben werden. Darf ein bestimmter Umfang nicht überschritten werden, dann halten Sie diesen Umfang ein.

7.2   Fallbeispiel „Kündigungsschutz"

Beispiel

Sachverhalt

Lehmann ist seit 01.01.2015 als Packer in der Schokoladenfabrik Schoko GmbH beschäftigt und verdient monatlich 2000 € brutto. Seine Arbeitszeit beginnt um 7.30 Uhr, die regelmäßige wöchentliche Arbeitszeit beträgt 40h. In dem Betrieb sind insgesamt 55 Arbeitnehmer beschäftigt, es besteht ein Betriebsrat.

In der Woche vom 05.09. – 11.09.2016 ist Lehmann arbeitsunfähig erkrankt. Er teilte dies der Geschäftsleitung am 06.09. mit, auch ein ärztliches Attest ging am 06.09. bei der Schoko GmbH ein.

Am 07.11.2016 erkrankt Lehmann erneut, gegen 12.00 Uhr sagt er in der Firma Bescheid, dass er zwei Wochen krankgeschrieben sei, und fügt hinzu, dass er das Attest bereits abgeschickt habe. Daraufhin erhält Lehmann am 14.11.2016 die Kündigung zum 31.12.2016. Der Betriebsrat war vor der Kündigung angehört worden.

Da Lehmann die Kündigung für unwirksam hält, erhebt er am 25.11.2016 Klage beim Arbeitsgericht. Der Gütetermin führt zu keiner Einigung. Als Lehmann am 02.01.2017 zur Arbeit erscheint, wird er nach Hause geschickt mit dem Hinweis, dass sein Arbeitsverhältnis zum 31.12.2016 geendet habe.

Die Schoko GmbH zahlt ihren Arbeitnehmern am Ende des Jahres eine Gratifikation in Höhe eines Monatsgehalts. Im Arbeitsvertrag ist ausdrücklich darauf hingewiesen, dass es sich dabei um eine freiwillige Leistung handelt. Krankheitszeiten werden von der Gratifikation abgezogen, und zwar je Krankheitstag 1/60. Außerdem ist bestimmt, dass ein Arbeitnehmer, der vor dem 31.3. des Folgejahres kündigt oder dem aufgrund seines Verhaltens gekündigt wird, die Gratifikation zurückzahlen muss.

In der mündlichen Verhandlung beantragt Lehmann nun festzustellen, dass das Arbeitsverhältnis nicht durch die Kündigung vom 14.11.2016 aufgelöst wurde. Er verlangt seinen Arbeitslohn über den 31.12.2016 hinaus, insbesondere für die Monate Januar und Februar. Weiterhin verlangt er die Auszahlung der Gratifikation, und zwar in voller Höhe, da es seiner Meinung nach nicht angehen kann, dass man für Krankheit bestraft wird.

Wie sind die Aussichten der Klage?

Vorüberlegung

Lehmann möchte zum einen, dass das Arbeitsgericht die Unwirksamkeit der Kündigung vom 14.11.2016 feststellt, d. h., er wendet sich gegen eine bestimmte Kündigung. Insofern handelt es sich um eine Kündigungsschutzklage. Zum anderen will Lehmann aber auch noch Arbeitslohn und die Gratifikation, d. h. er will bestimmte Leistungen. Dabei handelt es sich um eine Leistungsklage.

Lösungsvorschlag

I. Kündigungsschutzklage

1. Zulässigkeit der Klage

1.1. Die Rechtswegzuständigkeit des Arbeitsgerichts ist gegeben, da gemäß § 2 Abs. 1 Nr. 3b ArbGG eine Streitigkeit zwischen einem Arbeitnehmer und einem Arbeitgeber über das Bestehen oder Nichtbestehen eines Arbeitsverhältnisses vorliegt. Lehmann und die Schoko GmbH streiten darüber, ob das Arbeitsverhältnis beendet wurde oder fortbesteht.

1.2. Das Arbeitsgericht entscheidet im Urteilsverfahren, §§ 2 Abs. 5, 46 Abs. 1 ArbGG.

1.3. Lehmann hat auch ein Feststellungsinteresse. Denn der Gesetzgeber verlangt in § 4 S. 1 KSchG vom Arbeitnehmer, dass er Kündigungsschutzklage erhebt, weil sich der Arbeitnehmer ansonsten nicht mehr auf die mangelnde soziale Rechtfertigung der Kündigung berufen kann, § 7 KSchG.

Ergebnis

Die Kündigungsschutzklage ist zulässig.

2. Begründetheit der Klage

Die Kündigungsschutzklage ist begründet, wenn das Arbeitsverhältnis noch besteht und nicht durch diese Kündigung vom 14.11.2016 aufgelöst wurde.

2.1. Zum Zeitpunkt der Kündigung bestand unstreitig ein wirksamer Arbeitsvertrag zwischen Lehmann und der Schoko GmbH.

2.2. Fraglich ist, ob das Arbeitsverhältnis durch eine wirksame Kündigung beendet wurde.

2.2.1. Von einer ordnungsgemäßen Kündigungserklärung kann ausgegangen werden. Der Sachverhalt enthält dazu keine Angaben.

2.2.2. Ein Sonderkündigungsschutz nach § 103 BetrVG oder nach § 85 SGB IX besteht für Lehmann nicht.

2.2.3. Der Betriebsrat wurde vor der Kündigung angehört, § 102 BetrVG.

2.2.4. Es könnten jedoch Zweifel daran bestehen, dass die Kündigung sozial gerechtfertigt ist.

2.2.4.1. Das KSchG ist anwendbar. Das Arbeitsverhältnis besteht im Zeitpunkt der Kündigung bereits länger als sechs Monate, § 1 Abs. 1 KSchG, Lehmann arbeitet bei der Schoko GmbH bereits seit Jahresbeginn 2015. In dem Betrieb sind auch ständig mehr als fünf Arbeitnehmer beschäftigt, § 23 Abs. 1 S. 2 KSchG, hier 55 Arbeitnehmer.

2.2.4.2. Lehmann hat die Klage fristgemäß innerhalb von drei Wochen nach Zugang der Kündigung – Zugang war am 14.11.2016 – am 25.11.2016 erhoben, § 4 S. 1 KSchG.

2.2.4.3. Die Kündigung müsste sozial gerechtfertigt sein.

Vorliegend kommt nur eine verhaltensbedingte Kündigung in Frage. Dann müsste das Verhalten des Lehmann grundsätzlich einen Kündigungsgrund darstellen. Lehmann hat jeweils seine Arbeitsunfähigkeit wegen Krankheit gemeldet und diese auch mittels ärztlichen Attests bestätigt. Allerdings gab Lehmann beim ersten Mal erst am 2. Tag seiner Krankheit Bescheid, beim zweiten Mal rief er erst gegen Mittag an. Lehmann wäre jedoch gemäß § 5 EFZG verpflichtet gewesen, seine Arbeitsunfähigkeit und deren voraussichtliche Dauer unverzüglich anzuzeigen. Das Merkmal unverzüglich bedeutet nach der Legaldefinition des § 121 BGB: ohne schuldhaftes Zögern, d. h. in der Regel bei Arbeitsbeginn um 7:30 Uhr. Es verstößt gegen die Anzeigepflicht, wenn der Arbeitnehmer erst nach dem Arztbesuch im Laufe des Tages oder gar erst am nächsten Tag Bescheid gibt.

Lehmann hat gegen seinen Arbeitsvertrag verstoßen, dies ist grundsätzlich ein Kündigungsgrund.

Diese Pflichtverletzung des Lehmann hat auch betriebliche Auswirkung, denn es ist dem Arbeitgeber dann nicht möglich, gegebenenfalls für eine Vertretung des kranken Arbeitnehmers zu sorgen oder eventuell die Arbeit umzuorganisieren. Im Übrigen ist ein Verstoß gegen den Arbeitsvertrag grundsätzlich betriebsbezogen, weil das Verhältnis Leistung und Gegenleistung gestört wird und insoweit immer nachteilig für den Betrieb ist.

Fraglich ist allerdings, ob die Kündigung verhältnismäßig ist. Eine Kündigung dient nicht der Bestrafung eines Arbeitnehmers, sondern der Beseitigung eines Missstands im Betrieb. Kann dieser Missstand auch durch ein milderes Mittel beseitigt werden, so ist dieses zu wählen. Vorliegend wurde es versäumt, Lehmann auf seinen Pflichtenverstoß bei seinem ersten Fehlen aufmerksam zu machen. Er hätte von der Geschäftsleitung aufgefordert werden müssen, sein pflichtwidriges Verhalten in Zukunft zu unterlassen und bei Arbeitsbeginn seine Arbeitsunfähigkeit anzuzeigen. Eine Abmahnung wäre somit das angemessene Mittel zur Beseitigung des Missstands gewesen, die Kündigung war unverhältnismäßig und damit sozial nicht gerechtfertigt.

Ergebnis
Die Kündigungsschutzklage ist begründet.

II. Leistungsklage
1. Zulässigkeit
1.1. Die Rechtswegzuständigkeit des Arbeitsgerichts ist gegeben, da ein Arbeitnehmer und ein Arbeitgeber über Ansprüche aus dem Arbeitsvertrag streiten, § 2 Abs. 1 Nr. 3a ArbGG.
1.2. Das Arbeitsgericht entscheidet im Urteilsverfahren, §§ 2, Abs. 5, 46 ArbGG.

Ergebnis
Die Klage ist zulässig.

2. Begründetheit der Klage

2.1. Arbeitsentgelt

Die Klage auf Zahlung des Arbeitslohns für die Monate Januar und Februar ist begründet, wenn der Anspruch entstanden und nicht vernichtet oder gehemmt ist.

Anspruchsgrundlage für die Zahlung von Arbeitsentgelt ist § 611 BGB i.V. m. Arbeitsvertrag. Zwischen Lehmann und der Schoko GmbH besteht ein Arbeitsvertrag, das Arbeitsverhältnis wurde auch nicht durch Kündigung beendet. Ein Anspruch auf Lohnzahlung besteht grundsätzlich nur dann, wenn die geschuldete Arbeitsleistung erbracht worden ist. Vorliegend hat Lehmann jedoch nicht gearbeitet, er verlangt Lohn ohne Arbeit.

Anspruchsgrundlage könnte § 611 BGB i.V. m. Arbeitsvertrag i.V. m. § 615 BGB sein (ab 01.04.2017: § 611 a BGB). Voraussetzung dafür ist, dass der Arbeitgeber mit der Annahme der Dienste in Verzug geraten ist. Die Voraussetzungen für den Annahmeverzug ergeben sich aus §§ 293 ff. BGB.

Lehmann war zur Erbringung der Arbeitsleistung imstande (z. B. er war nicht krank), und er war auch dazu bereit, § 297 BGB.

Lehmann hat seine Arbeitsleistung auch tatsächlich angeboten, § 294 BGB, er war am 2.1. an seinen Arbeitsplatz gekommen. Dies wäre nicht einmal nötig gewesen, da nach der neueren Rechtsprechung bei Kündigungen durch den Arbeitgeber nach Ablauf des vorgesehenen Beendigungstermins jegliches Angebot der Arbeitsleistung entbehrlich ist, gemäß § 296 S. 1 BGB.

Die Schoko GmbH hat Lehmann jedoch nach Hause geschickt, sie befand sich in Annahmeverzug, § 615 BGB.

Ergebnis

Lehmann hat Anspruch auf Zahlung seines Arbeitsentgelts für die Monate Januar und Februar.

2.2. Gratifikation

Die Klage auf Zahlung der Gratifikation in voller Höhe ist begründet, wenn ein Anspruch des Lehmann auf diese Gratifikation entstanden und nicht erloschen oder gehemmt ist.

Anspruchsgrundlage für diesen Anspruch könnte § 611 BGB i.V. m. Arbeitsvertrag sein (ab 01.04.2017: § 611 a BGB). In den Arbeitsverträgen der Schoko GmbH ist die Gratifikation geregelt. Es ist dort aber auch ausdrücklich bestimmt, dass es sich um eine freiwillige Leistung handelt, d. h., es besteht insoweit kein Rechtsanspruch. Lehmann hat jedoch einen Anspruch auf Zahlung der Gratifikation aus § 611 BGB i.V. m. Arbeitsvertrag i.V. m. (ab 01.04.2017: § 611 a BGB) dem arbeitsrechtlichen Gleichbehandlungsgrundsatz, wenn die anderen Arbeitnehmer die Gratifikation erhalten haben. Problematisch ist, ob Lehmann die Gratifikation in voller Höhe verlangen kann. Bei dieser ausdrücklich freiwilligen Sonderzahlung des Arbeitgebers handelt es sich um eine Anwesenheitsprämie. Der Arbeitnehmer erhält hier Geld dafür, dass er regelmäßig zur Arbeit kommt und nicht fehlt.

Das könnte dem Gedanken der Entgeltfortzahlung im Krankheitsfall widersprechen, nach dem der Arbeitnehmer gerade keinen Nachteil dadurch haben soll, weil er krank ist.

Unzulässig wäre es daher wohl, die Anwesenheitsprämie in voller Höhe zu verweigern, wenn der Arbeitnehmer einen Tag krank ist. Eine anteilige Minderung der Prämie pro Fehltag ist allerdings zulässig. § 4a EFZG lässt die Kürzung von Sonderzahlungen auch für Zeiten der krankheitsbedingten Arbeitsunfähigkeit ausdrücklich zu. Ausschlaggebend ist insofern, dass es sich um eine freiwillige Sonderleistung des Arbeitgebers handelt, mit der ein bestimmter Zweck verfolgt wird. Dabei soll kein Arbeitnehmer angehalten werden, krank zur Arbeit zu kommen, sondern vielmehr soll z. B. das „Krankfeiern" unattraktiv gemacht werden.

Da es sich um eine freiwillige Sonderleistung handelt, kann der Arbeitgeber davon auch etwas wieder wegnehmen, solange dadurch nicht ein Verhalten vom Arbeitnehmer verlangt wird, das den Arbeitnehmerschutz außer Acht lässt.

Eine Kürzung der Anwesenheitsprämie in Höhe von 1/60 pro Fehltag ist damit grundsätzlich zulässig. Allerdings nur dann, wenn der Kürzungsbetrag pro Krankheitstag ein Viertel des durchschnittlichen Tagesentgelts nicht überschreitet (§ 4a Satz 2 EFZG). Ob diese Grenze eingehalten ist, lässt sich aufgrund des Sachverhaltes nicht ermitteln.

Dafür, dass das Arbeitsverhältnis des Lehmann zum 31.03.2012 nicht mehr bestand, enthält der Sachverhalt keine Anhaltspunkte.

Ergebnis

Lehmann hat grundsätzlich Anspruch auf Zahlung der Gratifikation für 2015, allerdings nicht in voller Höhe, sondern gekürzt um 1/4 (= 15/60, wegen 15 Fehltagen), höchstens jedoch bis zur Grenze des § 4a Satz 2 EFZG.

Die Klage ist nur teilweise begründet.

7.3 Fallbeispiel „Schadensersatz"

Beispiel
Sachverhalt

Weller ist als Kraftfahrer bei der Schokoladenfabrik Schoko GmbH tätig. Seit einigen Jahren fährt Weller regelmäßig nachts zwischen 22:00 und 8:00 Uhr. Weller ist sehr stolz darauf, dass er seither noch nie einen Unfall verursacht hat.

In der Nacht vom 10.11.2016 ist Weller zusammen mit seinem Kollegen Korn so gegen 2:00 Uhr auf einer größtenteils geradlinig verlaufenden, gut ausgebauten Straße mit vorschriftsmäßiger Geschwindigkeit unterwegs. Es herrscht reger Gegenverkehr, so dass Weller beim Einbiegen in eine Linkskurve zu spät bemerkt, dass sich eine Ölspur auf der Straße befindet. Weller verliert die Kontrolle über den Lkw, der ins Schleudern gerät, und prallt gegen einen Baum.

Weller bleibt unverletzt; sein Beifahrer Korn, der ebenfalls Arbeitnehmer der Schoko GmbH ist und die Aufgabe hat, beim Ein- und Ausladen der Waren zu helfen, erleidet schwere Verletzungen. An dem Lkw ist ein Schaden von 25.000.– € entstanden.

Die Schoko GmbH verlangt den Schaden am Lkw von Weller ersetzt. Korn möchte wissen, wer die Kosten für seine Krankenbehandlung trägt und ob er ein angemessenes Schmerzensgeld verlangen kann.

Lösungsvorschlag

I. Anspruch der Schoko GmbH gegen Weller auf Ersatz des Schadens an dem Lkw

1. Als Anspruchsgrundlage käme eine positive Vertragsverletzung (pVV) des Arbeitsvertrags in Betracht, §§ 280 ff. BGB i. V. m. § 611 BGB i. V. m. Arbeitsvertrag (ab 01.04.2017: §§ 280 ff. BGB i. V. m. § 611 a BGB).

1.1. Zwischen der Schoko GmbH und Weller bestand zum Zeitpunkt des Unfalls ein Schuldverhältnis, nämlich ein vertraglich begründetes Arbeitsverhältnis.

1.2. Die Pflicht des Weller aus seinem Arbeitsvertrag war, den Lkw zu fahren und ihn dabei nicht zu beschädigen. Diese Pflicht aus dem Arbeitsvertrag hat Weller mit der Verursachung des Unfalls objektiv verletzt.

1.3. Fraglich ist, ob Weller diese Pflichtverletzung zu vertreten hat.

1.3.1. Gemäß § 276 BGB hat der Schuldner Vorsatz und jede Fahrlässigkeit (d. h. auch leichteste Fahrlässigkeit) zu vertreten, mit der Folge, dass er voll haften muss, sofern sich nicht eine mildere oder strengere Haftung aus dem Schuldverhältnis ergibt. Eine anteilige Haftung kommt dann in Frage, wenn den Geschädigten ein Mitverschulden trifft, § 254 BGB. Eine eigenständige gesetzliche Haftungsregelung im Arbeitsrecht besteht nicht.

Bei Anwendung des § 276 BGB käme man zu dem Ergebnis, dass Weller in voller Höhe haften müsste, da davon auszugehen wäre, dass ein sorgfältiger Fahrer, auch bei Gegenverkehr – dessen Lichter die Sicht teilweise stark beeinträchtigen – immer die Fahrbahn im Auge behält, um Hindernisse auf der Fahrbahn rechtzeitig zu erkennen. In diesem Fall hätte Weller die Ölspur rechtzeitig erkennen, abbremsen und ihr ausweichen können. Bei Beachtung der im Verkehr erforderlichen Sorgfalt hätte Weller so den Unfall vermeiden können, er handelte jedoch fahrlässig.

1.3.2. Nach heute herrschender Auffassung ist jedoch die uneingeschränkte Anwendung der zivilrechtlichen Haftungsgrundsätze nicht sachgerecht für die Haftung des Arbeitnehmers gegenüber dem Arbeitgeber.

Der Arbeitnehmer leistet fremdbestimmte Arbeit und ist auf die Betriebsorganisation und die Arbeitsmittel, so wie sie ihm der Arbeitgeber zur Verfügung stellt, angewiesen.

Der Arbeitgeber dagegen erhält den wirtschaftlichen Erfolg der Arbeitnehmertätigkeit, er muss daher auch das Schadensrisiko, das zum Betriebsrisiko gehört, einschätzen und in seine Kalkulationen mit einbeziehen. Darüber hinaus handelt es sich beim Arbeitsverhältnis um ein Dauerschuldverhältnis, und es entspricht der allgemeinen Lebenserfahrung, dass auch einem sorgfältigen Arbeitnehmer bei der Arbeitsleistung durch kurzzeitige Unaufmerksamkeit Schäden unterlaufen können, die in einem krassen Missverhältnis zu seinem Arbeitsentgelt stehen.

1.3.3. Die Rechtsprechung entwickelte daher Grundsätze zur Beschränkung der Arbeitnehmerhaftung. Für die Anwendung dieser Grundsätze ist es nicht mehr Voraussetzung, dass es sich um gefahrgeneigte Arbeit handelt; vielmehr ist es ausreichend und erforderlich, dass es sich um eine betrieblich veranlasste Tätigkeit handelt. § 276 Absatz 1 BGB sieht die Möglichkeit einer milderen Haftung sogar ausdrücklich vor, wenn sich eine solche aus dem Inhalt des Schuldverhältnisses ergibt.

Das Fahren des Lkw, um die Ware der Schoko GmbH zu transportieren, ist die von Weller geschuldete Arbeitsleistung und insofern betrieblich veranlasst.

Die Höhe der Haftung für die Schäden am Lkw richtet sich somit nach dem Verschuldensgrad des Weller. Handelt der Arbeitnehmer vorsätzlich, muss er voll haften; handelt er grob fahrlässig, haftet er grundsätzlich auch voll. Bei normaler oder mittlerer Fahrlässigkeit haftet der Arbeitnehmer anteilig, wobei die Umstände des Einzelfalls zu berücksichtigen sind für die Bemessung der Höhe der Haftung. Bei leichter Fahrlässigkeit haftet der Arbeitnehmer nicht. Vorliegend handelte Weller wohl leicht fahrlässig. Es war Nachtzeit und es herrschte starker Gegenverkehr. Es bestehen keine Anhaltspunkte, dass Weller die erforderliche Sorgfalt in besonders schwerem Maße außer Acht gelassen hat. Auch für eine mittlere Fahrlässigkeit sind keine Anhaltspunkte gegeben.

2. Anspruchsgrundlage könnte auch § 823 Abs. 1 BGB sein.

Weller hat das Eigentum der Schoko GmbH (den Lkw) rechtswidrig und schuldhaft verletzt. Die Grundsätze über die Beschränkung der Arbeitnehmerhaftung gelten jedoch auch für die Haftung nach unerlaubter Handlung, so dass Weller auch nach § 823 Abs. 1 BGB keinen Schadensersatz leisten muss.

Ergebnis

Die Schoko GmbH hat keinen Anspruch auf Ersatz des Schadens am Lkw gegen Weller.

II. Anspruch des Korn gegen die Schoko GmbH auf Ersatz seiner Krankenbehandlungskosten

1. Als Anspruchsgrundlage kommt § 280 Abs. 1 BGB, schuldhafte Vertragsverletzung, in Betracht.

1.1. Zwischen der Schoko GmbH und Korn besteht ein Schuldverhältnis, der Arbeitsvertrag. Korn wurde bei seiner Arbeit verletzt, dies stellt eine Pflichtverletzung des Arbeitsvertrags dar. Allerdings trifft die Schoko GmbH insoweit kein Verschulden, sie hat nicht gehandelt. Ein Verschulden ist jedoch im Verhältnis Korn zu Weller gegeben (Weller handelte leicht fahrlässig), dieses könnte sich die Schoko GmbH zurechnen lassen müssen, § 278 BGB. Voraussetzung hierfür ist, dass Weller Erfüllungsgehilfe der Schoko GmbH ist.

Erfüllungsgehilfe ist, wer mit Wissen und Wollen des Schuldners in dessen Pflichtenkreis als seine Hilfsperson tätig geworden ist. Pflicht des Arbeitgebers ist es, den Arbeitsplatz zur Verfügung zu stellen und dafür zu sorgen, dass der Arbeitnehmer keinen Schaden erleidet. Da Korn jeweils beim Ein- und Ausladen des Lkw an verschiedenen Orten helfen muss und dabei von Weller gefahren wird, ist Weller Erfüllungsgehilfe der Schoko GmbH gegenüber Korn. Diese muss sich daher ein Verschulden des Weller gegenüber Korn zurechnen lassen, § 278 BGB.

1.2. Einem Anspruch auf Ersatz der Kosten könnte jedoch § 104 SGB VII entgegenstehen.

Nach dieser Vorschrift haftet ein Unternehmer den in seinem Unternehmen tätigen Versicherten für einen Personenschaden, der durch einen Arbeitsunfall verursacht wurde, nur dann, wenn der Unternehmer den Personenschaden vorsätzlich herbeigeführt hat oder wenn der Arbeitsunfall bei der Teilnahme am allgemeinen Verkehr eingetreten ist.

1.2.1. Korn ist als Arbeitnehmer gesetzlich unfallversichert gemäß § 2 SGB VII.

1.2.2. Es muss sich um einen Arbeitsunfall handeln. Ein solcher ist gegeben bei einem Unfall (plötzliches, schädigendes Ereignis), den der Arbeitnehmer bei der Ausübung seiner arbeitsvertraglich geschuldeten Tätigkeit oder auf dem Weg zu dieser Tätigkeit erleidet, §§ 7, 8 SGB VII. Im Rahmen seines Arbeitsvertrags gehört es zu Korns Tätigkeit, im Lkw mit Weller an die Orte zu fahren, an denen die Ware ein- und auszuladen ist. Ein Arbeitsunfall liegt daher vor.

1.2.3. Der Unfall wurde von der Schoko GmbH nicht vorsätzlich herbeigeführt.

1.2.4. Der Unfall muss sich auf einem nach § 8 Abs. 2 Nr. 1 SGB VII versicherten Weg ereignet haben, d. h. er darf nicht bei der Teilnahme am allgemeinen Verkehr eingetreten sein. Eine Teilnahme am allgemeinen Verkehr liegt nur vor, wenn die Tätigkeit nicht betrieblich veranlasst ist. Wenn allerdings das Fahren eines Lkw oder das Mitfahren darin zur arbeitsvertraglich geschuldeten Tätigkeit gehört, handelt es sich nicht um die Teilnahme am allgemeinen Verkehr, da der Arbeitnehmer dann den Gefahrenbereich im Rahmen seiner betrieblichen Tätigkeit nicht verlassen hat.

Der Anspruch ist durch § 104 SGB VII ausgeschlossen.

2. Weitere Anspruchsgrundlage für einen Kostenersatz könnte § 831 BGB sein, da Weller Verrichtungsgehilfe der Schoko GmbH war.

Jedoch führen hier §§ 104, 105 SGB VII zu einem Ausschluss des Anspruchs.

Ergebnis

Korn hat keinen Anspruch gegen die Schoko GmbH auf Ersatz der Krankenbehandlungskosten, auch nicht auf Ersatz der Kosten, die die gesetzliche Unfallversicherung nicht trägt.

III. Anspruch des Korn gegen Weller auf Ersatz der Krankenbehandlungskosten

Anspruchsgrundlage für einen Schadensersatz gegen Weller könnte § 823 Abs. 1 BGB sein.

Weller hat den Korn rechtswidrig und schuldhaft in seiner Gesundheit beschädigt.

Ein Schadensersatzanspruch könnte jedoch wegen § 105 SGB VII ausgeschlossen sein. Danach gilt die Beschränkung der Schadensersatzpflicht auch für Ersatzansprüche eines Versicherten gegen einen in demselben Betrieb tätigen Betriebsangehörigen, wenn dieser den Arbeitsunfall durch eine betriebliche Tätigkeit verursacht hat. Weller steuerte den Lkw im Rahmen seiner Arbeitstätigkeit, dabei verursachte er den Arbeitsunfall des Korn.

Ergebnis

Gemäß §§ 104, 105 SGB VII hat Korn keinen Anspruch auf Schadensersatz gegen seinen Arbeitskollegen Weller.

IV. Anspruch des Korn auf Schmerzensgeld

Ein Schmerzensgeldanspruch aus § 847 BGB besteht weder gegen die Schoko GmbH noch gegen Weller, da mit der Beschränkung der Schadensersatzpflicht für Personenschäden nach §§ 104, 105 SGB VII auch Schmerzensgeldansprüche ausgeschlossen sind.

7.4   Fallbeispiel „Arbeitsverweigerung"

Beispiel
Sachverhalt

Oster arbeitet bei der Schokoladenfabrik Schoko GmbH als Elektriker; darüber hinaus wurde er bei der Betriebsratswahl im April 2016 zum Mitglied des Betriebsrats und dessen Vorsitzenden gewählt. In der Woche vom 11.–15.10.2016 sollte ein Schulungsseminar für Betriebsräte stattfinden zum Thema „Arbeitsschutz und Unfallverhütung", das von der Gewerkschaft veranstaltet wurde. Oster nahm an dieser Veranstaltung teil, der Betriebsrat hatte die Geschäftsleitung der Schoko GmbH eine Woche vorher davon in Kenntnis gesetzt.

Ein paar Tage nach diesem Seminar – am 11.11.2016 – wurde Oster in seiner Eigenschaft als Betriebsrat in die Verpackungsabteilung der Firma gerufen, in der es zu Streitigkeiten über das Tragen von Sicherheitsschuhen gekommen war. Diese Abwesenheit von seinem Arbeitsplatz teilte Oster weder seinem Meister noch der Geschäftsleitung mit.

Daraufhin wurde dem Oster von der Geschäftsleitung wegen beharrlicher Arbeitsverweigerung fristlos gekündigt. Für die jeweils versäumte Arbeitszeit wurde ihm keine Vergütung ausbezahlt.

Oster will nun den Arbeitslohn für die Woche vom 11.–15.10.2016 und für die ausgefallene Arbeitszeit am 11.11.2016.

Er verlangt auch die Teilnahmekosten für die Schulung von seiner Firma ersetzt.

Im Übrigen meint er, dass die Kündigung unwirksam ist.

Lösungsvorschlag

I. Anspruch auf Lohnzahlung

1. Für die Zeit vom 11.–15.10.2016, während der Teilnahme an der Schulung

1.1. Als Anspruchsgrundlage für die Zahlung von Arbeitsentgelt kommt § 611 BGB i.V.m. Arbeitsvertrag in Betracht (ab 01.04.2017: § 611 a BGB).

Der Anspruch auf Lohnzahlung besteht grundsätzlich nur dann, wenn die geschuldete Arbeitsleistung erbracht wurde. Oster hat jedoch in der fraglichen Zeit nicht gearbeitet, sondern an einem Schulungsseminar teilgenommen.

1.2. Etwas anderes könnte sich aus § 37 Abs. 2 und § 6 BetrVG ergeben. Nach Absatz 2 sind Mitglieder des Betriebsrats von ihrer beruflichen Tätigkeit ohne Minderung des Arbeitsentgelts zu befreien, wenn und soweit es nach Umfang und Art des Betriebs zur ordnungsgemäßen Durchführung ihrer Aufgaben erforderlich ist. Absatz 6 bestimmt, dass diese Freistellung von der Arbeit unter Fortzahlung des Arbeitsentgelts auch möglich ist, wenn es der Teilnahme an Schulungs- und Bildungsveranstaltungen dient. Die Freistellung zu diesem Zweck ist nach herrschender Meinung notwendig, da dem Betriebsrat die Erfüllung seiner Aufgaben nur möglich ist, wenn er seine Aufgaben und die ihm gesetzlich zustehenden Befugnisse kennt.

Da dies jedoch nicht für jede Art von Schulung gilt, ist zu prüfen, ob im konkreten Fall die Voraussetzungen des § 37 Abs. 4 BetrVG vorliegen.

1.2.1. Oster hat aufgrund der Teilnahme an einem Schulungsseminar Arbeitszeit versäumt.

1.2.2. Bei diesem Seminar müssen Kenntnisse vermittelt werden, die für die Arbeit des Betriebsrats erforderlich sind.

Erforderliche Kenntnisse sind nur solche Kenntnisse, die der Betriebsrat unter Berücksichtigung des einzelnen Betriebes sofort oder doch aufgrund einer typischen Fallgestaltung demnächst benötigt, um seine Aufgabe sachgemäß wahrnehmen zu können. Dies kann Grundwissen oder auch Spezialwissen umfassen.

Thema des Seminars ist der Arbeitsschutz und die Unfallverhütung. Die Arbeitssicherheit ist grundsätzlich als wichtiges Thema für den Betriebsrat anerkannt und zählt zu den erforderlichen Kenntnissen. Auch bezieht sich dieses Thema unmittelbar auf die konkrete und aktuelle oder doch bald anfallende Arbeit des Betriebsrats der Schoko GmbH.

Für die Erforderlichkeit spricht darüber hinaus, dass Oster erst seit kurzem Betriebsrat ist. Es ist daher davon auszugehen, dass er noch keine Vorkenntnisse zu diesem Thema besitzt. Die Vermittlung dieser Kenntnisse lohnt auch, da die Amtszeit des Oster erst begonnen hat und er noch lange damit arbeiten kann.

1.2.3. Hinsichtlich der zeitlichen Lage der Schulung sind die betrieblichen Notwendigkeiten zu beachten.

Vorliegend bestehen keine Anhaltspunkte, dass dieser Punkt nicht berücksichtigt wurde. Die beabsichtigte Teilnahme an dem Seminar war der Geschäftsleitung bekannt, von ihrer Seite wurden keine Einwände erhoben, dass die Arbeitslage im Betrieb einer Teilnahme entgegenstehe.

1.2.4. Die Teilnahme an der Veranstaltung wurde der Geschäftsleitung auch rechtzeitig eine Woche vorher durch den Betriebsrat bekannt gegeben. Diese Zeit reichte aus, um eventuelle Einwände dagegen geltend zu machen.

Ergebnis

Oster hat Anspruch auf Arbeitsentgelt für die Zeit vom 11.–15.10.2016 gemäß § 611 BGB i.V.m. Arbeitsvertrag i.V.m. § 37 Abs. 2 und § 6 BetrVG. (ab 01.04.2017: § 611 a BGB i. V. m. § 37 Abs. 2 und § 6 BetrVG).

2. Für die Arbeitsversäumnis am 11.11.2016

2.1. Als Anspruchsgrundlage ist wie oben § 611 BGB i.V.m. Arbeitsvertrag für sich allein nicht ausreichend, da Oster in der fraglichen Zeit nicht gearbeitet hat (ab 01.04.2017: § 611 a BGB).

2.2. Möglicherweise findet hier § 37 Abs. 2 BetrVG Anwendung, der besagt, dass Betriebsratsmitglieder von ihrer beruflichen Tätigkeit ohne Minderung des Arbeitsentgelts zu befreien sind, wenn und soweit es nach Umfang und Art des Betriebes zur ordnungsgemäßen Durchführung ihrer Aufgaben erforderlich ist.

7

2.2.1. Zunächst wäre zu klären, ob es sich um eine Aufgabe des Betriebsrats handelte, als Oster sich anlässlich der Streitigkeiten über das Tragen von Sicherheitsschuhen in die Verpackungsabteilung begab.

Gemäß § 80 Abs. 1 Nr. 1 BetrVG gehört es zu den allgemeinen Aufgaben des Betriebsrats, darüber zu wachen, dass die zugunsten der Arbeitnehmer geltenden Unfallverhütungsvorschriften eingehalten werden. Nach § 87 Abs. 1 Nr. 7 BetrVG hat der Betriebsrat ein Mitbestimmungsrecht bei Regelungen über die Verhütung von Arbeitsunfällen.

Da die Streitigkeit ein Thema zum Inhalt hat, für das der Betriebsrat zuständig ist, gehört es auch zu seinen Aufgaben, sich über die Gründe der Streitigkeit Klarheit zu verschaffen.

2.2.3. Die Befreiung von der betrieblichen Tätigkeit müsste nach Art und Umfang des Betriebes zur ordnungsgemäßen Durchführung der Aufgabe erforderlich sein. D. h., das Verlassen des Arbeitsplatzes und damit die Arbeitsversäumnis muss notwendig gewesen sein. Das ist dann der Fall, wenn Oster das Verlassen seines Arbeitsplatzes nach pflichtgemäßem Ermessen aufgrund der gegebenen Tatsachen für notwendig erachten durfte. Es ist daher abzuwägen, ob die Streitigkeiten so schwerwiegend waren, dass Oster trotz Berücksichtigung der Arbeitgeberinteressen, an seinem Arbeitsplatz zu bleiben und seine Arbeit zu machen, es für erforderlich halten durfte, seinen Arbeitsplatz zu verlassen.

Genauere Angaben sind dazu im Text nicht enthalten. Es darf jedoch davon ausgegangen werden, dass bei einer Streitigkeit, die die Arbeitssicherheit im Betrieb betrifft, wozu auch das Tragen von Sicherheitsschuhen bei bestimmten Arbeiten gehört, Oster ein Verlassen seines Arbeitsplatzes für erforderlich halten durfte.

Oster hatte daher gemäß § 37 Abs. 2 BetrVG einen Anspruch auf Freistellung von der Arbeit.

2.3. Aber dieser Anspruch muss von dem Betriebsrat geltend gemacht werden. Das bedeutet, eine eigenmächtige Entfernung vom Arbeitsplatz ist von § 37 Abs. 2 BetrVG nicht gedeckt, Oster hätte vielmehr um seine Freistellung ersuchen müssen.

Nicht notwendig ist insoweit, dass eine Erlaubnis zum Verlassen des Arbeitsplatzes erteilt wird. Denn wäre dies Voraussetzung, hätte es der Arbeitgeber in der Hand zu bestimmen, wann der Betriebsrat seinen Aufgaben nachkommen kann und wann nicht. Oster hätte vielmehr vor Verlassen seines Arbeitsplatzes seinem Meister oder der Geschäftsleitung mitteilen müssen, dass und vor allem auch warum die Arbeitsversäumnis notwendig ist. Auf diese Information seiner Vorgesetzten hätte Oster nicht verzichten dürfen, da z. B. für die Zeit seiner Abwesenheit eine Vertretung eingesetzt hätte werden können.

Ergebnis

Oster hat aus § 611 BGB i.V.m. Arbeitsvertrag i.V.m. § 37 Abs. 2 BetrVG keinen Anspruch auf Arbeitsentgelt für die Zeit seiner Arbeitsversäumnis am 11.11.2016.

Eine andere Anspruchsgrundlage ist nicht ersichtlich.

II. Ersatz der Teilnahmekosten an dem Schulungsseminar von der Schoko GmbH

1. § 37 Abs. 6 BetrVG kommt hier nicht in Betracht, da sich dieser Anspruch nur auf Freistellung von der Arbeit ohne Minderung des Arbeitsentgelts richtet, zu dem Zweck, an einer Schulung teilzunehmen.

2. § 40 Abs. 1 BetrVG könnte einschlägig sein. Er besagt, dass der Arbeitgeber die Kosten trägt, die durch die Tätigkeit des Betriebsrats entstehen. Nach dem Wortlaut der Vorschrift würde kein Anspruch auf Ersatz der Teilnahmekosten bestehen, da die Teilnahme an einer Schulung nicht zur „Tätigkeit" des Betriebsrats gehört, denn sie gehört in dem Sinne nicht zu seinen Aufgaben.

Allerdings ist die Tätigkeit des Betriebsrats im unmittelbaren Sinne und die für die Erfüllung seiner Aufgaben notwendige Schulung (d.h. eine Schulung nach § 37 Abs. 6 BetrVG) so eng miteinander verzahnt, dass sie nicht getrennt werden können. Im Übrigen ist das Betriebsratsamt ein Ehrenamt, § 37 Abs. 1 BetrVG, aus dem dem Betriebsrat keine Vor-, aber auch keine Nachteile entstehen sollen. Einer Übernahme der Teilnahmekosten durch den Arbeitgeber steht auch nicht entgegen, dass die Schulung von der Gewerkschaft veranstaltet wird. Es widerspricht auch nicht dem Grundsatz des Koalitionsrechts, dass die finanzielle Unabhängigkeit der Tarifparteien zu wahren ist, denn die Gewerkschaften machen mit der Schulung keinen Gewinn.

Die Vermittlung von erforderlichen Kenntnissen ist für die Betriebsratsarbeit notwendig, daher hat der Arbeitgeber die Aufwendungen zu tragen. Dabei muss die Höhe der Aufwendungen notwendig und verhältnismäßig sein.

Ergebnis

Oster hat Anspruch gegen die Schoko GmbH auf Ersatz der Teilnahmekosten an dem Schulungsseminar aus § 40 Abs. 1 BetrVG.

III. Wirksamkeit der Kündigung

Dem Oster wurde von der Geschäftsleitung fristlos gekündigt. Es müssen daher die Voraussetzungen der außerordentlichen Kündigung vorliegen.

1. Ein Arbeitsverhältnis liegt vor.

2. Die Kündigung wurde ordnungsgemäß erklärt.

3. Die Kündigung könnte ausgeschlossen sein, da für Betriebsratsmitglieder ein Sonderkündigungsschutz besteht. Die ordentliche

Kündigung eines Mitglieds des Betriebsrats ist ausgeschlossen, § 15 Abs. 1 KSchG. Eine außerordentliche Kündigung ist zwar möglich, bedarf jedoch neben eines wichtigen Grundes auch der Zustimmung des Betriebsrats. Das heißt, der Betriebsrat ist vor Ausspruch der Kündigung nicht nur anzuhören, sondern er muss der Kündigung zustimmen, § 103 Abs. 1 BetrVG.

Die Kündigung des Oster ist damit unwirksam, weil der Betriebsrat der Kündigung nicht zugestimmt hat.

4. Die Kündigung könnte auch unwirksam sein, wenn ein wichtiger Grund nach § 626 Abs. 1 BGB nicht vorliegt.

Die Kündigung wurde mit beharrlicher Arbeitsverweigerung begründet. Beharrliche Arbeitsverweigerung stellt einen Verstoß gegen den Arbeitsvertrag dar und ist deswegen für sich gesehen ein Kündigungsgrund. Vorliegend könnte die Arbeitsversäumnis des Oster jedoch gerechtfertigt gewesen sein.

4.1. Die Arbeitsversäumnis in der Woche vom 11.–15.10.2016 war durch die Teilnahme des Oster an der Schulung bedingt. An dieser Schulung durfte Oster gemäß § 37 Abs. 2 und 6 BetrVG teilnehmen und hatte für diese Zeit einen Anspruch auf Freistellung von der Arbeit. Durch seine Abwesenheit verstieß Oster nicht gegen seinen Arbeitsvertrag, da seine Abwesenheit gerechtfertigt war.

4.2. Die Arbeitsversäumnis am 11.11.2016 dagegen kann nicht durch § 37 Abs. 2 BetrVG gerechtfertigt werden. Wie oben bereits ausgeführt, hätte Oster zwar einen Anspruch auf Freistellung von der Arbeit geltend machen können. Dies hat er jedoch unterlassen, er hat sich eigenmächtig von seinem Arbeitsplatz entfernt und damit gegen das BetrVG verstoßen. Ein Verstoß gegen das BetrVG kann aber nicht zu einer Kündigung des Arbeitsvertrags führen, sondern nur zu Maßnahmen innerhalb des Betriebsrats (z. B. Ausschluss).

Mit der durch die Entfernung von seinem Arbeitsplatz bedingten Arbeitsversäumnis hat Oster aber auch zugleich gegen seinen Arbeitsvertrag verstoßen. Denn die Arbeitsversäumnis wäre nur dann gerechtfertigt gewesen, wenn sie durch eine zulässigerweise ausgeübte Betriebsratstätigkeit entstanden wäre.

Problematisch ist daher, ob ein Verstoß gegen die Betriebsratspflichten nach BetrVG, der zugleich auch einen Verstoß gegen den Arbeitsvertrag beinhaltet, ein Kündigungsgrund sein kann. Dies würde nämlich eine Benachteiligung des Betriebsratmitglieds bedeuten, da nur diesem ein solcher Verstoß zur Last fallen kann. Ein Betriebsratsmitglied stünde ständig in einem Interessenkonflikt, denn durch seine Tätigkeit als Betriebsrat wäre der Bestand seines Arbeitsvertrags bedroht.

Laut § 78 S. 2, 1. Halbsatz BetrVG dürfen Mitglieder des Betriebsrats wegen ihrer Tätigkeit nicht benachteiligt oder begünstigt werden. Die Kündigung ist vorliegend daher unwirksam, ein wichtiger Grund liegt nicht vor. Oster würde nämlich als Betriebsratsmitglied gegenüber anderen Arbeitnehmern benachteiligt, wenn sein Verstoß gegen § 37 Abs. 2 BetrVG, der regelmäßig auch einen Verstoß gegen den Arbeitsvertrag beinhaltet, ein Kündigungsgrund wäre.

Ergebnis
Die Kündigung ist unwirksam.

Serviceteil

© Springer-Verlag GmbH Deutschland 2018
U. Teschke-Bährle, *Arbeitsrecht – Schnell erfasst,* Recht – Schnell erfasst
https://doi.org/10.1007/978-3-662-55312-1

Glossar

Abfindung einmalige Geldleistung zur Abgeltung von Rechtsansprüchen. ▶ Abschn. 4.5

Ablehnung Zurückweisen eines Verhaltens oder einer Person. ▶ Abschn. 4.6

Abmahnung Verwarnung, die einer Kündigung i. d. R. vorausgehen muss, wenn diese wirksam sein soll. ▶ Abschn. 4.3.1

Abschlussfreiheit ist die Freiheit, selbst darüber zu entscheiden, ob und mit wem eine Person rechtsgeschäftliche Bindungen eingehen will. ▶ Abschn. 2.2.1

Abschluss, Vertragsabschluss Beginn der Bindung der Vertragspartner an den Vertrag. ▶ Abschn. 2.2.1

Abschlussprüfung Prüfung am Ende des Ausbildungsverhältnisses über praktische und theoretische Kenntnisse des Auszubildenden. ▶ Abschn. 5.1.3

Absolutes Beschäftigungsverbot Arbeitnehmer darf überhaupt keine Art von Arbeit leisten (z. B. § 6 MuSchG). ▶ Abschn. 5.2.1

Absolutes Kündigungsverbot Eine Kündigung ist grundsätzlich nicht möglich. ▶ Abschn. 4.3

Aktiengesellschaft ist eine Kapitalgesellschaft mit eigener Rechtspersönlichkeit, deren Gesellschafter (Aktionäre) mit Einlagen beteiligt sind. ▶ Abschn. 6.5

Aktualisierung Zeitpunkt, an dem die Arbeit gemäß dem Arbeitsvertrag tatsächlich aufgenommen wird. ▶ Abschn. 2.2.1

Allgemeine Arbeitsbedingungen sind vom Arbeitgeber einseitig aufgestellte Regelungen für eine Vielzahl von Anwendungsfällen, die Inhalt des Arbeitsvertrags werden. ▶ Abschn. 2.4.1

Allgemeine Geschäftsbedingungen („das Kleingedruckte") sind Bedingungen eines Vertrags, die der Verwender für eine Vielzahl von Anwendungsfällen vorformuliert hat. ▶ Abschn. 2.4.1

Allgemeinverbindlichkeitserklärung des Tarifvertrags bedeutet, dass tarifvertragliche Bestimmungen nicht mehr nur für tarifgebundene Arbeitgeber und Arbeitnehmer gelten, sondern für alle. ▶ Abschn. 6.2

Analogie Füllen einer Gesetzeslücke mit Hilfe der entsprechenden Anwendung einer gleich gelagerten Norm. ▶ Abschn. 3.2.3

Änderungskündigung ist eine Kündigung verbunden mit einem Angebot auf Abschluss eines neuen Arbeitsvertrags zu anderen Bedingungen. ▶ Abschn. 4.5

Anfechtung Rückwirkende Vernichtung eines Rechtsgeschäfts durch einseitige Willenserklärungen. Wenn bei Abgabe einer Willenserklärung bestimmte Mängel vorlagen, kann die Wirkung dieser Erklärung durch Anfechtung nachträglich wieder beseitigt werden (§§ 119 ff., 142 BGB). ▶ Abschn. 2.2.2

Angebot Antrag zum Abschluss eines Vertrags (§ 145 BGB). ▶ Abschn. 2.2.1

Angestellter Arbeitnehmer, der überwiegend eine kaufmännische oder geistige Tätigkeit ausübt. ▶ Abschn. 2.2

Annahme ist eine einseitige, in der Regel empfangsbedürftige Willenserklärung, durch die ein Angebot vorbehaltlos bejaht wird und die zum Zustandekommen eines Vertrags führt (§§ 147 ff. BGB). ▶ Abschn. 2.2.1

Annahmeverzug ist die verspätete körperliche Entgegennahme der dem Gläubiger ordnungsgemäß angebotenen Leistung (§ 293 BGB). ▶ Abschn. 3.2.1

Anspruch ist das Recht, von einem anderen ein Tun oder Unterlassen zu verlangen (§ 194 Abs. 1 BGB). ▶ Abschn. 1.4.2

Anspruchserhaltende Norm ist eine Norm, die dem Arbeitnehmer seinen Anspruch auf Lohnzahlung erhält, obwohl er nicht gearbeitet hat. ▶ Abschn. 1.4.3

Anspruchsgegner ist derjenige, von dem die Erfüllung eines Anspruchs verlangt wird. ▶ Abschn. 1.4.2

Anspruchsgrundlage Rechtsnorm, die für das Entstehen eines Anspruchs maßgebend ist. ▶ Abschn. 1.4.2

Anspruchsteller ist derjenige, der von einem anderen ein Tun oder Unterlassen fordert. ▶ Abschn. 1.4.2

Antrag (= Angebot) ist eine einseitige, empfangsbedürftige Willenserklärung, durch die einem anderen der Abschluss eines Vertrags angeboten wird (§ 145 BGB). ▶ Abschn. 2.2.1

Arbeiter Arbeitnehmer (nicht Angestellter), der überwiegend körperliche Arbeit verrichtet. ▶ Abschn. 2.2

Arbeitgeber Jede natürliche oder juristische Person, die einen anderen (Arbeitnehmer) gegen Entgelt beschäftigt. ▶ Abschn. 3.2

Arbeitgeberverbände sind Vereine, in denen sich Arbeitgeber nach bestimmten Gewerbe- oder Industriezweigen zusammengeschlossen haben. ▶ Abschn. 6.1

Arbeitnehmer ist, wer aufgrund eines privatrechtlichen Vertrags für einen anderen gegen Entgelt unselbständige Dienste leistet in persönlicher Abhängigkeit. ▶ Abschn. 1.2.2

Arbeitnehmerähnliche Person ist, wer ohne Arbeitnehmer zu sein, für einen anderen in wirtschaftlich abhängiger Stellung Arbeit leistet. ▶ Abschn. 2.2

Arbeitnehmerhaftung bedeutet, das Einstehenmüssen des Arbeitnehmers für Schäden, die er schuldhaft bei der Arbeit verursacht hat. ▶ Abschn. 3.1.3

Arbeitnehmerschutzrecht ist die Gesamtheit der Gesetze, die vor allem dem Arbeitgeber, aber auch dem Arbeitnehmer, durch Zwang und Strafe gesicherte Pflichten auferlegen. Diese dienen dem Schutz der Arbeitnehmer vor Gefahren, die von der Arbeit ausgehen. ▶ Abschn. 5.3

Arbeitnehmerüberlassung Leiharbeitsverhältnis; liegt vor, wenn der Arbeitgeber seine Arbeitnehmer unter Fortbestand des Arbeitsverhältnisses für vorübergehende Zeit an einen anderen Unternehmer „ausleiht", dessen Weisungen der Arbeitnehmer dann zu befolgen hat. ▶ Abschn. 2.3

Arbeitnehmerüberlassungsgesetz (AÜG) gesetzliche Regelung der Leiharbeitsverhältnisse. ▶ Abschn. 2.3.5

Arbeitsdirektor Dieser wird unter bestimmten Voraussetzungen vom Aufsichtsrat einer Aktiengesellschaft oder GmbH als gleichberechtigtes Mitglied in den Vorstand des Unternehmens bestellt. Er ist insbesondere zuständig für die arbeits- und sozialpolitischen Fragen in dieser Gesellschaft. ▶ Abschn. 6.5

Arbeitsförderung jetzt in SGB III geregelt, früher im Arbeitsförderungsgesetz (AFG); regelt Aufgaben und Leistungen der Bundesanstalt für Arbeit, wie z. B. Maßnahmen zur Förderung der beruflichen Bildung, der Arbeitsbeschaffung, Arbeitsvermittlung, Berufsberatung, Arbeitslosenversicherung, Arbeitslosenhilfe. ▶ Abschn. 1.1

Arbeitsgericht das für Arbeitssachen im ersten Rechtszug zuständige Gericht. ▶ Abschn. 1.3

Arbeitsgerichtsgesetz (ArbGG) regelt Zuständigkeit und Gang des Verfahrens vor dem Arbeitsgericht. ▶ Abschn. 1.3

Arbeitskampf ist die zumeist nach gescheiterten Tarifvertragsverhandlungen erfolgende kollektive Maßnahme zur Erreichung eines bestimmten Zieles durch Ausübung von Druck auf die gegnerische Seite. ▶ Abschn. 6.2

Arbeitskampfmaßnahmen sind seitens der Arbeitnehmer Streik und Boykott, seitens der Arbeitgeber die Aussperrung. ▶ Abschn. 6.2

Arbeitskampfrecht bedeutet, dass es sich beim Arbeitskampf um einen Bestandteil der verfassungsrechtlich geschützten Koalitionsfreiheit handelt, Art. 9 Abs. 3 GG. ▶ Abschn. 6.2

Arbeitsleistung ist die Erbringung der Arbeit, die der Arbeitnehmer aufgrund des Arbeitsvertrags schuldet. ▶ Abschn. 3.1.1

Arbeitslohn ist die Vergütung, die ein Arbeitnehmer vom Arbeitgeber aufgrund eines Arbeitsverhältnisses erhält. ▶ Abschn. 3.2

Arbeitsplatzausschreibung Stellenangebot. ▶ Abschn. 2.3.3

Arbeitsplatzschutzgesetz (ArbPlSchG) regelt vor allem den Kündigungsschutz derer, die zum Wehrdienst einberufen werden oder Zivildienst leisten. ▶ Abschn. 1.1

Arbeitsplatzteilung Job-Sharing, im Rahmen von Teilzeitarbeit wird ein Arbeitsplatz durch zwei oder mehr Arbeitnehmer besetzt. ▶ Abschn. 2.3

Arbeitsrecht Gesamtheit aller Rechtsnormen, die die Beziehungen zwischen Arbeitgeber und Arbeitnehmer und ihren Zusammenschlüssen regeln. ▶ Abschn. 1.1

Arbeitssicherheitsgesetz (ASiG) ist Teil des Arbeitnehmerschutzrechts und regelt die Bestellung von Betriebsärzten, Sicherheitsingenieuren und anderer Fachkräfte zur Verhütung von Unfällen und Gesundheitsgefahren für die Arbeitnehmer. ▶ Abschn. 5.3

Arbeitsunfähigkeit ist ein durch Krankheit oder Unfall hervorgerufener regelwidriger Körper- oder Geisteszustand, aufgrund dessen die Arbeitsleistung nicht oder nur unter der Gefahr der Verschlimmerung des Zustandes geleistet werden kann. ▶ Abschn. 3.2.1

Arbeitsunfall ist ein Unfall, den der Arbeitnehmer bei der Ausübung seiner im Rahmen seines Arbeitsvertrags geschuldeten Tätigkeit erleidet oder auf dem Weg von oder zu dieser Tätigkeit erleidet. ▶ Abschn. 5.3

Arbeitsverhältnis ist ein Rechtsverhältnis, das zwischen Arbeitgeber und Arbeitnehmer aufgrund eines wirksamen Arbeitsvertrags besteht. ▶ Abschn. 2.2.1

Arbeitsversäumnis Nichterbringung der geschuldeten Arbeitsleistung. ▶ Abschn. 3.2

Arbeitsvertrag ist eine besondere Art des Dienstvertrags. Mit ihm verpflichtet sich der Arbeitnehmer gegenüber dem Arbeitgeber zu entgeltlicher Arbeitsleistung. ▶ Abschn. 2.2

Arbeitsvertragsrecht auch Individualarbeitsrecht, regelt die Rechtsbeziehungen zwischen dem einzelnen Arbeitgeber und dem einzelnen Arbeitnehmer. ▶ Abschn. 1.1

Arbeitsverweigerung Weigerung des Arbeitnehmers, die geschuldete Arbeitsleistung zu erbringen. ▶ Abschn. 3.1.3

Arbeitszeit Zeit zwischen Beginn und Ende der Arbeit ohne Ruhepausen. ▶ Abschn. 5.4

Arbeitszeitgesetz (ArbZG) gehört zum Arbeitnehmerschutzrecht und regelt die Höchstdauer der täglichen, wöchentlichen und vierzehntäglichen Arbeitszeit sowie Arbeits- und Ruhepausen. ▶ Abschn. 5.4

Arglistige Täuschung Die vorsätzliche Handlung zur Irreführung eines Partners bei Abschluss oder bei Erfüllung eines Vertrags. ▶ Abschn. 2.2.2

Aufhebung ist die gänzliche Beseitigung eines Vertrags durch einen späteren Vertrag. ▶ Abschn. 4.6

Aufhebungsvertrag Vertrag zwischen Arbeitnehmer und Arbeitgeber, der das Arbeitsverhältnis unmittelbar oder nach Ablauf einer bestimmten Frist (=Auslauffrist) beendet. ▶ Abschn. 4.6

Aufklärungspflicht ist die Pflicht, bestimmte Gegebenheiten klarzustellen. ▶ Abschn. 2.1.3

Auflösung des Arbeitsverhältnisses kann nur durch das Arbeitsgericht im Rahmen eines Kündigungsschutzprozesses erklärt werden, wenn die Kündigung sozialwidrig war. Das Arbeitsverhältnis ist dann beendet, und ein Abfindungsbetrag wird vom Gericht festgelegt. ▶ Abschn. 4.5

Auflösungsantrag Antrag des Arbeitgebers oder Arbeitnehmers während des Kündigungsschutzprozesses, dass das Gericht die Auflösung des Arbeitsvertrags erklären soll. ▶ Abschn. 4.5

Aufsichtsrat Das gesetzlich vorgeschriebene Organ bestimmter Kapitalgesellschaften mit der Aufgabe, die Geschäftsführung zu überwachen. ▶ Abschn. 6.1

Aufsichtsrat bei AG Er überwacht die Geschäftsführung der AG und bestellt den Vorstand der AG. ▶ Abschn. 6.5

Aufsichtsrat bei GmbH Er wird ab einer Betriebsgröße von mehr als 500 Beschäftigten gebildet. Die Befugnisse der Gesellschafterversammlung bleiben jedoch unberührt. ▶ Abschn. 6.5

Auftrag ist ein Vertrag, durch den sich der eine Teil (Beauftragter) verpflichtet, unentgeltlich ein Geschäft für den anderen Teil (Auftraggeber) zu besorgen (§ 662 BGB). ▶ Abschn. 2.1.1

Aufwendung Freiwillige Aufopferung von Vermögen im Interesse eines anderen. ▶ Abschn. 2.1.1

Ausbildender ist derjenige, der einen Auszubildenden zur Berufsausbildung einstellt, § 3 Abs. 1 BBiG; mit ihm wird der Berufsausbildungsvertrag abgeschlossen. ▶ Abschn. 5.1.1

Ausbilder muss persönlich und fachlich für die Berufsausbildung geeignet sein; er kann, muss jedoch nicht, mit dem Ausbildenden identisch sein. ▶ Abschn. 5.1.1

Ausbildung ist die Vermittlung von Kenntnissen und Fähigkeiten an einen Menschen. ▶ Abschn. 5.1.2

Ausbildungsverhältnis ist ein Vertragsverhältnis zwischen einem Ausbildenden und einem Auszubildenden, dem ein Berufsausbildungsvertrag zugrunde liegt. ▶ Abschn. 5.1.2

Ausbildungsvertrag Berufsausbildungsvertrag ▶ Abschn. 5.1

Auskunftspflicht ist die Pflicht, Mitteilungen über bestimmte Tatsachen zu machen. ▶ Abschn. 2.1.3

Aussperrung ist eine Maßnahme des Arbeitskampfes, bei der der Arbeitgeber einer größeren Gruppe von Arbeitnehmern die Erbringung ihrer Arbeitsleistung unmöglich macht, weil er ihnen den Zugang zum Arbeitsplatz verwehrt. ▶ Abschn. 6.3.1

Auszubildender (Azubi) ist eine im Verhältnis der Berufsausbildung stehende Person, Lehrling. ▶ Abschn. 5.1

Außergewöhnliche Schäden an Sachen des Arbeitnehmers sind Schäden, die nicht regelmäßig und typischerweise bei einer bestimmten Arbeit entstehen. Im Gegensatz zu den arbeitstypischen Schäden sind außergewöhnliche Schäden nicht mit dem Arbeitsentgelt abgegolten. ▶ Abschn. 1.4.2

Außerordentliche Kündigung auch fristlose Kündigung, beendet das Arbeitsverhältnis i. d. R. mit Zugang der Kündigung. ▶ Abschn. 4.3.2

Beamte sind nicht Arbeitnehmer, sondern stehen in einem öffentlich-rechtlichen, gesetzlich besonders geregelten Dienst- und Treueverhältnis gegenüber dem Staat, einer Gemeinde oder einer sonstigen Person des öffentlichen Rechts. ▶ Abschn. 1.1

Befristeter Arbeitsvertrag ist ein Arbeitsvertrag, der auf bestimmte Dauer geschlossen wurde und mit Zeitablauf endet. ▶ Abschn. 2.3

Befristung ist eine Form der Bedingung eines Rechtsgeschäfts, wonach Beginn oder Ende der rechtsgeschäftlichen Wirkung von einem gewissen zukünftigen Ereignis abhängig ist (Zeitbestimmung, § 163 BGB). ▶ Abschn. 2.3

Behinderung ist die Auswirkung einer nicht nur vorübergehenden Funktionsbeeinträchtigung, die auf einem regelwidrigen körperlichen, geistigen oder seelischen Zustand beruht. ▶ Abschn. 5.2.3

Belegschaft Mitarbeiter eines Betriebes. ▶ Abschn. 6.1

Benachteiligung Schlechterstellung einer Person gegenüber einer anderen. ▶ Abschn. 2.1

Benachteiligungsverbot Mitglieder des Betriebsrats (u. a. im BetrVG vorgesehener Gremien) dürfen wegen ihrer Tätigkeit nicht vom Arbeitgeber benachteiligt oder begünstigt werden. ▶ Abschn. 6.4.2

Bereicherung Vermehrung von Vermögen. ▶ Abschn. 2.2.2

Bereicherungsanspruch ist der Anspruch auf Herausgabe, der aus einer ungerechtfertigten Bereicherung erwächst (§§ 812 ff. BGB). ▶ Abschn. 2.2.2

Betriebsverfassungsgesetz (BetrVG) regelt die Betriebsverfassung der privaten Wirtschaft; dazu gehört insbesondere Amtszeit, Organisation und Geschäfts-führung des Betriebsrats sowie Mitwirkung und Mitbestimmung der Arbeitnehmer. ▶ Abschn. 6.4

Berufsausbildung soll eine breit angelegte berufliche Grundausbildung vermitteln sowie die für die Ausübung einer qualifizierten beruflichen Tätigkeit notwendigen fachlichen Fertigkeiten und Kenntnisse in einem geregelten Ausbildungsgang. ▶ Abschn. 5.1

Berufsbildungsgesetz (BBiG) regelt insbesondere das Arbeitsverhältnis mit Auszubildenden, d. h. Begründung, Inhalt und Beendigung des Berufsausbildungsverhältnisses. ▶ Abschn. 5.1

Berufskrankheit Krankheit, die als Arbeitsunfall i. S. d. 7 SGB VII gewertet wird, mit der Folge, dass die gleichen Ansprüche gegen die gesetzliche Unfallversicherung bestehen wie bei einem Arbeitsunfall. ▶ Abschn. 5.3

Beschäftigungspflicht Pflichten des Arbeitgebers, den Arbeitnehmer im Rahmen des Arbeitsverhältnisses auch tatsächlich zu beschäftigen. ▶ Abschn. 3.2.2

Beschäftigungsverbot Arbeitnehmer darf aufgrund gesetzlicher Bestimmungen bestimmte Arbeiten nicht ausüben; auf einen wirksamen Arbeitsvertrag hat dies keine Auswirkung. ▶ Abschn. 5.2

Beschränkte Geschäftsfähigkeit Minderjährige zwischen 7 und 18 Jahren bedürfen für eine wirksame Willenserklärung der Zustimmung des gesetzlichen Vertreters (meist Eltern). ▶ Abschn. 2.2.1

Betrieb ist eine Organisationseinheit von Personen in einem Dienst- oder Arbeitsverhältnis. ▶ Abschn. 3.2.5

Betriebliche Mitbestimmung Mitbestimmung der Arbeitnehmer in ihrem Betrieb; geregelt im BetrVG. ▶ Abschn. 6.1

Betriebliche Übung ständige Übung innerhalb eines Betriebes durch ein regelmäßiges Verhalten des Arbeitgebers, das bei den Arbeitnehmern den Eindruck erweckt, der Arbeitgeber wolle auch in Zukunft an seinem Verhalten festhalten. Hieraus kann ein Rechtsanspruch entstehen. ▶ Abschn. 2.4.4

Betrieblicher Notfall („echter" Notfall) im Rahmen der Betriebsorganisation nicht vorhersehbarer Arbeitsanfall, der den Arbeitnehmer zur Leistung von Überstunden verpflichten kann aufgrund seiner Treuepflicht. ▶ Abschn. 3.1

Betrieblich veranlasste Tätigkeit ist jede Tätigkeit, die im Rahmen der geschuldeten Arbeitsleistung erbracht wird. ▶ Abschn. 3.1.3

Betriebsänderung Hierzu gehören Stilllegung eines Betriebs oder Betriebsteils, Änderung des Betriebszwecks, der Betriebsorganisation, der Betriebsanlagen, Einführung neuer Arbeitsmethoden. ▶ Abschn. 6.4.3

Betriebsbedingte Kündigung Kündigungsgrund, der nicht im Verhalten oder der Person des Arbeitnehmers begründet liegt, sondern in einem dringenden betrieblichen Erfordernis. ▶ Abschn. 4.3.1

Betriebseinschränkung Stilllegung eines Betriebsteils, wodurch Arbeitsplätze wegfallen. ▶ Abschn. 6.4.3

Betriebsfriedenspflicht Arbeitgeber und Betriebsräte sowie Arbeitnehmer haben alle Betätigungen im Betrieb zu unterlassen, durch die der Arbeitsablauf oder der Betriebsfrieden beeinträchtigt werden können, insbesondere auch parteipolitische Betätigung. ▶ Abschn. 6.1

Betriebsgeheimnis vertraulich zu behandelnde Informationen im Zusammenhang mit dem Betrieb. Verschwiegenheit ist eine Nebenpflicht aus dem Arbeitsvertrag. ▶ Abschn. 2.2.2

Betriebsrat ist ein gewähltes Organ der Arbeitnehmerschaft. ▶ Abschn. 6.1

Betriebsrisiko ist das Risiko, dass der Betrieb (die Arbeitsleistungen) zum Erliegen kommt (z. B. durch Stromausfall, mangels Lieferung von Rohstoffen oder wegen eines schädlichen Unwetters). ▶ Abschn. 3.2.1

Betriebsübergang Betrieb wird durch Rechtsgeschäft auf einen anderen Inhaber übertragen. Der neue Inhaber tritt in die Rechte und Pflichten der zum Zeitpunkt des Übergangs bestehenden Arbeitsverhältnisse ein, § 613a BGB. ▶ Abschn. 3.3

Betriebsvereinbarung ist ein privatrechtlicher Vertrag zwischen Arbeitgeber und Betriebsrat, der gegenseitige Pflichten, Angelegenheiten des Betriebs und der Betriebsverfassung zum Gegenstand hat und sich auf die Arbeitsverhältnisse im Betrieb beziehen kann. ▶ Abschn. 6.4.4

Betriebsverfassung sind die Regeln, die innerbetrieblich in Bezug auf Arbeitgeber, Arbeitnehmer und deren Organe (Betriebsversammlung, Betriebsrat, Betriebsausschuss) gelten. ▶ Abschn. 6.4

Betriebsverfassungsgesetz (BetrVG) Hauptregelungsinhalt des Betriebsverfassungsgesetzes sind Mitwirkungs- und Mitbestimmungsrechte der Arbeitnehmer und die Organisation des Betriebsrats. ▶ Abschn. 6.4

Betriebsverfassungsgesetz von 1952 (BetrVG 1952) regelt die Mitbestimmung von Arbeitnehmern in Unternehmen, die bis zu 2000 Arbeitnehmer beschäftigen und nicht unter das Montanmitbestimmungsgesetz oder das Mitbestimmungsgesetz fallen. ▶ Abschn. 6.5

Betriebsversammlung Zusammenkunft aller Arbeitnehmer eines Betriebs. Dort gefasste Beschlüsse sind als Stellungnahme und Anträge an den Betriebsrat zu verstehen. ▶ Abschn. 6.1

Bewerbung rechtlich gesehen ist dies die Aufforderung des Bewerbers an den Arbeitgeber, ihm ein konkretes Arbeitsvertragsangebot zu machen. ▶ Abschn. 2.1

BGB Bürgerliches Gesetzbuch. ▶ Abschn. 1.1

Billigkeit ist die natürliche Gerechtigkeit. ▶ Abschn. 2.4.1

Billigkeitskontrolle gerichtliche Überprüfung von Rechtsnormen, Willenserklärungen oder arbeitsvertraglichen Regelungen, ob neben ihrer Übereinstimmung mit höherrangigem Recht, auch beiderseitige Interessen ausgewogen Berücksichtigung fanden. ▶ Abschn. 2.4.1

Boykott ist eine Maßnahme des Arbeitskampfes seitens der Arbeitnehmer; z. B. eine Gewerkschaft fordert ihre Mitglieder auf, bei einem bestimmten Arbeitgeber nicht mehr in ein Arbeitsverhältnis einzutreten. ▶ Abschn. 6.3.1

Brutto (ital: = roh) ist im Rechtsverkehr der Zustand insgesamt, also ohne Abzüge (z. B. Bruttogehalt, Bruttogewicht). ▶ Abschn. 1.3

Bundesarbeitsgericht (BAG) ist das oberste Gericht des Bundes in arbeitsrechtlichen Angelegenheiten mit Sitz in Erfurt, § 40 Abs. 1 ArbGG. ▶ Abschn. 1.1

Bundeselternzeit und -elterngeldgesetz (BEEG) regelt die Ansprüche auf Elternzeit und Erziehungsgeld. ▶ Abschn. 1.1

Bundesurlaubsgesetz (BUrlG) begründet den Anspruch eines jeden Arbeitnehmers auf bezahlten Erholungsurlaub und regelt eine Vielzahl von Fragen im Zusammenhang mit dem Urlaub. ▶ Abschn. 3.2

Bundesverfassungsgericht (BVerfG) ist ein gegenüber den übrigen Verfassungsorganen unabhängiger und selbständiger Gerichtshof des Bundes, der neben den Verfassungsgerichtshöfen der Länder die Verfassungsgerichtsbarkeit der Bundesrepublik ausübt. ▶ Abschn. 6.1

Glossar

Bürgerliches Gesetzbuch (BGB) Bürgerliches Recht: Teil des Privatrechts, der für alle Privatpersonen gilt. ▶ Abschn. 1.1

c.i.c. culpa in contrahendo, Verschulden bei Vertragsabschluss. ▶ Abschn. 1.4.2

culpa in contrahendo – c.i.c. „Verschulden bei Vertragsschluss" war bis 2002 im Gesetz nicht geregelt, doch ging man davon aus, dass auch schon während der Vertragsverhandlungen ein Vertrauensverhältnis entsteht, das ggf. zum Schadensersatz führt. Die Grundsätze zur c.i.c. haben jetzt ihren Niederschlag in § 311 Absatz 2 BGB gefunden. ▶ Abschn. 1.4.2

Dauerschuldverhältnis Schuldverhältnis, dessen Rechte und Pflichten über einen längerfristigen Zeitraum bestehen (Dienstvertrag, Arbeitsvertrag). ▶ Abschn. 4.1

Deklaratorische Wirkung Feststellung und Bezeugung eines Rechts oder Rechtsverhältnisses. ▶ Abschn. 2.2.1

Delikt delictum = Vergehen, Verfehlung. ▶ Abschn. 1.4.2

Deliktische Ansprüche Ansprüche aus unerlaubter Handlung, §§ 823 ff. BGB. ▶ Abschn. 1.4.2

Dienst ist das Tätigwerden einer Person für eine andere. ▶ Abschn. 2.2

Dienstherr ist derjenige, der einem anderen gegen Leistung von Diensten die vereinbarte Vergütung zu gewähren hat. ▶ Abschn. 2.2

Dienstvertrag ist ein gegenseitiger Vertrag, in welchem der eine Teil (Dienstverpflichteter) sich zur Leistung bestimmter Dienste und der andere Teil (Dienstberechtigter, auch: Dienstherr) sich zur Gewährung einer Vergütung verpflichtet (§§ 611 ff. BGB). ▶ Abschn. 1.2.2

Direktionsbefugnis Recht des Arbeitgebers aus dem Arbeitsverhältnis, einseitig durch Weisungen Arbeitsinhalte und -bedingungen zu bestimmen im Rahmen des Arbeitsvertrags. ▶ Abschn. 2.4.2

Diskriminierung nachteilige Ungleichbehandlung von einzelnen oder Gruppen, wobei es für die Ungleichbehandlung keinen sachlichen Rechtfertigungsgrund gibt. ▶ Abschn. 2.1

Drittwirkung der Grundrechte Geltung der Grundrechte nicht nur im Verhältnis Bürger-Staat, für das sie eigentlich geschaffen sind, sondern auch im Verhältnis der Bürger untereinander. ▶ Abschn. 2.1

Drohung Das Inaussichtstellen eines empfindlichen Übels. ▶ Abschn. 2.2.2

Echte Leiharbeit Arbeitnehmer wird mit seiner Zustimmung vom Arbeitgeber vorübergehend an einen Dritten „ausgeliehen", d. h., der Arbeitnehmer hat für vorübergehende Zeit unter Fortbestand seines Arbeitsvertrags nach den Weisungen des Dritten zu arbeiten. ▶ Abschn. 2.3

EG/EU-Recht vom nationalen Recht der Mitgliedstaaten unabhängige Rechtsordnung der Europäischen Gemeinschaft. ▶ Abschn. 1.1

Ehrenamt ist ein öffentliches Amt, das unentgeltlich wahrgenommen wird, wobei i. d. R. für Auslagen oder Verdienstausfall eine Aufwandsentschädigung geleistet wird. ▶ Abschn. 6.4.2

Eigenschaft alle wertbildenden Faktoren, die einer Person oder Sache auf Dauer anhaften. ▶ Abschn. 2.2.2

Einfaches Zeugnis Bestätigung durch den Arbeitgeber über Art und Dauer der Beschäftigung des Arbeitnehmers. ▶ Abschn. 3.2.5

Eingerichteter und ausgeübter Gewerbebetrieb ist ein absolut geschütztes Rechtsgut im Sinne des § 823 BGB. ▶ Abschn. 6.3.1

Eingruppierung ist die Einreihung des Arbeitnehmers in eine bestimmte Vergütungsgruppe, wird i. d. R. bereits durch die vom Arbeitnehmer ausgeübte Tätigkeit bestimmt (z. B. im BAT). ▶ Abschn. 6.4.3

Einigung zwei übereinstimmende Willenserklärungen. ▶ Abschn. 2.2.1

Einigungsstelle wird zur Beilegung von Meinungsverschiedenheiten zwischen Arbeitgeber und Betriebsrat im Bedarfsfall gebildet; sie besteht aus einem unparteiischen Vorsitzenden und einer Zahl Beisitzer, die je zur Hälfte vom Arbeitgeber und Betriebsrat benannt werden. ▶ Abschn. 6.4.3

Einrede ist ein Gegenrecht, das die Durchsetzbarkeit des Rechts eines anderen hindert, das Recht selbst aber nicht beseitigt. Beispiel: § 214 Verjährung. ▶ Abschn. 1.4.3

Einstellungsgespräch ist ein persönliches Vorstellungsgespräch zwischen Arbeitgeber und Bewerber, wobei i. d. R. bereits aufgrund der eingereichten schriftlichen Bewerbungsunterlagen eine Vorauswahl des Bewerberkreises durch den Arbeitgeber stattgefunden hat. ► Abschn. 2.1.1

Einwendung beseitigt anders als die Einrede ein Recht als solches, indem sie einmal die Entstehung eines Rechts bereits verhindert (z. B. wegen Formmangels) = rechtshindernde Einwendung oder ein entstandenes Recht wieder vernichtet (z. B. durch Anfechtung) = rechtsvernichtende Einwendung. ► Abschn. 1.4.3

Einwilligung ist die vor Vornahme des Rechtsgeschäfts erteilte Zustimmung eines Dritten (§ 183 BGB). ► Abschn. 2.2.1

Eltern sind die gesetzlichen Vertreter eines Minderjährigen. ► Abschn. 2.2.1

Entgeltfortzahlungsgesetz (EFZG) bestimmt unter anderem, dass Arbeitnehmer, die ihre Arbeitsleistung wegen Krankheit oder wegen eines gesetzlichen Feiertages nicht erbringen können, ihren Lohnanspruch behalten. ► Abschn. 3.2.1

Erfüllung ist die Tilgung einer Verbindlichkeit durch Bewirken der geschuldeten Leistung an den Gläubiger, § 362 BGB (z. B. Zahlung des Arbeitsentgelts). ► Abschn. 1.4.2

Erfüllungsanspruch ist das Recht, vom Schuldner die Erbringung der aufgrund Vertrags geschuldeten Leistung zu verlangen. ► Abschn. 1.4.2

Erkundigungspflicht bedeutet, dass der Arbeitgeber hinsichtlich bestimmter Umstände gezielte Fragen stellen muss, wenn er darüber etwas vom Arbeitnehmer wissen möchte, denn der Arbeitnehmer hat insofern keine Offenbarungspflicht. ► Abschn. 2.1.3

Erleichterte Kündigungsmöglichkeit besteht während der vereinbarten Probezeit, da das Arbeitsverhältnis während dieser Zeit mit der gesetzlich kürzestmöglichen Frist kündbar ist. ► Abschn. 2.3

ex nunc lat. = von nun an; auch: vom Zeitpunkt des Zugangs einer Willenserklärung an; mit Wirkung für die Zukunft. ► Abschn. 2.2.2

ex tunc lat. = von damals an; auch: vom Zeitpunkt des ursprünglichen Wirksamwerdens der Willenserklärung an; mit Wirkung auch für die Vergangenheit. ► Abschn. 2.2.2

Fahrlässigkeit ist das Außerachtlassen der im Verkehr erforderlichen Sorgfalt (§ 276 Abs. 2 BGB). ► Abschn. 3.1.3

Faktisch (lat: factum = Tatsache; tatsächlich). ► Abschn. 2.2.2

Faktisches Arbeitsverhältnis liegt vor, wenn der Arbeitsvertrag von vornherein rechtsunwirksam war (Arbeitgeber und Arbeitnehmer aber von seiner Wirksamkeit ausgegangen sind) oder rückwirkend im Wege der Anfechtung beseitigt worden ist, der Arbeitnehmer die Arbeit jedoch bereits aufgenommen hat; es bestehen dann Ansprüche, als ob der Arbeitsvertrag wirksam wäre; das Arbeitsverhältnis kann allerdings jederzeit durch einseitige Erklärung beendet werden. ► Abschn. 2.2.2

Fälligkeit ist der Zeitpunkt, von dem an der Gläubiger vom Schuldner die Erbringung der geschuldeten Leistung verlangen darf (§ 271 Abs. 1 BGB). ► Abschn. 3.2.1

Fehlbetrag (Manko) oder Fehlbestand ist der Unterschied zwischen der Ist- und Sollmenge. ► Abschn. 3.1.3

Feststellungsklage ist eine Klage, die auf Feststellung des Bestehens oder Nichtbestehens eines bestimmten Rechtsverhältnisses gerichtet ist (§ 256 Abs. 1 ZPO). ► Abschn. 1.3

Fixschuld bedeutet, dass die geschuldete Leistung zu einem ganz bestimmten Zeitpunkt zu erbringen ist. ► Abschn. 3.1.3

Forderung ist das aus einem Schuldverhältnis herrührende Recht des Gläubigers gegen den Schuldner auf Erbringung der geschuldeten Leistung. ► Abschn. 1.3

Form Die Missachtung einer gesetzlich vorgeschriebenen Form hat die Nichtigkeit des Rechtsgeschäfts zur Folge, § 125 BGB. Möglich sind z. B. elektronische Form, Schriftform, oder notarielle Form. ► Abschn. 2.2.1

Formelles Recht Verfahrensrecht. ► Abschn. 1.3

Formerfordernis Für manche Willenserklärungen ist vom Gesetz her eine bestimmte Form vorgeschrieben, damit die Willenserklärung wirksam ist. Wird eine solche Form von den Parteien vereinbart (z. B. im Arbeitsvertrag), dann bedarf es ebenfalls zur Wirksamkeit der Willenserklärung der vereinbarten Form. ► Abschn. 2.2.1

Formfreiheit ist der im Privatrecht herrschende Grundsatz, dass Willenserklärungen, um wirksam zu werden, keiner besonderen Form bedürfen, soweit nicht zwingende Formvorschriften bestehen. ► Abschn. 2.2.1

Formulararbeitsvertrag Für eine Vielzahl von Fällen bereits vorformulierter Vertrag, bei dem die einzelnen Bestimmungen nicht ausgehandelt werden (Standardarbeitsvertrag). ▶ Abschn. 2.4.1

Formvereinbarung Die Parteien eines Rechtsgeschäfts vereinbaren, dass für abzugebende Willenserklärungen eine bestimmte Form einzuhalten ist. ▶ Abschn. 2.2.1

Freie Mitarbeit wird nicht im Rahmen eines festen, dauernden Beschäftigungsverhältnisses geleistet, sondern i. d. R. aufgrund einzelner Aufträge; rechtlich gesehen handelt es sich um Dienst- oder Werkverträge. ▶ Abschn. 1.2.2

Freistellungsanspruch von der Arbeit; unter bestimmten Umständen kann der Arbeitnehmer vom Arbeitgeber verlangen, von seiner Arbeitspflicht freigestellt zu werden, er verliert dann nicht seinen Anspruch auf Lohnzahlung, z. B. § 37 BetrVG, § 629 BGB. ▶ Abschn. 4.7

Fremdbestimmtheit bedeutet, dass die Arbeitsleistung für einen anderen erbracht wird. ▶ Abschn. 1.2.2

Friedenspflicht ist die Verpflichtung der Parteien eines Tarifvertrags, für die Dauer, während der der Vertrag gilt, Arbeitskampfmaßnahmen zu unterlassen. ▶ Abschn. 6.2

Frist ist ein bestimmter Zeitraum, der durch Gesetz oder Vertrag festgelegt wird, damit mit seinem Ablauf eine bestimmte Rechtswirkung eintritt (§§ 187 ff. BGB). ▶ Abschn. 4.1

Fristlose Kündigung auch außerordentliche Kündigung, wird im Falle des Vorliegens der Voraussetzungen i. d. R. mit dem Zugang der Kündigung wirksam, ohne dass eine Frist einzuhalten wäre. ▶ Abschn. 4.3

Fürsorgepflicht ist die Pflicht zur besonderen Rücksichtnahme auf die Interessen eines anderen. ▶ Abschn. 3.2.3

Gefahr ist die Wahrscheinlichkeit eines Schadenseintritts; Risiko des zufälligen Untergangs einer Leistung. ▶ Abschn. 3.1.3

Gefahrgeneigte Arbeit (schadensgeneigte Arbeit) Arbeit, die mit dem Risiko verbunden ist, dass dem Arbeitnehmer trotz der erforderlichen Sorgfalt Fehler unterlaufen. ▶ Abschn. 3.1.3

Gegenseitiger Vertrag Vertrag, bei dem die eine Leistung gerade um der anderen willen erbracht wird, was

zur Folge hat, dass die §§ 320 ff. BGB anzuwenden sind. ▶ Abschn. 3.1

Gehalt ist arbeitsrechtlich das Entgelt von Angestellten (im Gegensatz zu Arbeitern). ▶ Abschn. 3.2

Genehmigung ist die nachträgliche Zustimmung zu einem Rechtsgeschäft, die eine Wirksamkeitsvoraussetzung darstellt (§ 184 Abs. 1 BGB). ▶ Abschn. 2.2.1

Geschäftsfähigkeit Fähigkeit, rechtsgeschäftlich wirksame Willenserklärungen abzugeben und entgegenzunehmen (§§ 104 ff. BGB). ▶ Abschn. 2.2.1

Geschäftsgeheimnis Vertraulich zu behandelnde Informationen im Rahmen der betrieblichen Tätigkeit. ▶ Abschn. 2.2.2

Geschlechtsspezifische Benachteiligung Schlechterstellung gegenüber anderen Personen, weil jemand ein bestimmtes Geschlecht hat, ohne dass es für die unterschiedliche Behandlung einen sachlich rechtfertigenden Grund gibt. ▶ Abschn. 2.1.2

Gesellschaft mit beschränkter Haftung ist eine rechtsfähige Kapitalgesellschaft, bei der die Haftung der Gesellschafter beschränkt ist und die grundsätzlich zu jedem gesetzlich zulässigen Zweck errichtet werden kann. ▶ Abschn. 6.5

Gesetz im formellen Sinn ist jeder im verfassungsmäßig vorgeschriebenen Gesetzgebungsverfahren vom Parlament verabschiedete Beschluss. ▶ Abschn. 1.1

Gesetzesrecht ist das durch Gesetz geschaffene Recht. Im Gegensatz zum Gesetzesrecht stehen z. B. das Gewohnheitsrecht und das Richterrecht. ▶ Abschn. 1.1

Gesetzlicher Vertreter kann aufgrund gesetzlicher Bestimmung für einen anderen in dessen Namen rechtsgeschäftlich tätig werden, z. B. die Eltern für das minderjährige Kind. ▶ Abschn. 2.2.1

Gesetzmäßige Wahl liegt vor, wenn eine Wahl entsprechend den für sie geltenden Vorschriften durchgeführt wurde. ▶ Abschn. 6.4.1

Gewerbeaufsicht wird von den Gewerbeaufsichtsämtern durchgeführt; sie überwachen die Einhaltung gesetzlicher Bestimmungen in den Gewerbebetrieben, insbesondere z. B. der Arbeitsschutzbestimmungen. ▶ Abschn. 5.3

Gewerbeordnung (GewO) ist das Gesetz, das zur Regelung des Gewerberechts geschaffen wurde; enthält seit 2003 in den §§ 105 bis 110 GewO arbeitsrechtliche

Regelungen für alle Arbeitnehmer zu Gestaltungsfreiheit bei Abschluss eines Arbeitsvertrags, Weisungsrecht des Arbeitgebers, Berechnung, Zahlung und Abrechnung des Arbeitsentgelts, Anspruch auf Zeugnis, Recht zur Vereinbarung eines nachvertraglichen Wettbewerbsverbot . ▸ Abschn. 1.1

Gewerkschaft Privatrechtliche Vereinigung von Arbeitnehmern zur Wahrung und Durchsetzung der wirtschaftlichen, sozialen und kulturellen Interessen ihrer Mitglieder gegenüber Arbeitgebern und Öffentlichkeit. ▸ Abschn. 6.1

Gewohnheitsrecht ist das auf langjähriger Übung beruhende, ungeschriebene Recht, das von den Beteiligten allgemein als Rechtens betrachtet wird. ▸ Abschn. 1.1

Gläubigerverzug (auch Annahmeverzug) liegt vor, wenn der Gläubiger die ihm ordnungsgemäß angebotene Leistung nicht annimmt (§ 293 BGB). ▸ Abschn. 3.2.1

Gleichbehandlungsgrundsatz im Arbeitsrecht besagt, dass der Arbeitgeber in seinem Betrieb Arbeitnehmer, die einer bestimmten Gruppe angehören, nicht schlechter behandeln darf, als Arbeitnehmer einer anderen, vergleichbaren Gruppe, es sei denn, es liegt ein sachlicher Grund für die Ungleichbehandlung vor. ▸ Abschn. 2.4.3

GmbH Gesellschaft mit beschränkter Haftung. ▸ Abschn. 6.5

Gratifikation ist eine Sonderzuwendung, die aus bestimmten Anlässen neben der Arbeitsvergütung gewährt wird. ▸ Abschn. 3.1.4

Grundrechte sind die jedem einzelnen gegenüber dem Staat zustehenden verfassungsmäßig garantierten elementaren Rechte, die im Grundgesetz in den Art. 1–19, 20 Abs. 3 und 103 niedergelegt sind. ▸ Abschn. 2.1

Grundsatz ist eine Regel, die Ausnahmen zulässt. ▸ Abschn. 1.2

Günstigkeitsprinzip besagt, dass eine für den Arbeitnehmer günstigere Regelung dann zur Geltung kommen kann, wenn eine ranghöhere Rechtsquelle (insbesondere der Tarifvertrag) etwas anderes regelt. ▸ Abschn. 1.2

Gütetermin steht am Anfang im arbeitsrechtlichen Klageverfahren (noch vor der mündlichen Verhandlung) und dient dem Zweck, eine gütliche Einigung der gegnerischen Parteien des Rechtsstreits herbeizuführen. ▸ Abschn. 1.3

Haftpflichtversicherung ist eine Art Schadensversicherung, die dem Versicherten die Schäden ersetzt, die er dadurch erleidet, dass er einem Dritten gegenüber schadensersatzpflichtig wird. ▸ Abschn. 5.3

Haftung ist das Einstehenmüssen für eine aus einem Schuldverhältnis herrührende Schuld. ▸ Abschn. 3.1.3

Haftungsbeschränkung Gesetzliche Haftungsansprüche können durch Rechtsgeschäft oder durch spezielle Gesetze beschränkt werden. ▸ Abschn. 3.1.3

Handelsgesetzbuch (HGB) enthält das Handelsrecht, das Sonderrecht des Kaufmanns. ▸ Abschn. 3.1.2

Handlungsgehilfe kaufmännischer Angestellter eines Unternehmens (§§ 59 ff. HGB). ▸ Abschn. 3.1.2

Handwerkskammer ist eine Körperschaft des öffentlichen Rechts und vertritt die Interessen des Handwerks. ▸ Abschn. 5.1

Hauptpflicht Pflicht zur Erbringung der eigentlichen Leistung aus dem Schuldverhältnis, im Gegensatz zur Nebenpflicht. ▸ Abschn. 3.1

IHK Industrie- und Handelskammer. ▸ Abschn. 5.1

Immaterieller Schaden Nichtvermögensschaden; ist der an einem anderen Rechtsgut als den materiellen Werten eintretende Schaden (z. B. Ehrverletzung, Gesundheitsschädigung). ▸ Abschn. 2.1

Individualarbeitsrecht oder Arbeitsvertragsrecht, regelt die rechtlichen Beziehungen zwischen dem einzelnen Arbeitgeber und Arbeitnehmer. ▸ Abschn. 1.1

Industrie- und Handelskammer regionale Selbstverwaltungsorganisation aller gewerblichen Unternehmen mit Ausnahme des Handwerks. ▸ Abschn. 5.1

Inhaltsfreiheit ist die Freiheit, darüber zu entscheiden, mit welchem Inhalt ein Rechtsgeschäft abgeschlossen wird. ▸ Abschn. 2.2.1

Instanz Rechtszug. ▸ Abschn. 3.2.2

Irrtum bedeutet das Verkennen des tatsächlichen Sachverhalts, bzw. das unbewusste Auseinanderfallen von Willen und Erklärung. ▸ Abschn. 2.2.2

Job-Sharing = Arbeitsplatzteilung, im Rahmen der Teilzeitarbeit die Besetzung eines Arbeitsplatzes durch zwei oder mehr Arbeitnehmer. ▶ Abschn. 2.3

Jugendarbeitsschutz sind die im Arbeitsschutzrecht für Jugendliche geltenden besonderen Vorschriften. ▶ Abschn. 5.2

Jugendarbeitsschutzgesetz (JArbSchG) regelt den Jugendarbeitsschutz. ▶ Abschn. 5.2

Jugendlicher ist, wer mindestens 15 Jahre alt ist, aber noch nicht 18. ▶ Abschn. 5.2

Kampfverbot Gesetzliches Verbot, an Arbeitskampfmaßnahmen teilzunehmen, z. B. für den Betriebsrat als Gremium. ▶ Abschn. 6.3.1

Kaufmännischer Angestellter ist ein Angestellter, der bei einem Kaufmann aufgrund eines Arbeitsvertrags kaufmännische Dienste leistet (Handlungsgehilfe, §§ 59 ff. HGB). ▶ Abschn. 3.1.2

Klage ist die Prozesshandlung, durch die der Kläger bei Gericht um Rechtsschutz nachsucht. ▶ Abschn. 1.3

Klageantrag Formulierung, mit der der Kläger deutlich machen muss, welchen Rechtsschutz er vom Gericht begehrt. ▶ Abschn. 1.3

Klageerhebung ist im Arbeitsgerichtsverfahren erfolgt, wenn die Klageschrift dem Beklagten vom Gericht zugestellt wurde. ▶ Abschn. 1.3

Klageschrift Schriftsatz des Klägers zur Einleitung des gerichtlichen Verfahrens. ▶ Abschn. 1.3

Klausel ist eine einzelne Bestimmung im Rahmen eines umfassenden Regelungswerkes (Vertrag). ▶ Abschn. 2.2.2

Koalitionsfreiheit ist das Grundrecht, zur Wahrung und Förderung der Arbeits- und Wirtschaftsbedingungen Vereinigungen zu bilden, Art. 9 Abs. 3 GG. Dazu gehört das Recht, Vereinigungen zu gründen, bestehenden Vereinigungen beizutreten, sich in ihnen zu betätigen, sowie das Recht der Vereinigungen selbst auf Bestand und Betätigung (positive Koalitionsfreiheit). Darüber hinaus ist auch das Recht geschützt, einer bestimmten oder gar keiner Vereinigung beizutreten (negative Koalitionsfreiheit). ▶ Abschn. 6.1

Kollektivarbeitsrecht regelt die Beziehungen der im Arbeitsrecht relevanten Gruppen zueinander. ▶ Abschn. 1.1

Konkludentes Handeln schlüssiges Handeln als Willenserklärung ▶ Abschn. 2.2.2

Konstitutive Wirkung Begründung und Gestaltung eines Rechts oder Rechtsverhältnisses. ▶ Abschn. 2.2.1

Kündigung ist eine einseitige rechtsgestaltende, empfangsbedürftige Willenserklärung, durch die ein Dauerschuldverhältnis (z. B. Miete, Dienstvertrag) beendet wird. ▶ Abschn. 4.1

Kündigungsfrist ist die zeitliche Spanne, die zwischen dem Zugang der Kündigung und der Beendigung des Arbeitsverhältnisses mindestens liegen muss. ▶ Abschn. 4.1

Kündigungsschutz Wesentliche Erschwerung der Kündigung von Arbeitnehmern, die im selben Betrieb oder Unternehmen ohne Unterbrechung länger als sechs Monate beschäftigt sind. ▶ Abschn. 4.3.2

Kündigungsschutzgesetz (KSchG) regelt den Kündigungsschutz von Arbeitnehmern in Betrieben mit mindestens 5,25 Arbeitnehmern. ▶ Abschn. 4.3

Kündigungsschutzklage Klage des Arbeitnehmers vor dem Arbeitsgericht gegen eine ihm gegenüber ausgesprochene Kündigung. ▶ Abschn. 1.3

Kündigungsschutzprozess gerichtliches Verfahren aufgrund der Kündigungsschutzklage eines Arbeitnehmers. ▶ Abschn. 1.3

Kündigungsverbot schließt die Kündigung des Arbeitnehmers durch den Arbeitgeber aus. ▶ Abschn. 5.2

Lediglich rechtlicher Vorteil Ein beschränkt Geschäftsfähiger kann dann wirksam ein Rechtsgeschäft ohne Einwilligung seiner gesetzlichen Vertreter tätigen, wenn es für ihn lediglich rechtlich vorteilhaft ist. Das ist der Fall, wenn es nicht unmittelbar die Aufgabe eines Rechts oder die Begründung einer Verpflichtung zur Folge hat. ▶ Abschn. 2.2.1

Lehre Berufsausbildungsverhältnis, das darauf gerichtet ist, eine breit angelegte berufliche Grundausbildung und die für eine qualifizierte berufliche Tätigkeit notwendigen Fähigkeiten und Kenntnisse in einem geordneten Ausbildungsgang zu vermitteln. ▶ Abschn. 5.1

Lehrling ist die alte Bezeichnung für den eine Berufsausbildung Absolvierenden (Auszubildenden). ▶ Abschn. 5.1

Leiharbeit Arbeitnehmerüberlassung, liegt vor, wenn ein Arbeitgeber einen Arbeitnehmer, mit dessen Zustimmung, unter Fortbestand des Arbeitsvertrags, für eine begrenzte Zeit einem Dritten zur Arbeitsleistung überlässt und ihn dessen Weisungsrecht unterstellt. ▶ Abschn. 2.3

Leistung ist jede den Gegenstand eines Schuldverhältnisses bildende Handlung oder Unterlassung. ▶ Abschn. 1.2.2

Leistungsklage ist die Klage, mit der die Verurteilung des Beklagten zu einer Leistung, d. h. zu einem bestimmten Tun, Unterlassen oder Dulden erreicht werden soll. ▶ Abschn. 1.3

Leistungsstörung Umstände, die den vereinbarten Ablauf des Schuldverhältnisses wesentlich beeinträchtigen. ▶ Abschn. 3.2

Leitender Angestellter ist nach der Verkehrsanschauung ein Angestellter, der Arbeitgeberfunktionen inne hat oder besonders qualifizierte Arbeit leistet, die mit großer persönlicher Verantwortung verbunden ist. ▶ Abschn. 2.2

Lohn Entgelt für geleistete Arbeit. ▶ Abschn. 3.2

Lohnanspruch gemäß § 611 BGB i. V. m. Arbeitsvertrag kann der Arbeitnehmer Vergütung für seine Arbeitsleistung vom Arbeitgeber verlangen. ▶ Abschn. 3.2

Lohnfortzahlung im Entgeltfortzahlungsgesetz geregelte Pflicht des Arbeitgebers, für die Dauer von sechs Wochen dem Arbeitnehmer bei Arbeitsunfähigkeit wegen Krankheit das Arbeitsentgelt weiterzuzahlen. ▶ Abschn. 3.2.1

Lohnnebenkosten Sozialkosten, die der Arbeitgeber für den Arbeitnehmer tragen muss, z. B. Arbeitgeberanteile zur Sozialversicherung. ▶ Abschn. 3.2.3

Lohnsteuer ist die auf Einkünfte aus nichtselbständiger Arbeit erhobene Steuer. ▶ Abschn. 1.2.2

Lohnverweigerungsrecht ist das Recht des Arbeitgebers, unter bestimmten Voraussetzungen die Auszahlung des Arbeitslohns an den Arbeitnehmer zu verweigern. ▶ Abschn. 3.2.1

Manko ist ein Kassen- oder Warenfehlbestand. ▶ Abschn. 3.1.3

Mankoabrede vertragliche Vereinbarung zwischen Arbeitnehmer und Arbeitgeber, dass der Arbeitnehmer für einen objektiv festgestellten Fehlbetrag oder -bestand haften muss. ▶ Abschn. 3.1.3

Materielles Recht Normen, die das Recht als solches ordnen und bestimmen. ▶ Abschn. 1.2

Minderjährigkeit ist das Alter eines Menschen zwischen seiner Geburt und der Vollendung des 18. Lebensjahres (§ 2 BGB). ▶ Abschn. 2.2.1

Mitbestimmung Sammelbegriff für alle Rechte der Arbeitnehmer auf Beteiligung an der Willensbildung in Betrieb und Unternehmen. ▶ Abschn. 6.1

Mitbestimmungsgesetz (MitbestG) regelt die Mitbestimmung in Kapitalgesellschaften und Genossenschaften, bei denen in der Regel mehr als 2000 Arbeitnehmer beschäftigt sind. ▶ Abschn. 6.5

Mitverschulden ist das Verschulden, durch das der Geschädigte an der Entstehung des Schadens mitwirkt (§ 254 BGB). ▶ Abschn. 3.1.3

Montanmitbestimmungsgesetz (MontanmitbestG) regelt die Mitbestimmung in Unternehmen des Bergbaus und der Eisen und Stahl erzeugenden Industrie, die in der Regel mehr als 1000 Arbeitnehmer beschäftigen. ▶ Abschn. 6.5

Mutterschutz ist der besondere gesetzliche Schutz, den werdende und gewordene erwerbstätige Mütter genießen. ▶ Abschn. 5.2

Mutterschutzgesetz (MuSchG) regelt den Mutterschutz. ▶ Abschn. 5.2

Nachvertragliches Wettbewerbsverbot gilt für die Zeit nach Beendigung des Arbeitsvertrags, Rechtsgrundlage: § 110 GewO. ▶ Abschn. 3.1.2

Nachwirkung des Tarifvertrags Nach Außerkrafttreten eines Tarifvertrags gelten seine Rechtsnormen weiter, bis sie durch eine andere Abmachung ersetzt werden. ▶ Abschn. 6.2

Nebenbeschäftigung Das Arbeitsverhältnis eines Arbeitnehmers nicht berührende Beschäftigung, die auszuüben ihm grundsätzlich freisteht. ▶ Abschn. 2.2.2

Nebenpflicht ist die neben der Hauptpflicht bestehende nachrangige Pflicht (Treue-, Schutz-, Obhuts-, Aufklärungs- und Mitteilungspflicht). ▶ Abschn. 3.1

Nettogehalt ist der verbleibende Verdienst nach Abzug der Sozialabgaben und der Lohnsteuer. ▶ Abschn. 1.3

Neutralitätspflicht des Betriebsrats Der Betriebsrat darf als Gremium nicht an Arbeitskämpfen teilnehmen. ▶ Abschn. 6.1

Nichtantritt der Arbeit Der Arbeitnehmer nimmt trotz Wirksamkeit des Arbeitsverhältnisses die Arbeit nicht auf. ▶ Abschn. 3.1.3

Nichteinstellung Bewerber erhält den angestrebten Arbeitsplatz nicht. ▶ Abschn. 2.1.2

Nichterfüllung ist gegeben, wenn der Schuldner seiner Pflicht zur Erbringung der geschuldeten Leistung nicht nachkommt. ▶ Abschn. 3.1

Nichtigkeit ist die für und gegen alle wirkende völlige Unwirksamkeit eines Rechtsgeschäfts, einer Willenserklärung von Anfang an (ex tunc). ▶ Abschn. 2.2.1

Nichtleistung der Arbeit bezeichnet das Verhalten eines Arbeitnehmers, der dauernd oder nur vorübergehend seine arbeitsvertragliche Leistung nicht erbringt. ▶ Abschn. 3.1.3

Offenbarungspflicht ist die Pflicht von sich aus, d. h. ungefragt, Umstände zu offenbaren, die für den Vertragsabschluss entscheidend und für den Vertragspartner von Bedeutung sind. ▶ Abschn. 2.1.3

Öffentlicher Dienst Darunter versteht man im weiten Sinne die Tätigkeit bei einer Behörde des Bundes, der Länder, der Gemeinden und Gemeindeverbände oder einer sonstigen Körperschaft oder Anstalt des öffentlichen Rechts. ▶ Abschn. 1.1

Öffentliches Recht Es regelt das Verhältnis des einzelnen zum Staat. ▶ Abschn. 1.2.2

Öffnungsklausel Bestimmung im Tarifvertrag, die eine vom Tarifvertrag abweichende Vereinbarung gestattet. ▶ Abschn. 6.4.4

Ordentliche Kündigung beendet das Arbeitsverhältnis mit Ablauf der Kündigungsfrist. ▶ Abschn. 4.3

Ordnungswidrigkeit ist eine rechtswidrige und vorwerfbare Handlung, die den Tatbestand eines Gesetzes verwirklicht, das die Ahndung mit einer Geldbuße zulässt. ▶ Abschn. 5.3

Paritätische Besetzung gleiche Anzahl von Arbeitnehmervertretern und Anteilseignern im Aufsichtsrat einer Kapitalgesellschaft. ▶ Abschn. 6.5

Personalvertretungsgesetz (PersVG) regelt die Mitbestimmungs- und Mitwirkungsrechte der Beschäftigten des öffentlichen Dienstes sowie die Wahl und Zusammensetzung des Personalrats. ▶ Abschn. 6.1

Personenbedingte Kündigung Kündigung, deren Grund in der Person des Arbeitnehmers liegt, wobei der Arbeitnehmer sich nicht anders verhalten kann. ▶ Abschn. 4.3.1

Persönliche Abhängigkeit dient als Abgrenzungsmerkmal des Arbeitnehmerbegriffs zu anderen Personengruppen; sie liegt bei dem vor, der nach Ort, Zeit und Art der Arbeitsleistung in eine fremde Organisation eingebunden ist. ▶ Abschn. 1.2.2

Persönlichkeitsrecht ist das in Art. 2 Abs. 1 GG garantierte Recht auf freie Entfaltung der Persönlichkeit, soweit nicht Rechte anderer verletzt werden oder gegen die verfassungsmäßige Ordnung oder das Sittengesetz verstoßen wird. ▶ Abschn. 2.1.2

Positive Vertragsverletzung (pVV) ist der jetzt in §§ 280 ff. BGB geregelter Fall der Leistungsstörung, d. h., innerhalb eines Schuldverhältnisses wird eine Haupt- oder Nebenpflicht verletzt. ▶ Abschn. 1.4.2

Prinzipal altertümlicher Begriff für Geschäftsinhaber im Handelsgesetzbuch. ▶ Abschn. 3.1.2

Privatautonomie ist die Freiheit des einzelnen, die Regelung seiner Lebensverhältnisse selbst zu treffen. ▶ Abschn. 4.6

Privatrecht regelt die Beziehungen privater Personen. ▶ Abschn. 1.1

Probearbeitsverhältnis basiert auf einem Arbeitsvertrag, dessen Zweck es ist, einerseits dem Arbeitgeber zu ermöglichen, sich über die Eignung eines Arbeitnehmers ein Urteil zu bilden, und es andererseits dem Arbeitnehmer ermöglicht, festzustellen, ob ihm die Arbeit zusagt. ▶ Abschn. 2.3.2

Probezeit ist die zu Anfang eines unbefristeten Arbeitsverhältnisses vereinbarte Zeit der Erprobung. ▶ Abschn. 2.3.2

pVV Positive Vertragsverletzung, §§ 280 ff. BGB. ▶ Abschn. 1.4.2

Qualifiziertes Zeugnis Bestätigung, die sich auf Verlangen des Arbeitnehmers über Art und Dauer der Beschäftigung (einfaches Zeugnis) hinaus, auch auf Leistung und Verhalten (Führung) des Arbeitnehmers bezieht. ▶ Abschn. 3.2.5

Rangfolge der Rechtsquellen bedeutet, dass die verschiedenen Rechtsquellen unterschiedliche Wertigkeit haben und in einem Verhältnis der Über- und Unterordnung zueinander stehen. ▶ Abschn. 1.2

Rangprinzip legt fest, dass die ranghöhere Rechtsquelle der rangniedrigeren vorgeht. ▶ Abschn. 1.2

Rationalisierung Durchführung von Maßnahmen zur Verbesserung des wirtschaftlichen Arbeitens in einem Betrieb. ▶ Abschn. 2.4.1

Recht ist die Gesamtheit aller Vorschriften, die das Verhältnis von Menschen zueinander sowie zu den übergeordneten Hoheitsträgern regeln. ▶ Abschn. 1.1

Rechtfertigungsgrund liegt ein solcher vor, so ist eine Handlung, die an sich gegen die Rechtsordnung verstößt, nicht rechtswidrig, d. h. es liegt kein Unrecht vor. ▶ Abschn. 2.2.2

Rechtsfähigkeit bedeutet, selbständig Träger von Rechten und Pflichten sein zu können; das gilt für alle natürlichen und juristischen Personen. ▶ Abschn. 6.1

Rechtsfolge ist die gesetzlich vorgesehene Konsequenz, wenn die vorausgesetzten Tatbestandsmerkmale erfüllt sind. ▶ Abschn. 1.4

Rechtshängigkeit ist das durch Klageerhebung Schweben einer Streitsache im Urteilsverfahren. ▶ Abschn. 1.3

Rechtsmittel kann gegen eine gerichtliche Entscheidung eingelegt werden und führt dazu, dass die Entscheidung in der nächsthöheren Instanz überprüft wird, z. B. Einlegung der Berufung. ▶ Abschn. 3.2.2

Rechtsquellen Überbegriff für die verschiedenen Rechtsgrundlagen im Arbeitsrecht. ▶ Abschn. 1.1

Rechtsverordnung allgemeinverbindliche Anordnung für eine unbestimmte Vielzahl von Personen, die nicht im förmlichen Gesetzgebungsverfahren ergeht, sondern von Organen der vollziehenden Gewalt gesetzt wird. ▶ Abschn. 1.1

Rechtswidrigkeit Handlungen, die der Rechtsordnung widersprechen. ▶ Abschn. 2.2.2

Regelmäßige Arbeitszeit ist die gewöhnliche tägliche Arbeitszeit eines Arbeitnehmers. ▶ Abschn. 5.2

Regelungssperre zum Schutz der Tarifautonomie, § 77 Abs. 3 BetrVG. ▶ Abschn. 6.4.4

Richterrecht ist die Ausfüllung von Gesetzeslücken durch Grundsatzentscheidungen der oberen Gerichte zu streitigen Rechtsfragen. ▶ Abschn. 1.1

Risiko Bezeichnung für die Unsicherheit, von der der Prozess des Wirtschaftens in allen Bereichen gekennzeichnet ist. ▶ Abschn. 3.1.3

Satzung ist der Oberbegriff für die schriftlich niedergelegte Grundordnung eines rechtlichen Zusammenschlusses, z. B. eines Vereins oder einer Aktiengesellschaft. ▶ Abschn. 6.1

Schaden ist jeder unfreiwillige Nachteil, den jemand an den eigenen, rechtlich geschützten Gütern erleidet, egal, ob es sich um einen Vermögensschaden handelt oder um einen Nichtvermögensschaden. ▶ Abschn. 3.1.3

Schadensersatz ist der Ausgleich eines Schadens, den eine Person erlitten hat durch eine andere Person (§§ 249 ff. BGB). ▶ Abschn. 3.1.3

Schadensersatzanspruch ist der Anspruch auf Ausgleich eines erlittenen materiellen Schadens. ▶ Abschn. 1.4.2

Schlechterfüllung Positive Vertragsverletzung, Fall der §§ 280 ff. BGB ▶ Abschn. 3.1.3

Schlüssiges Handeln Das Handeln einer Person wird bei objektiver Beurteilung als rechtsverbindliche Erklärung gewertet (konkludentes Handeln). ▶ Abschn. 2.2.2

Schmerzensgeld § 847 BGB, der als Ausnahme zum sonstigen Prinzip im BGB (§ 253 BGB) auch den immateriellen Schaden ersetzen soll. Es ist eine billige (angemessene) Entschädigung in Geld für Schäden zu entrichten, die nicht Vermögensschäden sind (§ 847 Abs. 1 BGB). ▶ Abschn. 2.1.3

Schmiergelder Bestechung, unlauterer Wettbewerb. ▶ Abschn. 3.1

Schriftform bedeutet, dass über die rechtsgeschäftliche Erklärung eine Urkunde zu erstellen ist, die der Aussteller unterzeichnen muss. ▶ Abschn. 4.2

Schuldner ist diejenige Partei eines Schuldverhältnisses, die verpflichtet ist, einem anderen (dem Gläubiger) eine Leistung zu erbringen. ▶ Abschn. 3.1.3

Schuldrecht Es regelt die Beziehungen zwischen den Beteiligten eines Schuldverhältnisses. ▶ Abschn. 1.2.2

Schuldverhältnis nennt man die rechtlichen Beziehungen zweier oder mehrerer Personen, die dem Gläubiger das Recht geben, vom Schuldner eine Leistung zu verlangen. Ein Schuldverhältnis entsteht entweder durch Vertrag (z. B. Kauf) oder durch Gesetz (z. B. unerlaubte Handlung). ▶ Abschn. 4.1

Schutzbedürftige Personen sind Personen, die aufgrund ihrer Eigenart besonderen Schutzes bedürfen, z. B. Kinder, Jugendliche, Schwangere, Schwerbehinderte. ▶ Abschn. 5.2

Schwarzarbeit Arbeitsleistung, die ohne die gesetzlich vorgeschriebene Anmeldung bei der zuständigen Behörde erbracht wird. ▶ Abschn. 5.5

Schwebend unwirksam Die Willenserklärung eines beschränkt Geschäftsfähigen ist so lange in einem „Schwebezustand", bis die gesetzlichen Vertreter das Rechtsgeschäft genehmigen oder endgültig ablehnen. ▶ Abschn. 2.2.1

Schwerbehindertenrecht enthält besondere Schutzvorschriften für Schwerbehinderte, ist im Neunten Buch Sozialgesetzbuch (SGB IX) geregelt. ▶ Abschn. 5.2.3

Schwerbehinderter ist, wer einen Grad der Behinderung von mindestens 50 % hat, § 2 Absatz 2 SGB IX. ▶ Abschn. 5.2.3

Selbständiger ist, wer im Wesentlichen frei seine Tätigkeit gestalten und seine Arbeitszeit bestimmen kann. ▶ Abschn. 2.2

Sittenwidrigkeit ist ein Verstoß gegen die guten Sitten, der dann gegeben ist, wenn ein Verhalten gegen das Anstandsgefühl aller billig und gerecht Denkenden verstößt (§ 138 BGB). ▶ Abschn. 2.2.1

Sonderleistung ist eine freiwillige Leistung des Arbeitgebers, auf die in der Regel kein Rechtsanspruch besteht. ▶ Abschn. 3.1.3

Sorgfalt ist im Allgemeinen die Gewissenhaftigkeit. Schuldrechtlich ist das Außerachtlassen der im Verkehr erforderlichen Sorgfalt Voraussetzung für die Fahrlässigkeit (§ 277 BGB). ▶ Abschn. 3.1.3

Soziale Rechtfertigung einer Kündigung ist anhand des KSchG zu überprüfen und ist Voraussetzung für die Wirksamkeit der Kündigung. ▶ Abschn. 4.3

Sozialplan ist eine Vereinbarung zwischen Arbeitgeber und Betriebsrat, die einen Interessenausgleich oder die Milderung wirtschaftlicher Nachteile, die dem Arbeitnehmer durch eine Betriebsänderung oder Stilllegung entstehen, zum Inhalt hat. ▶ Abschn. 6.4.3

Sperrwirkung des Tarifvertrags ist in § 4 Abs. 3 TVG festgelegt, der besagt, dass vom Tarifvertrag abweichende Regelungen nur zulässig sind, wenn der Tarifvertrag dies gestattet oder die Abweichung zugunsten des Arbeitnehmers erfolgt. ▶ Abschn. 6.4.4

Spezialitäts- oder Ordnungsprinzip besagt, dass bei der Regelung eines Sachverhalts durch mehrere gleichrangige Rechtsquellen, die speziellere Regelung zur Anwendung kommt. ▶ Abschn. 1.2

Sprecherausschussgesetz (SprAuG) regelt die Vertretung der leitenden Angestellten in einem Betrieb. ▶ Abschn. 6.4

Stelle kleinste organisatorische Einheit im Unternehmen, in der die zum Aufgabenbereich einer Person gehörenden Teilaufgaben zusammengefasst sind. ▶ Abschn. 4.7

Stellungssuche Bewerbung. ▶ Abschn. 4.7

Stellvertretung ist ein rechtsgeschäftliches Handeln, bei der die Willenserklärung des Vertreters für und gegen den Vertretenen wirkt (§§ 164 ff. BGB). ▶ Abschn. 2.2.1

Störung im Leistungsbereich ist eine Folge der Verletzung der arbeitsvertraglichen Pflichten, soweit sie die Arbeitsleistung als solche betreffen. ▶ Abschn. 4.3.1

Störung im Vertrauensbereich ist eine Folge der Verletzung arbeitsvertraglicher Pflichten oder eines bestimmten Verhaltens, das das gegenseitige Vertrauensverhältnis des Arbeitnehmers und des Arbeitgebers berührt. ▶ Abschn. 4.3.1

Streik kollektive Niederlegung der Arbeit durch viele Arbeitnehmer, die damit ein gemeinschaftliches Ziel durchsetzen wollen. ▶ Abschn. 6.3.1

Subsidiarität Nachrangigkeit, d. h., eine Anwendung kommt nur dann in Betracht, wenn keine anderen Vorschriften greifen. ▶ Abschn. 3.1.3

Subsumtion ist die Unterordnung eines Sachverhalts unter eine bestimmte Rechtsnorm. ▶ Abschn. 1.4

Suspendierung ist das „Ruhen", das vorübergehende Außerkrafttreten der arbeitsvertraglich geschuldeten Hauptpflichten. ▶ Abschn. 6.3

Sympathiestreik Streik, der zur Unterstützung eines anderen Streiks geführt wird; ist unzulässig, da die Einflussmöglichkeit auf den anderen bestreikten Arbeitsbereich fehlt. ▶ Abschn. 6.3.1

Synallagma Gegenseitigkeitsverhältnis. ▶ Abschn. 3.2

Tarifautonomie Freiheit der Tarifpartner zum weitgehend freien Aushandeln von Arbeits- und Wirtschaftsbedingungen ohne Eingriffe des Staates. ▶ Abschn. 6.1

Tariffähigkeit ist die Fähigkeit, Tarifverträge abschließen zu können. ▶ Abschn. 6.2

Tarifgebundenheit bedeutet, dass ein Tarifvertrag auf den Einzelarbeitsvertrag anzuwenden ist. ▶ Abschn. 6.2

Tarifliche Mitbestimmung ist die Teilnahme der Arbeitnehmer durch Gewerkschaften an der Verbesserung ihrer Arbeitsbedingungen. ▶ Abschn. 6.1

Tarifvertrag schriftlicher Vertrag zwischen einem Arbeitgeber oder Arbeitgeberverbänden und Gewerkschaften zur Regelung von arbeitsrechtlichen Pflichten und Rechten der Tarifvertragsparteien (schuldrechtlicher Teil) und zur Festsetzung über Inhalt, Abschluss und Beendigung von Arbeitsverhältnissen sowie über betriebliche und betriebsverfassungsrechtliche Fragen und gemeinsame Einrichtungen der Tarifvertragsparteien. ▶ Abschn. 6.2

Tarifvertragsparteien können einzelne Arbeitgeber, Arbeitgeberverbände und Gewerkschaften sein. ▶ Abschn. 6.2

Tarifvertragsrecht regelt Abschluss, Inhalt und Wirkung sowie das Ende des Tarifvertrags. ▶ Abschn. 6.2

Tarifzuständigkeit ist die Eigenschaft eines tariffähigen Verbandes, Tarifverträge mit einem bestimmten Geltungsbereich abzuschließen. ▶ Abschn. 6.2

Tatbestandsmerkmal ist jeder einzelne Bestandteil eines Tatbestands einer Rechtsnorm. ▶ Abschn. 1.4.4

Täuschung ist ein Verhalten, das der Erweckung oder Aufrechterhaltung eines Irrtums dient. ▶ Abschn. 2.2.2

Teilkündigung Einzelne Rechte und Pflichten aus dem Arbeitsvertrag sollen beendet werden, im Übrigen soll Arbeitsvertrag bestehen bleiben; in aller Regel unzulässig. ▶ Abschn. 4.6

Teilnichtigkeit liegt vor, wenn nur ein Teil eines Rechtsgeschäfts unwirksam ist, § 139 BGB. ▶ Abschn. 2.2.2

Teilzeitarbeit leistet der Arbeitnehmer, dessen regelmäßige Wochenarbeitszeit kürzer ist als die der anderen vollzeitbeschäftigten Arbeitnehmer im Betrieb. ▶ Abschn. 2.3.2

Teilzeit- u. Befristungsgesetz (TzBfG) Ziel des Gesetzes ist, Teilzeitarbeit zu fördern, die Voraussetzungen für die Zulässigkeit befristeter Arbeitsverträge festzulegen und die Diskriminierung von teilzeitbeschäftigten und befristet beschäftigten Arbeitnehmern zu verhindern. ▶ Abschn. 2.3

Tendenzbetriebe dienen zumindest überwiegend politischen, koalitionspolitischen, konfessionellen, karitativen, erzieherischen, wissenschaftlichen oder künstlerischen Zwecken, der Berichterstattung oder

der Meinungsbildung. Das BetrVG ist auf sie nur beschränkt anwendbar. ▶ Abschn. 2.1.3

Treu und Glauben ist der tragende Grundsatz des BGB, der besagt, dass möglichst immer ein gerechter Ausgleich der verschiedenen Interessen gefunden werden soll und niemand sein Recht missbrauchen darf (§ 242 BGB). ▶ Abschn. 2.2.2

Treuepflicht ist die aus einem Rechtsverhältnis folgende Pflicht, auf die Interessen der anderen Seite besondere Rücksicht zu nehmen. ▶ Abschn. 3.1.2

Überlassungsvertrag ist der Vertrag zwischen einem Arbeitgeber, der seine Arbeitnehmer gewerbsmäßig an Dritte verleiht, und dem Dritten. ▶ Abschn. 2.3

Überstunden ist die Arbeitszeit, die über die regelmäßige Arbeitszeit im Betrieb hinausgeht. ▶ Abschn. 5.4

Ultima ratio letztes, äußerstes Mittel. ▶ Abschn. 4.3.1

Umgruppierung ist die Einstufung von einer in eine andere Vergütungsgruppe; diese kann höher oder niedriger sein. ▶ Abschn. 6.4.3

Unechte Leiharbeit Arbeitnehmer wird vom Arbeitgeber deswegen eingestellt, um seine Arbeitsleistung bei einem Dritten zu erbringen nach dessen Weisungen. ▶ Abschn. 2.3.5

Unerlaubte Handlung ist jeder rechtswidrige, verschuldete Eingriff in ein geschütztes Rechtsgut, der einen Schaden verursacht hat und zu einer Ersatzpflicht führt (§§ 823 ff. BGB). ▶ Abschn. 1.4.2

Unfall ist ein körperliches, schädigendes, zeitlich begrenztes Ereignis, das vom Willen des Geschädigten unabhängig ist. ▶ Abschn. 5.3

Unfallversicherung ist Teil des Sozialgesetzbuches (geregelt im SGB VII) und regelt insbesondere auch die Folgen eines Arbeitsunfalls oder von Berufskrankheiten. ▶ Abschn. 5.3

Ungerechtfertigte Bereicherung ist eine Vermögensmehrung, die ohne rechtfertigenden Grund eingetreten ist (z. B. versehentlich wurde dem Arbeitnehmer mehr Lohn ausbezahlt als aufgrund des Arbeitsvertrags geschuldet ist); sie verpflichtet den Bereicherten zur Herausgabe des Erlangten, notfalls zum Ersatz dessen objektiven Wertes (§§ 812 ff. BGB). ▶ Abschn. 1.4.2

Unmöglichkeit ist diejenige Leistungsstörung, die vorliegt, wenn die geschuldete Leistung endgültig nicht mehr erbracht werden kann. ▶ Abschn. 3.1.3

Unterlassen ist die Nichtvornahme einer bestimmten Handlung. ▶ Abschn. 2.2.2

Unterlassungsanspruch ist der Anspruch auf Unterlassung eines bestimmten Verhaltens. ▶ Abschn. 3.1.2

Unternehmen rechtlich selbständige Einheit mit wirtschaftlicher Zielsetzung. ▶ Abschn. 6.5

Unternehmerische Mitbestimmung bezieht sich auf so genannte „Unternehmerentscheidungen", dazu gehören z. B. der Umfang der Produktion, die Einkaufs- und Absatzpolitik. ▶ Abschn. 6.1

Unverzüglich ohne schuldhaftes Zögern (§ 121 Abs. 1 S. 1 BGB). ▶ Abschn. 2.2.2

Unzumutbarkeit liegt vor, wenn das Verlangen, die Leistung zu erbringen, gegen Treu und Glauben verstößt. ▶ Abschn. 4.5

Urlaub Die einem Arbeitnehmer vom Arbeitgeber gewährte und bezahlte Freistellung von der Arbeit. ▶ Abschn. 3.2

Urlaubsentgelt ist das Arbeitsentgelt, das während des Urlaubs weiterbezahlt wird. ▶ Abschn. 3.2.2

Urlaubsgeld ist eine freiwillige Sonderzahlung des Arbeitgebers anlässlich des Urlaubs. ▶ Abschn. 3.2.2

Urteil ist die einer besonderen Form bedürftige gerichtliche Entscheidung. ▶ Abschn. 1.3

Veräußerung ist die Übertragung eines Rechts, vor allem Eigentum auf eine andere Person. ▶ Abschn. 4.1

Verdachtskündigung ist eine verhaltensbedingte Kündigung, bei der der Arbeitgeber den Arbeitnehmer dringend einer Straftat verdächtigt, wodurch das Vertrauen zerstört ist. ▶ Abschn. 4.3.1

Vergütung ist das Entgelt für eine Leistung. ▶ Abschn. 2.2

Verhaltensbedingte Kündigung Kündigung wegen eines bestimmten Verhaltens des Arbeitnehmers, wobei der Arbeitnehmer sich auch hätte anders verhalten können. ▶ Abschn. 4.3

Verhältnismäßigkeitsgrundsatz an sich Begriff aus dem öffentlichen Recht, der besagt, dass das angewendete Mittel nicht stärker sein darf und der Angriff nicht weitergehen darf als der Zweck der Maßnahme es rechtfertigt. ▶ Abschn. 4.3.1

Verkehrswesentliche Eigenschaft ist die Eigenschaft einer Person oder einer Sache, die im Rechtsverkehr als wesentlich angesehen wird, z. B. Kreditwürdigkeit einer Person. ▶ Abschn. 2.2.2

Verordnung genauer Rechtsverordnung, ist eine allgemein verbindliche Anordnung für eine unbestimmte Vielzahl von Personen, die nicht in einem förmlichen Gesetzgebungsverfahren ergeht, sondern von Organen der vollziehenden Gewalt gesetzt wird. ▶ Abschn. 1.1

Verschulden ist das objektiv pflichtwidrige und subjektiv vorwerfbare vorsätzliche oder fahrlässige Verhalten einer Person, 276 BGB. Verschulden ist in der Regel die Voraussetzung für eine Haftung auf Schadensersatz. ▶ Abschn. 3.1.3

Verschulden bei Vertragsabschluss Ohne das Vorliegen eines Vertragsabschlusses haften die Beteiligten aufgrund des Vertrauensverhältnisses für schuldhafte Verletzungen, die den anderen zu Schadensersatz berechtigen (c.i.c.), jetzt geregelt in § 311 Absatz 2 BGB. ▶ Abschn. 1.4.2

Verschwiegenheitspflicht ist Teil der Treuepflicht des Arbeitnehmers und bedeutet, dass dieser über Betriebs- und Geschäftsgeheimnisse Stillschweigen zu bewahren hat. ▶ Abschn. 3.1

Versetzung ist die Zuweisung einer anderen Beschäftigung im Betrieb nach Ort, Art oder Umfang der Arbeit. ▶ Abschn. 4.3.1

Vertrag In der Regel zweiseitiges Rechtsgeschäft, das durch Antrag (der einen Vertragspartei, § 145 BGB) und Annahme des Antrags (durch die andere Vertragspartei, § 147 BGB) zustande kommt. ▶ Abschn. 2.2.1

Vertragsänderung ist die teilweise Änderung eines bestehenden Vertrags. ▶ Abschn. 4.6

Vertragsfreiheit ist die aus dem Gedanken der Privatautonomie hergeleitete Freiheit, wonach jedermann selbst bestimmen kann, ob und mit wem er Verträge eingeht und welchen Inhalt ein von ihm eingegangener Vertrag haben soll. Für das Arbeitsverhältnis jetzt geregelt in § 105 GewO. ▶ Abschn. 2.2.1

Vertragsschluss ist das Zustandekommen eines Vertrags. ▶ Abschn. 2.2.1

Vertragsverletzung ist die Verletzung einer vertraglichen Verpflichtung (Unmöglichkeit, Verzug, positive Vertragsverletzung). ▶ Abschn. 3.1

Vertretenmüssen Einstehenmüssen für eine Rechtsverletzung. ▶ Abschn. 3.1.3

Vertreter ist, wer in fremdem Namen und in fremdem Interesse für eine andere Person tätig wird (Stellvertretung). ▶ Abschn. 2.2.1

Vertretung Das rechtsverbindliche Handeln für einen anderen. ▶ Abschn. 2.2.1

Vertretungsmacht ist die Befugnis für einen anderen, in dessen Namen rechtsgeschäftlich zu handeln. ▶ Abschn. 2.2.1

Verwahrung ist ein Vertrag, durch den der eine Teil (Verwahrer) verpflichtet wird, eine ihm von dem anderen Teil (Hinterleger) übergebene bewegliche Sache aufzubewahren. ▶ Abschn. 3.1.3

Verzug ist eine Leistungsstörung, die darin liegt, dass der Schuldner seine Leistung rechtswidrig nicht rechtzeitig erbringt. ▶ Abschn. 3.2.1

Vollmacht ist die durch Rechtgeschäft erteilte Vertretungsmacht §§ 164, 167 BGB. ▶ Abschn. 2.2.1

Vollzeitbeschäftigung liegt vor, wenn der Arbeitnehmer so lange arbeitet, wie regelmäßig im Betrieb gearbeitet wird, d. h. in der Regel 40 oder 38,5h. ▶ Abschn. 2.3.3

Vollzeitschulpflicht besteht für Kinder ab 6 Jahre, bis sie 9 Schuljahre die Schule besucht haben. ▶ Abschn. 5.2

Vorsatz ist im Allgemeinen das Wissen und Wollen, insbesondere eines rechtswidrigen Erfolges (§ 276 BGB). ▶ Abschn. 3.1.3

Vorstellungsgespräch ist ein persönliches Gespräch zwischen dem Stellenbewerber und dem Arbeitgeber. ▶ Abschn. 2.1.1

Vorstellungskosten sind Aufwendungen, die ein Stellenbewerber anlässlich des Vorstellungsgesprächs hat. ▶ Abschn. 2.1.1

Wählbarkeit Alle wahlberechtigten Arbeitnehmer, die sechs Monate dem Betrieb angehören, können zum Betriebsrat gewählt werden. ▶ Abschn. 6.4.1

Wahlberechtigung Wahlberechtigt sind alle Arbeitnehmer über 18 Jahre, die dem Betrieb als Arbeitnehmer angehören, mit Ausnahme der leitenden Angestellten. ▶ Abschn. 6.4.1

Wählerliste Zusammenstellung der wahlberechtigten Arbeitnehmer in einer Liste. ▶ Abschn. 6.4.1

Wahlverfahren bestimmt, wie eine Wahl abzulaufen hat, damit sie rechtmäßig ist. ▶ Abschn. 6.4.1

Wahlvorschlag ist ein Kandidat, der sich zur Wahl gestellt hat. ▶ Abschn. 6.4.1

Wahlvorstand Gremium, das die Durchführung der Wahl organisiert. ▶ Abschn. 6.4.1

Warnstreik Arbeitsniederlegung von kurzer Dauer, mit der die Arbeitnehmer zum Ausdruck bringen, dass sie die von ihrer Gewerkschaft gestellten Tarifforderungen mit einem unbefristeten Streik durchsetzen würden. ▶ Abschn. 6.3.1

Weisung ist eine für den Angewiesenen verbindliche Aufforderung, etwas Bestimmtes zu tun oder zu unterlassen. ▶ Abschn. 2.2

Weisungsgebundenheit bedeutet, dass der Arbeitnehmer Weisungen des Arbeitgebers zu befolgen hat. ▶ Abschn. 2.2

Weiterbeschäftigungsanspruch Diesen hat der Arbeitnehmer unter bestimmten Voraussetzungen, obwohl der Arbeitgeber die Kündigung ausgesprochen hat. ▶ Abschn. 3.2.2

Werk ist ein bestimmtes Arbeitsergebnis. ▶ Abschn. 1.2.2

Werkvertrag ist ein Vertrag, bei dem sich der Unternehmer zur Herstellung eines bestimmten Werkes (z. B. zur Durchführung von Reparaturarbeiten) und der Besteller zur Zahlung einer Vergütung (des Werklohns) verpflichtet, § 631 BGB. ▶ Abschn. 1.2.2

Wettbewerbsverbot Die Beschränkung einer Person in ihrer gewerblichen Tätigkeit zugunsten anderer Unternehmer derselben Branche. ▶ Abschn. 3.1.2

Wichtiger Grund ist die Voraussetzung für die außerordentliche Kündigung. ▶ Abschn. 4.4

Widerrufsvorbehalt ermöglicht es demjenigen, der etwas leistet, diese Leistung unter bestimmten Umständen wieder zurückzufordern. ▶ Abschn. 2.4.4

Wilder Streik ist ein nicht gewerkschaftlich organisierter Streik. ▶ Abschn. 6.3.1

Willenserklärung Sie ist die Äußerung eines auf die Herbeiführung einer bestimmten Rechtswirkung gerichteten Willens. ▶ Abschn. 2.2.1

Willensmängel Jeder Mangel an einer Willenserklärung (Irrtum, Drohung, Täuschung, Ernstlichkeit) führt zur Nichtigkeit oder Anfechtbarkeit. ▶ Abschn. 2.2.2

Wirksamkeitsvoraussetzung ist eine bestimmte Anforderung an ein Rechtsgeschäft nicht gegeben, so ist es unwirksam. ▶ Abschn. 4.2

Wochenarbeitszeit ist die Arbeitszeit, die regelmäßig in einem Betrieb in einer Woche geleistet wird, z. B. 40 h. ▶ Abschn. 2.3.3

Zeitarbeit Leiharbeitsverhältnis. ▶ Abschn. 2.3

Zeugnis Bestätigung, Arbeitsnachweis; wird auf Wunsch des Arbeitnehmers auch auf Führung und Leistung erstreckt; Anspruch besteht aufgrund von § 109 GewO. ▶ Abschn. 3.2.5

Zivilprozeßordnung (ZPO) Verfahrensrecht, formelles Recht. ▶ Abschn. 1.1

Zivilrecht Privatrecht. ▶ Abschn. 1.1

Zulage zusätzliches Arbeitsentgelt für eine bestimmte Tätigkeit. ▶ Abschn. 3.2.1

Zuständigkeit Die Erklärung ist Berechtigung und Verpflichtung zur Wahrnehmung einer Aufgabe. ▶ Abschn. 1.3

Zustimmung Die Einverständniserklärung mit einem von einer anderen Person abgeschlossenen Rechtsgeschäft. ▶ Abschn. 2.2.1

Printed by Printforce, the Netherlands